6

□衣無縫

□真爛漫

ヒント

同じ漢字が入るよ。

8

暗□模索

五里霧□

ヒント

同じ漢字が入るよ。

7

起死□生

一発逆□

ヒント

ドラマチックな展開《てんかい》！

9

□代未聞

空前絶□

ヒント

反対の意味の漢字が入るよ。

10

因果□報

□業自得

ヒント

これって自分のせい？

反対の意味の四字熟語 答え

❶弱肉強食《じゃくにくきょうしょく》（➡85ページ）、共存共栄《きょうそんきょうえい》（➡164ページ） ❷小心翼翼《しょうしんよくよく》（➡158ページ）、大胆不敵《だいたんふてき》（➡203ページ） ❸意気消沈《いきしょうちん》（➡84ページ）、意気揚揚《いきようよう》（➡18ページ） ❹日進月歩《にっしんげっぽ》（➡87ページ）、旧態依然《きゅうたいいぜん》（➡137ページ） ❺優柔不断《ゆうじゅうふだん》（➡93ページ）、迅速果敢《じんそくかかん》（➡184ページ）

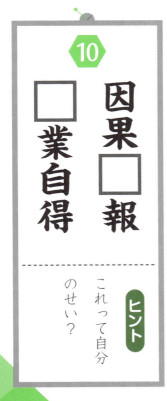

つかってみよう!

四字熟語
365日

監修：青木伸生
筑波大学附属小学校教諭

小峰書店

もくじ

1月の四字熟語《よじじゅくご》 …… 4
言葉ノート …… 4・9・15

2月の四字熟語 …… 22
言葉ノート …… 22・29

3月の四字熟語 …… 38
言葉ノート …… 39・40・49

4月の四字熟語 …… 56
言葉ノート …… 56・65

5月の四字熟語 …… 72
言葉ノート …… 74・77・83

6月の四字熟語 …… 90
言葉ノート …… 90・92・94・96

四字熟語ものしり館

四字熟語の組み立て …… 21
四字熟語とことわざ …… 37
数字の四字熟語 …… 55
故事成語《こじせいご》の四字熟語 …… 89
動植物の四字熟語 …… 107
色の四字熟語 …… 125
季節《きせつ》の四字熟語 …… 143
体の四字熟語 …… 161
気象《きしょう》・自然《しぜん》の四字熟語 …… 179
人間関係《にんげんかんけい》の四字熟語 …… 197
パロディ四字熟語を作ろう …… 215

7月の四字熟語……108
言葉ノート……111・113・121

8月の四字熟語……126
言葉ノート……126・131・138

9月の四字熟語……144
言葉ノート……146・150・155・157

10月の四字熟語……162
言葉ノート……167・175・177

11月の四字熟語……180
言葉ノート……181・185・191・196

12月の四字熟語……198
言葉ノート……198・204・214

さくいん
五十音さくいん……216
仲間分《なかまわ》けさくいん……220

この本の見方

★★★……とてもよく使う四字熟語

★★……よく使う四字熟語

★……使えたら熟語名人

＋……熟語の組み立てを表す。言葉をここで区切ることができる。

類義語……意味が似《に》ている熟語

反対語……意味が反対の熟語

関連語……同じ語が入っているなど、関係《かんけい》がある熟語

※この本では、昔から伝《つた》えられてきた四字熟語だけではなく、生活の中でよく使う四文字の言葉や、三字熟語、五字熟語も紹介《しょうかい》しています。

※この本では、年によって変《か》わる祝日《しゅくじつ》は、2017年の日付《ひづけ》を例《れい》にしています。

1月

1日

★

謹《きん》賀《が》新《しん》年《ねん》

謹賀＋新年

元日《がんじつ》…一年の最初《さいしょ》の日。一月一日のこと。「元旦《がんたん》」は元日《がんじつ》の朝のことをいう。

使い方

年賀状《ねんがじょう》を書くとき

謹賀新年《きんがしんねん》
昨年《さくねん》は大変《たいへん》お世話になりました。
今年《ことし》もよろしくお願《ねが》いします。
二〇一八年元旦《がんたん》

年賀状《ねんがじょう》の最初《さいしょ》に書く言葉。

「あけましておめでとう」と同じ意味なので、両方の言葉を書かないようにしよう。

意味

謹《つつし》んで新年のお祝《いわ》いを申し上げます、という意味。

「謹《きん》」は「謹《つつし》む」、「賀《が》」は「祝《いわ》う（慶《よろこ》ぶ）」という意味を表す。「謹《つつし》む」とは、ひかえめでかしこまった態度《たいど》を表すもので、相手をうやまうときに使われる。おもに、目上の人に出す年賀状《ねんがじょう》に使うことが多い。

類義語

・**恭《きょう》賀《が》新《しん》年《ねん》**

うやうやしく新年のお祝《いわ》いを申し上げます、という意味。「恭《きょう》」は「うやうやしい」という意味のほか、相手のことを思いやって、礼儀《れいぎ》正しくていねい、という意味を表す。

言葉ノート

一口メモ **正月のあいさつ、いろいろ**

年賀状《ねんがじょう》に書くあいさつの言葉は、賀詞《がし》といって、ほかにもいろいろある。

- あけましておめでとうございます
- 新年おめでとうございます
- 新春のお慶《よろこ》びを申し上げます
- 謹《つつし》んで初春《はつはる》のお慶《よろこ》びを申し上げます
- 賀正《がしょう》／迎春《げいしゅん》／初春《はつはる》（2文字の賀詞《がし》は、目上の人には使わないほうがよい。）
- Happy New Year.(A Happy New Year.と「A」をつけるのは正しくない。)

1月 2日

★★★

一心不乱《いっしんふらん》

一心＋不乱

書《か》き初《ぞ》め…新年最初《さいしょ》に、筆で文字や絵をかくこと。かいたものはどんど焼《や》きで燃《も》やし、火が高くあがるほど字が上達《じょうたつ》するといわれる。

使い方

集中するとき

テストの前日なので、好《す》きなテレビも見ないで、**一心不乱《いっしんふらん》**に勉強した。

意味

一つのことに集中して、ほかのことに心を乱《みだ》されないということ。「いっしんぶらん」とも読む。「一心《いっしん》」は一つのことに心を集中するという意味を表す。「不乱《ふらん》」は乱《みだ》れないという意味。

類義語

・**一意専心《いちいせんしん》**➡75ページを見てね！

1月 3日

★

寝正月《ねしょうがつ》

寝＋正月

正月三が日…元日《がんじつ》、一月二日、一月三日を正月三が日という。この三日間を正月休みとする会社や役所が多い。

使い方

正月に家でゆっくりするとき

今年《ことし》のお正月は初詣《はつもうで》にも行かないで、ずっと家でのんびりしていた。**寝正月《ねしょうがつ》**で少し太ってしまったよ。

意味

正月にどこにも出かけずに、家でゆっくりと寝《ね》て過《す》ごすこと。病気で寝《ね》たまま正月を過《す》ごすこともいう。

一口メモ

「正月」がさすのは、一月一日（元日《がんじつ》）だけでなく、三日まで（三が日）、七日まで（松《まつ》の内《うち》）、十五日（小正月《こしょうがつ》）、二十日（二十日正月《はつかしょうがつ》）など、いろいろな期間がある。

1月 4日

1月

仕事始め…新年初《はじ》めての仕事の日。役所や会社では一月四日のところが多い。

★★★

心機一転《しんきいってん》

心機＋一転

使い方

新しい気持ちになるとき

二学期の成績《せいせき》が下がってしまい、とても落ちこんだ。でも、三学期は**心機一転《しんきいってん》**、がんばるぞ！

よい方向に気持ちが変《か》わるときに使われるよ。

意味

何かをきっかけにして、気持ちをすっかり入れかえて出直すこと。

「心機《しんき》」は心の働《はたら》きという意味、「一転《いってん》」はがらっと変《か》わることを表す。「心気一転《しんきいってん》」ではないので気をつけよう。

1月 5日

囲碁《いご》の日…一・五（い・ご）のごろ合わせ。囲碁《いご》が広まることをめざして、日本棋院《きいん》という囲碁の団体《だんたい》が決めた。

★★

傍目八目《おかめはちもく》

傍目＋八目

使い方

当事者でないとき

班《はん》でまとめた研究発表を、別《べつ》の班《はん》の友達《ともだち》にみてもらった。**傍目八目《おかめはちもく》**というように、よいアドバイスをくれたよ。

意味

そのことにかかわっている人よりも、まわりで見ている人のほうが、物事を冷静《れいせい》に見ることができて、正しい判断《はんだん》ができるということ。「岡目八目《おかめはちもく》」とも書く。

由来

囲碁《いご》の対戦《たいせん》を見ている人は、八目先《はちもくさき》の手まで読めるといわれることから。「目《もく》」とは、碁盤《ごばん》の目や碁石《ごいし》の数え方。

1月 6日

★ 勇猛果敢《ゆうもうかかん》

勇猛＋果敢

出初め式《でぞめしき》…消防団員《しょうぼうだんいん》などの消防関係者《しょうぼうかんけいしゃ》が、消防演習《しょうぼうえんしゅう》や、はしご乗りなどの伝統技能《でんとうぎのう》を披露《ひろう》する、新年の風物詩的《ふうぶつしてき》な行事。地域《ちいき》によって日は異《こと》なる。

使い方

勇《いさ》ましい人をほめるとき

ぼくの兄は、柔道《じゅうどう》で、自分よりも強い相手に**勇猛果敢《ゆうもうかかん》**にいどんでいった。

意味

勇《いさ》ましくて、強い気持ちで物事を進めていくことができること。

「勇猛《ゆうもう》」は勇《いさ》ましくたけだけしい様子、「果敢《かかん》」は決断力《けつだんりょく》があり、思い切って物事を行うという意味を表す。

類義語

・**猪突猛進《ちょとつもうしん》**⬇35ページを見てね！

1月 7日

★ 無病息災《むびょうそくさい》

無病＋息災

七草がゆ…一月七日の朝に、一年を元気に過《す》ごせるようにと願《ねが》って食べる、春の七草が入ったおかゆ。

使い方

健康《けんこう》を願《ねが》うとき

初詣《はつもうで》に行くと、母はいつも家族の**無病息災《むびょうそくさい》**をお願《ねが》いしているそうだ。

意味

病気をせずに健康《けんこう》でいること。

「無病《むびょう》」も「息災《そくさい》」も病気をしないで元気という意味を表す。

由来

「息災《そくさい》」の「息」は、とどめるという意味。「息災《そくさい》」とはもともと仏教《ぶっきょう》で使われた言葉で、神仏《しんぶつ》の力で災《わざわ》いを止めることをいう。

1月8日

勝負事の日…「一か八か」という、運を天に任《まか》せるという意味の言葉のごろ合わせ。「一か八かの大勝負」などと使われる。

★★ 空理空論《くうりくうろん》

空理＋空論

超《ちょう》能力《のうりょく》があればゲームなんかいつも勝てる！
は〜
そりゃそうね…

使い方

まとはずれなとき

道徳《どうとく》の授業《じゅぎょう》で学んだことを**空理空論**《くうりくうろん》にしないためには、一人一人がよく考えて行動することが大切だ。

意味

実情《じつじょう》とはまったくちがっていて、役に立たないこと。「空理《くうり》」は実際《じっさい》とはかけはなれているという意味。「空論《くうろん》」は役に立たない理論《りろん》という意味。

類義語

・**絵空事**《えそらごと》／物事にうそが多かったり、大げさであったりすること。現実味《げんじつみ》がない場合に使う。

1月9日

成人《せいじん》の日…二十歳《はたち》になった人をお祝《いわ》いし、はげます日。一月の第二月曜日で、各地《かくち》で成人式《せいじんしき》が行われる。

★ 前途洋洋《ぜんとようよう》

前途＋洋洋

ヘイヨ！
おれたちゃ
前途洋洋
ヘイヨーヨー
新成人！
ゼントゼント
ヨーヨー

使い方

未来《みらい》が明るいとき

私《わたし》たち小学生には、**前途洋洋**《ぜんとようよう》の**未来**《みらい》**が開けている**。まだこれから、何でもできるね。

意味

今後の人生が希望《きぼう》に満《み》ちあふれていること。「前途《ぜんと》」はこの先の道のり、「洋洋《ようよう》」は水があふれそうに満《み》ちて広々としている様子を表す。

類義語

・**前途有望**《ぜんとゆうぼう》／将来《しょうらい》、成功《せいこう》する可能性《かのうせい》がおおいにあること。

反対語

・**前途多難**《ぜんとたなん》／今後の人生に、困《こま》ったことがたくさん待ちうけていること。

1月
10日

一一〇番の日…警察《けいさつ》通報用《つうほうよう》の電話番号一一〇番の正しい利用《りよう》をよびかける日。警視庁《けいしちょう》が制定《せいてい》した。

★★★
臨機応変《りんきおうへん》

臨機＋応変

あ…あの…車ぶつけちゃって…
え？場所？えーと…
3-10
すぐそばに図書館あるよ
住所は電柱に書いてあるけど

使い方

対応《たいおう》が適切《てきせつ》なとき

私《わたし》は友達《ともだち》と遊んでいるときに、転んで大けがをしたけれど、いっしょにいた友達《ともだち》の**臨機応変《りんきおうへん》**な行動で、すぐに病院に運ばれて助かった。

意味

その場その場に応《おう》じた対応《たいおう》をとること。時と場合にふさわしい行動をとること。

「臨機《りんき》」はその場に臨《のぞ》む、「応変《おうへん》」は変化《へんか》に応《おう》じるという意味。

「機《き》に臨《のぞ》んで変《へん》に応《おう》ず」ともいう。

由来

昔の中国の武将《ぶしょう》の言葉から。敵《てき》を攻《せ》めるとき、「吾自《われみずか》ら機《き》に臨《のぞ》みて変《へん》を制《せい》す。多言《たごん》するなかれ。（自分で機《き》に臨《のぞ》み変《へん》に応《おう》じて敵《てき》を制《せい》するのだから、余計《よけい》なことは言わないでほしい）」と言い、まわりに口出しさせなかったという話から。

類義語
・**当意即妙《とういそくみょう》**↓67ページを見てね！

反対語
・**杓子定規《しゃくしじょうぎ》**↓90ページを見てね！

言葉ノート

一口メモ **世界の110番**

110番は、警察《けいさつ》への緊急通報用電話番号《きんきゅうつうほうようでんわばんごう》だ。緊急通報《きんきゅうつうほう》用電話番号《ようでんわばんごう》には、110番のほかに、救急《きゅうきゅう》・消防《しょうぼう》の119番、海上事故《かいじょうじこ》の118番がある。番号は国によってちがう。

- **アメリカ合衆国《がっしゅうこく》・カナダ**…警察《けいさつ》・救急《きゅうきゅう》・消防《しょうぼう》ともに911番
- **イギリス**…警察《けいさつ》・救急《きゅうきゅう》・消防《しょうぼう》ともに999番か112番
- **ドイツ**…警察《けいさつ》は110番、救急《きゅうきゅう》・消防《しょうぼう》は112番
- **ロシア**…警察《けいさつ》は02番、救急《きゅうきゅう》は03番、消防《しょうぼう》は01番
- **中国**…警察《けいさつ》は110番、救急《きゅうきゅう》は120番、消防《しょうぼう》は119番
- **台湾《たいわん》**…警察《けいさつ》は110番、救急《きゅうきゅう》・消防《しょうぼう》は119番（日本と同じ）

1月
11日

初稽古《はつげいこ》…芸事《げいごと》や武道《ぶどう》などで、新年初《はじ》めての練習が行われる。

★★

切磋琢磨《せっさたくま》

切磋＋琢磨

使い方

努力《どりょく》して上達《じょうたつ》するとき

ぼくは、町に新しくできたサッカーチームに入った。みんなで**切磋琢磨《せっさたくま》**して、チームを強くしていきたい。

意味

友達《ともだち》どうしで、おたがいにはげましあって競争《きょうそう》して、向上していくこと。また、学問や人徳《じんとく》をみがいていくこと。

由来

「切磋《せっさ》」は動物の骨《ほね》や角などを切って、それをみがくこと。「琢磨《たくま》」は玉や石などを打って加工《かこう》し、それをみがくこと。昔の中国の書物の中で、木工や彫金製品《ちょうきんせいひん》の細工《さいく》の技術《ぎじゅつ》や完《かん》成品《せいひん》にたとえて、中国の王様をたたえたことから。

1月
12日

スキーの日…一九一一年、オーストリアのレルヒ少佐《しょうさ》が、新潟県《にいがたけん》の陸軍《りくぐん》の将校《しょうこう》たちに、日本で初《はじ》めてスキーを教えた日。

★★

縦横無尽《じゅうおうむじん》

縦横＋無尽

使い方

思いのままのとき

そのテニス選手《せんしゅ》は、コートの中を**縦横無尽《じゅうおうむじん》**にかけまわって、来た球を打ち返し、勝利《しょうり》を手にした。

意味

自分の思うままにふるまうこと。「縦横《じゅうおう》」は縦《たて》と横、「無尽《むじん》」はつきることがないという意味。

類義語

・**自由自在《じゆうじざい》** ↓160ページを見てね！

1月13日

★★ **順風満帆**《じゅんぷうまんぱん》

順風＋満帆

咸臨丸《かんりんまる》が品川《しながわ》（東京都）を出帆《しゅっぱん》…咸臨丸《かんりんまる》は江戸幕府《えどばくふ》の船として、初《はじ》めて太平洋《たいへいよう》を往復《おうふく》した軍艦《ぐんかん》。一八六〇年のこの日、勝海舟《かつかいしゅう》ら幕府《ばくふ》の使《し》節《せつ》を乗せて、浦賀《うらが》（神奈川県《かながわけん》）からアメリカへ向かうために出帆《しゅっぱん》した。

使い方

うまくいっているとき

山本《やまもと》くんは、成績《せいせき》はいいし友達《ともだち》からも好《す》かれていて、彼《かれ》の学校生活は**順風満帆**《じゅんぷうまんぱん》だ。

意味

物事が思い通り、順調《じゅんちょう》に運ぶこと。「順風《じゅんぷう》」は追い風（進む方向にふく風）、「満帆《まんぱん》」は船の帆《ほ》をいっぱいにはるという意味。船が追い風を帆《ほ》にしっかり受けて、スムーズに進むことから。

1月14日

★ **感無量**《かんむりょう》

感＋無量

タロとジロの日…一九五九年、前年にやむを得《え》ず南極《なんきょく》に置《お》き去《ざ》りにされていた樺太犬《からふとけん》、タロとジロの生存《せいぞん》が確認《かくにん》された日。「愛《あい》と希望《きぼう》と勇気《ゆうき》の日」ともいう。

使い方

とても感動したとき

ずっと行方不明《ゆくえふめい》になっていた飼《か》いネコのミーが、見つかった。元気な姿《すがた》を見て、**感無量**《かんむりょう》だった。

意味

言葉で言い表せないぐらい、とても強く心に感じること。「感慨無量《かんがいむりょう》」ともいう。「無量《むりょう》」というのは、はかることができないほどの量《りょう》という意味。はかれないほど大きく感じる気持ちということから。

1月15日

★

完全燃焼《かんぜんねんしょう》

完全＋燃焼

小正月《こしょうがつ》…一月一日を大正月《おおしょうがつ》とよぶのに対して、十五日のことをいう。この日で正月が終わりとされ、神社で正月飾《しょうがつかざ》りなどを燃《も》やす「どんど焼《や》き」という行事などが行われる。

燃えつきたねぇ
おれも正月は完全燃焼したぜ！

使い方

やり切ったとき

全校かるた大会が開かれて、ぼくは決勝で負けたけれど、**完《かん》全燃焼《ぜんねんしょう》**したから満足《まんぞく》だ。

意味

物が完全《かんぜん》に燃《も》えつきることから転じて、自分の力を十分出し切って思い通りにできたこと。

反対語

・**不完全燃焼《ふかんぜんねんしょう》**／力を完全《かんぜん》に出し切れず、思うような結果《けっか》にならないこと。

1月16日

★★

意志薄弱《いしはくじゃく》

意志＋薄弱

禁酒《きんしゅ》の日…一九二〇年、アメリカで禁酒法《きんしゅほう》という法律《ほうりつ》が施行《しこう》された日。お酒の製造《せいぞう》と販売《はんばい》が禁止《きんし》された。

一本だけ！これでやめる!!
ビール
禁酒
意志弱っ…

使い方

意志《いし》が弱いとき

お年玉をきちんと貯金《ちょきん》しようと思っていたのに、今年《ことし》もまた使ってしまった。**意志薄弱《いしはくじゃく》**で我《われ》ながら情《なさ》けないなあ。

目標《もくひょう》を決めたのに、達成《たっせい》できなかった場合に使うことが多いよ。

意味

自分で決断《けつだん》することができなかったり、何かをやりとげたりできないこと。「意思《いし》薄弱《はくじゃく》」ではないので注意。

類義語

・**優柔不断《ゆうじゅうふだん》**⬇93ページを見てね！

1月 17日

防災《ぼうさい》とボランティアの日…一九九五年のこの日、阪神《はんしん》・淡路大震災《あわじだいしんさい》が起こり、近畿地方《きんきちほう》に大きな被害《ひがい》をもたらした。ボランティア活動と災害《さいがい》への備《そな》えについて考える日。

★ 一致協力《いっちきょうりょく》

一致＋協力

使い方

みんなで協力《きょうりょく》するとき

今日《きょう》は町内の防災訓練《ぼうさいくんれん》の日です。みんなで**一致協力《いっちきょうりょく》**してがんばりましょう。

意味

みんなが一つにまとまって力を合わせること。「一致《いっち》」とは、いくつかのものがぴったり合って一つになるという意味。

類義語

・**一致団結《いっちだんけつ》**／みんなが一つの目的《もくてき》のためにまとまること。

1月 18日

応仁《おうにん》の乱《らん》が起こる…一四六七年、京都で、室町幕府《むろまちばくふ》の将軍《しょうぐん》のあとつぎ争《あらそ》いから、応仁《おうにん》の乱《らん》が始まった日。

★★★ 一進一退《いっしんいったい》

一進＋一退

使い方

どうなるかわからないとき

応仁《おうにん》の乱《らん》では、大名《だいみょう》たちが東軍《とうぐん》と西軍《せいぐん》に分かれて戦《たたか》ったが、戦《たたか》いは**一進一退《いっしんいったい》**の状態《じょうたい》で十一年間も続《つづ》いた。

意味

進んだりもどったりすること。または、状況《じょうきょう》がよくなったり悪くなったりをくり返すこと。一進一退《いっしんいったい》の二つの「一」は、「～したり、～したり」という意味。進んだり退《しりぞ》いたりということ。

類義語

・**一喜一憂《いっきいちゆう》**⬇85ページを見てね！

1月 19日

のど自慢《じまん》の日…一九四六年のこの日、NHK《エヌエイチケー》ラジオで「のど自慢素《じまんしろ》人《うと》音楽会」が始まった。

★十八番《おはこ》

十八＋番

町内のど自慢大会
それわしの十八番じゃ！

使い方

得意《とくい》なことをするとき

物語の朗読《ろうどく》はぼくの**十八番《おはこ》**だから、低学年《ていがくねん》への読み聞かせは、任《まか》せてください。

とくに、得意《とくい》な歌など、芸《げい》や技《わざ》で使われることが多いよ。

意味

いちばん得意《とくい》なこと。芸事《げいごと》などについていう。

由来

歌舞伎《かぶき》役者の七代目市川團十郎《いちかわだんじゅうろう》（江戸《えど》時代後期に活躍《かつやく》）が、先代たちが得意《とくい》にしていた歌舞伎《かぶき》の十八の演目《えんもく》を選《えら》んで、「歌舞伎十八番《かぶきじゅうはちばん》」とし、この台本を箱に入れて保管《ほかん》したことから、得意《とくい》な芸《げい》を十八番《おはこ》というようになった。

1月 20日

アメリカ合衆国大統領就任式《がっしゅうこくだいとうりょうしゅうにんしき》…新しい大統領《だいとうりょう》が選《えら》ばれたとき、大統《だいとう》領《りょう》の任期《にんき》がこの日の正午から始まる。この日新大統領《しんだいとうりょう》は宣誓《せんせい》を行う。

★得意満面《とくいまんめん》

得意＋満面

ワー
ワー
ワー

使い方

ほこらしそうなとき

算数のテストを返してもらった坂田《さかた》くんは、**得意満面《とくいまんめん》**だった。百点だったんだね。

見た目でわかるときに使うよ。

意味

とてもほこらしく満足《まんぞく》していること。「満面《まんめん》」は顔いっぱいという意味で、得意《とくい》さが顔中に出ているということ。

関連語

・**喜色満面《きしょくまんめん》**

⬇203ページを見てね！

★★★ 意気投合《いきとうごう》

意気＋投合

薩長同盟締結《さっちょうどうめいていけつ》…江戸《えど》時代末期《まっき》、対立していた薩摩藩《さつまはん》と長州藩《ちょうしゅうはん》が手を結《むす》んだ日。薩摩藩《さつまはん》の西郷隆盛《さいごうたかもり》、長州藩《ちょうしゅうはん》の桂小五郎《かつらこごろう》（木戸孝允《きどたかよし》）が、坂本竜馬《さかもとりょうま》らの仲介《ちゅうかい》で同盟《どうめい》を結《むす》んだ。

使い方

気持ちが通じ合ったとき

席《せき》がえでとなりの席《せき》になった山野《やまの》さんとは、今まであまり話をしたことがなかったけれど、話してみると好《す》きなタレントが同じだとわかり、**意気投合《いきとうごう》**した。

話しているうちに、相手が自分と同じ考えをもっていることを知り、打ちとけ合ったときなどに使うよ。

意味

おたがいの考え方や気持ちがぴったり合って、なかよくなること。

「意気《いき》」は気性《きしょう》という意味、「投合《とうごう》」とは、ぴったり合うという意味。

類義語

・**情意投合《じょういとうごう》**／おたがいの感情《かんじょう》と意志《いし》がぴったり合うこと。

関連する言葉

「意気《いき》」がつく四字熟語《よじじゅくご》はほかにもあるよ。

・**意気軒昂《いきけんこう》**⬇18ページを見てね！
・**意気消沈《いきしょうちん》**⬇84ページを見てね！
・**意気揚揚《いきようよう》**⬇18ページを見てね！

言葉ノート

一口メモ　英語で言ってみよう

「意気投合《いきとうごう》」と似《に》た意味の言葉は外国にもあるよ。英語《えいご》で言ってみよう！

hit《ヒット》 it《イット》 off《オフ》

（なかよくなる、相性《あいしょう》がよい）

一口メモ　薩長同盟とは

江戸《えど》時代末期《まっき》、大きな力をもっていた薩摩藩《さつまはん》（今の鹿児島県《かごしまけん》あたり）と長州藩《ちょうしゅうはん》（今の山口県あたり）だが、尊王攘夷《そんのうじょうい》（外国人を排除《はいじょ》して朝廷《ちょうてい》の世にする）の薩摩藩《さつまはん》と、公武合体《こうぶがったい》（朝廷《ちょうてい》と幕府《ばくふ》の力を一つにする）の長州藩《ちょうしゅうはん》とは対立していた。しかし、薩長同盟《さっちょうどうめい》で両藩《りょうはん》が政治的《せいじてき》・軍事的《ぐんじてき》に協力《きょうりょく》することになり、幕府《ばくふ》の力は失墜《しっつい》し、江戸幕府《えどばくふ》の滅亡《めつぼう》へとつながっていった。

1月22日

カレーの日…一九八二年のこの日、学校給食《きゅうしょく》が始まって三十五年目を記念《きねん》して、全国の小中学校の給食《きゅうしょく》でカレーが出された。

★★ 渾然一体《こんぜんいったい》

渾然＋一体

使い方

よくまとまっているとき

合唱《がっしょう》コンクールでは、みんなの声が**渾然一体《こんぜんいったい》**となった美しいハーモニーに、全員がうっとりと聞き入っていた。

意味

いくつかの別々《べつべつ》のものがとけ合って一つになること。「混《こん》然一体《ぜんいったい》」とも書く。「渾然《こんぜん》」とは、混《ま》じり合《あ》って区別《くべつ》がないこと、「一体《いったい》」は一つになるという意味。

1月23日

鑑真《がんじん》が大宰府《だざいふ》に到着《とうちゃく》…七五四年、中国の僧《そう》、鑑真《がんじん》が大宰府《だざいふ》（福岡《ふくおか》県《けん》）に着いた日。鑑真《がんじん》は日本に来るために大変《たいへん》な苦労《くろう》をして目が見えなくなったが、奈良《なら》に唐招提寺《とうしょうだいじ》をひらき、日本に仏教《ぶっきょう》を広めた。

★ 艱難辛苦《かんなんしんく》

艱難＋辛苦

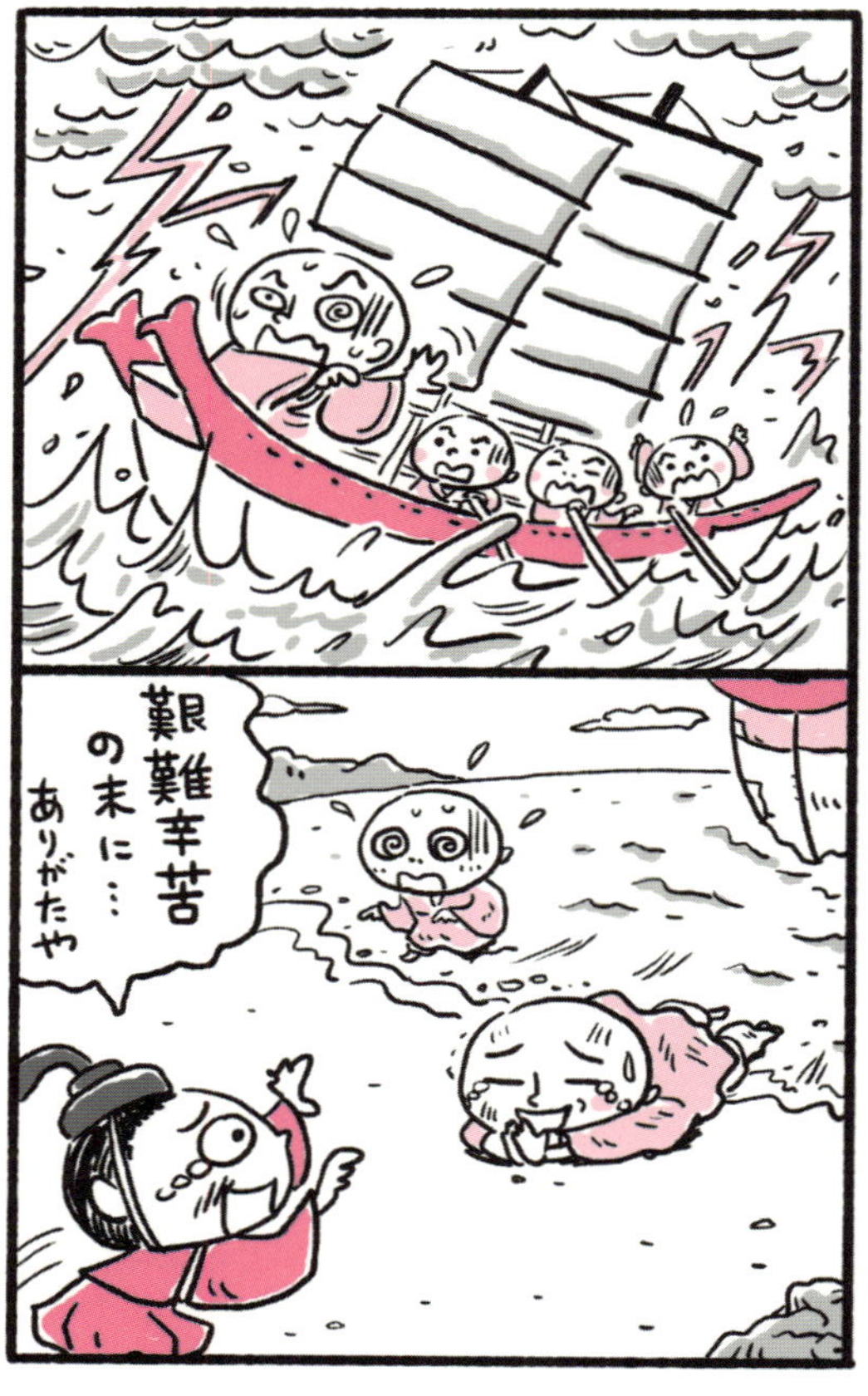

使い方

とても苦労《くろう》したとき

そのパラリンピック選手《せんしゅ》は、**艱難辛苦《かんなんしんく》**を乗りこえて、金メダルを取ったのだった。

意味

人生においてとても大変《たいへん》な目にあって苦労《くろう》すること。「艱《かん》」も「難《なん》」も「辛苦《しんく》」もつらくて苦しいという意味。「艱難汝《かんなんなんじ》を玉《たま》にす」（苦労《くろう》を乗りこえることによって人は立派《りっぱ》に成長《せいちょう》する）という言葉もあるよ。

類義語

・**七難八苦《しちなんはっく》**／たくさんの苦労《くろう》や災難《さいなん》のこと。

1月 24日

郵便制度制定《ゆうびんせいどせいてい》の日…一八七一年のこの日、「郵便規則表《ゆうびんきそくひょう》」など、初《はじ》めて、郵便《ゆうびん》についての太政官布告《だじょうかんふこく》（明治《めいじ》時代の法律《ほうりつ》）が出された。

★★

津津浦浦《つつうらうら》

津津＋浦浦

われわれでは
津津浦浦まで
行けない
からなあ…

使い方

全国を表すとき

人気アイドルのコンサートに、日本全国、**津津浦浦《つつうらうら》**から人々が集まっている。

意味

全国のいたるところ、国中すみずみまでということ。「津《つ》」は港、「浦《うら》」は海岸という意味。すべての場所の港や海岸ということから。「つづうらうら」とも読むよ。

類義語 ・**日本全国《にほんぜんこく》**

1月 25日

お詫《わ》びの日…一〇七七年、ヨーロッパにあった神聖《しんせい》ローマ帝国《ていこく》の皇帝《こうてい》がローマ教皇《きょうこう》の怒《いか》りをかって破門《はもん》され、教皇《きょうこう》にあやまった、「カノッサの屈辱《くつじょく》」という事件《じけん》が起こった日。

★★

平身低頭《へいしんていとう》

平身＋低頭

よろしく
お願いします
こちらこそ
よろしく
平身低頭して
あいさつ
してる…

使い方

あやまるとき

親友にひどいことを言ってしまった。許《ゆる》してくれないかもしれないけれど、**平身低頭《へいしんていとう》**してあやまるしかない。

意味

頭を下げてひれふすこと。また、ひたすらあやまること。「平身《へいしん》」は体をかがめること、「低頭《ていとう》」は頭を低《ひく》くするという意味。そのような姿《すがた》をすることをいう。

類義語 ・**土下座《どげざ》**／地面に直《じか》に座《すわ》り、ひれふして頭を下げること。

1月 26日

古色蒼然《こしょくそうぜん》

古色＋蒼然

文化財防火《ぶんかざいぼうか》デー…一九四九年のこの日、奈良《なら》の法隆寺《ほうりゅうじ》の金堂《こんどう》が火事になり、飛鳥《あすか》時代の壁画《へきが》が燃《も》えてしまったことから、文化財《ぶんかざい》を火災《かさい》などの災害《さいがい》から守り、大切にする日となった。

使い方

古く見えるとき

西園寺《さいおんじ》さんの家は、明治《めいじ》時代に建《た》てられた、**古色蒼然《こしょくそうぜん》**とした家だ。

古いがしみじみとした味わいがあるというときにも使うよ。

意味

長い年月がたち、とても古めかしいこと。「古色《こしょく》」は古くなった色合い、「蒼然《そうぜん》」は古くて色あせているという意味。

1月 27日

意気揚揚《いきようよう》

意気＋揚揚

国旗制定記念日《こっきせいていきねんび》…一八七〇年、国旗《こっき》のデザインがきちんと決められた日。日の丸の旗《はた》は、正式には「日章旗《にっしょうき》」という。

使い方

得意《とくい》なとき

全国大会で優勝《ゆうしょう》した野球チームが、**意気揚揚《いきようよう》**と地元に帰ってきた。

意味

とても得意《とくい》でほこらしいこと。得意《とくい》そうにふるまうこと。「揚揚《ようよう》」とは、得意《とくい》になる様子という意味。

類義語

・**意気軒昂《いきけんこう》**／意気ごみがあって、元気いっぱいな様子。

反対語

・**意気消沈《いきしょうちん》**

↓84ページを見てね！

1月28日

古事記《こじき》が完成《かんせい》…『古事記《こじき》』とは、日本最古《さいこ》の歴史書《れきししょ》。上巻《じょうかん》には日本の神話などが書かれている。七一二年に太安万侶《おおのやすまろ》がまとめた。

★★★ 温故知新《おんこちしん》

温故＋知新

「因幡《いなば》の白兎《しろうさぎ》」は
「古事記」のなかの
お話なのか！
古事記

使い方

昔のことを調べるとき

温故知新《おんこちしん》というから、この町のことを知るためには、町内のお年寄《としよ》りのお話を聞くことも、とても大切だ。

意味

昔のことや前に勉強したことを調べ直して、新しい知識《ちしき》を得《え》ること。

由来

中国の思想家孔子《こうし》の言葉などをまとめた『論語《ろんご》』という本の中に、「故《ふる》きを温《たず》ねて新しきを知れば、以《もっ》て師為《した》るべし（師《し》（先生）となる条件《じょうけん》として、先人の学問を研究するべきだ）」とあることから。

1月29日

藤原道長《ふじわらのみちなが》が摂政《せっしょう》になる…四人の娘《むすめ》を天皇《てんのう》に嫁《とつ》がせた藤原道長《ふじわらのみちなが》が、一〇一六年に孫《まご》の後一条天皇《ごいちじょうてんのう》の摂政《せっしょう》となり、政治《せいじ》の実権《じっけん》を握《にぎ》った日。摂政《せっしょう》とは天皇《てんのう》に代わって政治《せいじ》を行う人。

★ 栄耀栄華《えいようえいが》

栄耀＋栄華

この世をば
我《わ》が世とぞ思う
望月《もちづき》の
欠けたることも
なしと思えば
栄耀栄華

使い方

ぜいたくなとき

もしも宝《たから》くじで一億円《いちおくえん》当たったら、**栄耀栄華《えいようえいが》**を極《きわ》めた生活をしてみたいなあ。

意味

権力《けんりょく》やお金があって繁栄《はんえい》し、とてもぜいたくをすること。「栄耀《えいよう》」は栄《さか》えて輝《かがや》くこと、「栄華《えいが》」は華《はな》やかに栄《さか》えるという意味。似《に》た言葉を重ねて強調している。

1月30日

百武彗星《ひゃくたけすいせい》を発見…一九九六年、百武裕司《ひゃくたけゆうじ》さんが新しい彗星《すいせい》を発見した日（日本時間では三十一日）。彗星《すいせい》はほうき星ともいわれ、太陽《たいよう》系《けい》のかなたから飛《と》んできて、太陽に近づくと尾《お》を引く。

★千里眼《せんりがん》

千里＋眼

使い方

お見通しのとき

ぼくが、塾《じゅく》をさぼって遊んでいたことを知っているなんて、お母さんは**千里眼《せんりがん》**だなあ。

意味

遠くの出来事や未来《みらい》のこと、かくれている物などを見通す能力《のうりょく》のことや、能力《のうりょく》をもっている人のこと。

由来

昔の中国で、「千里の遠くまで見通す力をもっている」といわれた役人の話から。千里というのはとても遠いという意味（⬇84ページも見てね！）。

1月31日

生命保険《せいめいほけん》の日…一八八二年、日本で生命保険《せいめいほけん》の保険金《ほけんきん》が、初《はじ》めて支《し》払《はら》われたことが新聞にのった日。

★安心立命《あんしんりつめい》

安心＋立命

使い方

安心して暮《く》らすとき

徳川家康《とくがわいえやす》は、乱《みだ》れた天下を統一《とういつ》して江戸幕府《えどばくふ》を開き、人々を**安心立命《あんしんりつめい》**させた。

意味

天の命令《めいれい》に身を任《まか》せ、心安らかにして、いろいろなことにまどわされないこと。「安心《あんしん》」は心配ないという意味、「立命《りつめい》」は天命にしたがうこと。「あんじんりゅうみょう」とも読む。

由来

「安心《あんしん》」は仏教《ぶっきょう》の言葉、「立命《りつめい》」は儒教《じゅきょう》の言葉から。

四字熟語ものしり館

四字熟語の組み立て

四字熟語《よじじゅくご》のつくりは、大きく分けて、次の三パターンに分けることができるよ。この本で紹介《しょうかい》する熟語《じゅくご》すべてで、見出し語の下に、つくりを示《しめ》している。必《かなら》ずたしかめてね。

❶ □□＋□□

漢字二字の熟語《じゅくご》を二つ組み合わせたもので、いちばん多い。さらに次の四パターンに分かれる。

❶主語と述語《じゅつご》になっている

例
- **言行一致《げんこういっち》**…言行《げんこう》が一致《いっち》する。（↓208ページ）
- **油断大敵《ゆだんたいてき》**…油断《ゆだん》は大敵《たいてき》だ。（↓138ページ）

❷二字ずつが対等の関係《かんけい》のもの

1 同じ意味

例
- **悪戦苦闘《あくせんくとう》**…悪戦＝苦闘（↓100ページ）
- **自由自在《じゆうじざい》**…自由＝自在（↓160ページ）

2 反対の意味

例
- **異口同音《いくどうおん》**…異口⇕同音（↓191ページ）
- **質疑応答《しつぎおうとう》**…質疑⇕応答（↓195ページ）

❸一方が他方を修飾《しゅうしょく》しているもの

例
- **我田引水《がでんいんすい》**…我田《がでん》に水を引く。（↓41ページ）
- **取捨選択《しゅしゃせんたく》**…取捨《しゅしゃ》を選択《せんたく》する。（↓213ページ）

❹同じ漢字が二字ずつならぶもの

例
- **正正堂堂《せいせいどうどう》**…「正と堂《どう》」から（↓32ページ）
- **奇奇怪怪《ききかいかい》**…「奇怪《きかい》」から（↓65ページ）

❷ □＋□＋□＋□

四字の漢字が対等の関係《かんけい》のもので、例《れい》は少ない。

例
- **東西南北《とうざいなんぼく》**…東＋西＋南＋北（↓66ページ）
- **起承転結《きしょうてんけつ》**…起＋承＋転＋結（↓194ページ）
- **春夏秋冬《しゅんかしゅうとう》**…春＋夏＋秋＋冬（四つの季節《きせつ》のこと）
- **都道府県《とどうふけん》**…都＋道＋府＋県（日本の行政区画《ぎょうせいくかく》の呼《よ》び方《かた》）
- **花鳥風月《かちょうふうげつ》**…花＋鳥＋風＋月（↓136ページ）
- **軽薄短小《けいはくたんしょう》**…軽＋薄＋短＋小（薄《うす》っぺらくて中身がないこと）

❸ □＋□□□・□□□＋□

漢字が一字と三字に分けられるものは、例《れい》が少ない。

❶□＋□□□

例
- **七不思議《ななふしぎ》**…七＋不思議（ある場所の七つの不思議《ふしぎ》な現象《げんしょう》）
- **真一文字《まいちもんじ》**…真＋一文字（漢字の一のようにまっすぐなこと）

❷□□□＋□

例
- **五里霧中《ごりむちゅう》**…五里霧＋中（↓165ページ）
- **愛別離苦《あいべつりく》**…愛別離＋苦（親しい人と別《わか》れるつらさのこと）

臥薪嘗胆《がしんしょうたん》

★★

臥薪＋嘗胆

自由の日…一八六五年、アメリカ大統領《だいとうりょう》リンカーンが奴隷制度《どれいせいど》を廃止《はいし》する憲法《けんぽう》に署名《しょめい》をした日。奴隷《どれい》とは、人格《じんかく》を否定《ひてい》されて、だれかの所有物としてあつかわれる身分の人。

父のかたき…
必ずうつ！
イテテテ
このくやしさ
けっして
忘《わす》れぬ！
にが〜

使い方

長い間がまんしたとき

ぼくは野球チームでレギュラーだったけれど、大けがをしてはずされた。でも、**臥薪嘗胆《がしんしょうたん》**の思いでリハビリと練習をして、レギュラーに返りざいた。

苦労《くろう》した時間が短いときには使わないよ。

意味

将来《しょうらい》の目的《もくてき》を果《は》たすため、または、復讐《ふくしゅう》を果《は》たすために、長年の苦労《くろう》にたえて、がまんすること。

「臥薪《がしん》」とは、たきぎの上に寝《ね》ること、「嘗《しょう》胆《たん》」とは苦い肝《きも》をなめることをいう。

由来

昔、中国で、戦争《せんそう》に敗《やぶ》れて死んだ王の息子夫《ふ》差《さ》が、父の敵《かたき》をうつために、たきぎの上で寝《ね》て復讐《ふくしゅう》の気持ちを忘《わす》れないようにして三年間をたえ、敵《かたき》である句践《こうせん》を降伏《こうふく》させた。しかし、句践《こうせん》は肝《きも》をなめて悔《くや》しさを忘《わす》れないようにし、二十年後、逆《ぎゃく》に夫《ふ》差《さ》を降伏《こうふく》させたという話から。

類義語

・**捲土重来《けんどちょうらい》**⬇下の言葉ノートを見てね！

言葉ノート

一口メモ **戦から生まれた四字熟語**

「臥薪嘗胆《がしんしょうたん》」のように、戦《いくさ》から生まれた四字熟語《よじじゅくご》はほかにもいろいろあるよ。

●**百戦百勝《ひゃくせんひゃくしょう》**…戦《たたか》えば必《かなら》ず勝つこと。『孫子《そんし》』（孫武《そんぶ》が書いたとされる戦《たたか》い方《かた》の書物）では、百戦百勝《ひゃくせんひゃくしょう》が最高《さいこう》ではなく、戦《たたか》わなくて勝つことが最高《さいこう》だという。

●**捲土重来《けんどちょうらい》**…一度失敗《しっぱい》した者が態勢《たいせい》を立て直して巻《ま》き返《かえ》すこと。一度負けた軍《ぐん》が土煙《つちけむり》をあげて再《ふたた》び攻《せ》めてくることから。「重来」は「じゅうらい」とも読む。

●**背水之陣《はいすいのじん》**…川を背《せ》にしたように、一歩も下がれないという追いつめられた立場で、物事に取り組むこと。

●**四面楚歌《しめんそか》**…30ページを見てね！

2月 2日

世界湿地《しっち》の日…一九七一年、ラムサール条約《じょうやく》という、湿地《しっち》を守るための条約《じょうやく》が結《むす》ばれた日。湿地《しっち》とは、湿原《しつげん》や沼《ぬま》、湖、干潟《ひがた》などで、いろいろな生物にとって重要《じゅうよう》な場所だ。

★ 多種多様《たしゅたよう》

多種＋多様

使い方

種類《しゅるい》がたくさんあるとき

学校から帰ってからの過《す》ごし方《かた》は**多種多様《たしゅたよう》**だけれど、私《わたし》は、まずおやつを食べる。

意味

たくさんのいろいろな種類《しゅるい》があるということ。「多種《たしゅ》」はたくさんの種類《しゅるい》、「多様《たよう》」はさまざまなという意味。

類義語

・**十人十色《じゅうにんといろ》**➡31ページを見てね！
・**千差万別《せんさばんべつ》**➡49ページを見てね！

2月 3日

節分《せつぶん》…立春の前日で、二月三日ごろ。豆をまいて鬼《おに》を追いはらい、自分の年の数（一つ多い場合もある）だけ豆を食べて厄《やく》よけをする。

★ 一陽来復《いちようらいふく》

一陽＋来復

使い方

よい方向に向かうとき

ずっと好《す》きだった子に相手にされていなかったが、**一陽来復《いちようらいふく》**、この前笑顔《えがお》で話しかけられた。

意味

冬が終わって春がくること。新年がくることもいう。また、悪いことが続《つづ》いたあとに、運が向いてくること。「来復《らいふく》」を「来福」と書くのはまちがい。

由来

易《えき》（占《うらな》い）からきた言葉。「復《ふく》」は昔の十一月（今の十二月）または冬至《とうじ》のこと。それまで陰《いん》（暗くて消極的《しょうきょくてき》）だったが、十一月（冬至《とうじ》）になると、陽《よう》（明るくて積極的《せっきょくてき》）がめぐってくるということから。

2月4日

立春…暦《こよみ》の上で春をむかえる日で、二月四日ごろ。冬至《とうじ》と春分の中間で、昔の暦《こよみ》では一年が始まる日とされていた。

★★★ 三寒四温《さんかんしおん》

三寒＋四温

使い方

春が近づいたとき

寒かった昨日《きのう》とちがって今日《きょう》は暖《あたた》かい。**三寒四温《さんかんしおん》**というけれど、こうしてだんだん春になっていくんだね。

手紙で、季節《きせつ》のあいさつに使われることも多いよ。

意味

冬に、寒い日が三日ぐらい続《つづ》くと、暖《あたた》かい日が四日ぐらい続《つづ》くという天気のこと。近年では、春先の天気が変《か》わりやすいことをいい、だんだん暖《あたた》かくなっていくことを表す。

2月5日

笑顔《えがお》の日…「二・五〔ニコ（ニコ）〕」のごろ合わせ。いつも笑顔《えがお》でいようという日。

★ 破顔一笑《はがんいっしょう》

破顔＋一笑

使い方

笑《わら》ったとき

昼休みに、吉田《よしだ》さんが一人でさびしそうに見えたので、いっしょに遊ぼうと声をかけた。吉田《よしだ》さんは**破顔一笑《はがんいっしょう》**してかけよってきた。

意味

にっこりと笑《わら》うこと。「破顔《はがん》」は顔をほころばせること、「一笑《いっしょう》」はちょっと笑《わら》うという意味。

類義語

・**呵呵大笑《かかたいしょう》**／大声で笑《わら》うこと。

2月6日

抹茶《まっちゃ》の日…茶道で湯をわかす道具を風炉《ふろ》ということから、「二・六（ふ・ろ）」のごろ合わせ。抹茶《まっちゃ》の生産地《せいさんち》である愛知県西尾市《あいちけんにしおし》の茶業《ちゃぎょう》振興協議会《しんこうきょうぎかい》が決めた。

★★★

一期一会《いちごいちえ》

一期＋一会

使い方

出会いを大切にするとき

出会いは**一期一会《いちごいちえ》**だから、クラスメイトになったことに感謝《かんしゃ》して、クラスでお楽しみ会を開こう。

意味

一生に一度の機会《きかい》ということ。出会いは一生に一度なので大切にしようということ。

由来

茶会は一生に一度の出会いであると心得《こころえ》て、亭主《ていしゅ》（主人）も客も誠意《せいい》をつくすべきだという、茶の湯の教えから。茶道を確立《かくりつ》した、千利休《せんのりきゅう》という茶人の言葉とされる。

2月7日

北方領土《ほっぽうりょうど》の日…一八五五年、日本とロシアの間で日露和親条約《にちろわしんじょうやく》が結《むす》ばれた日。

★

一衣帯水《いちいたいすい》

一＋衣帯＋水

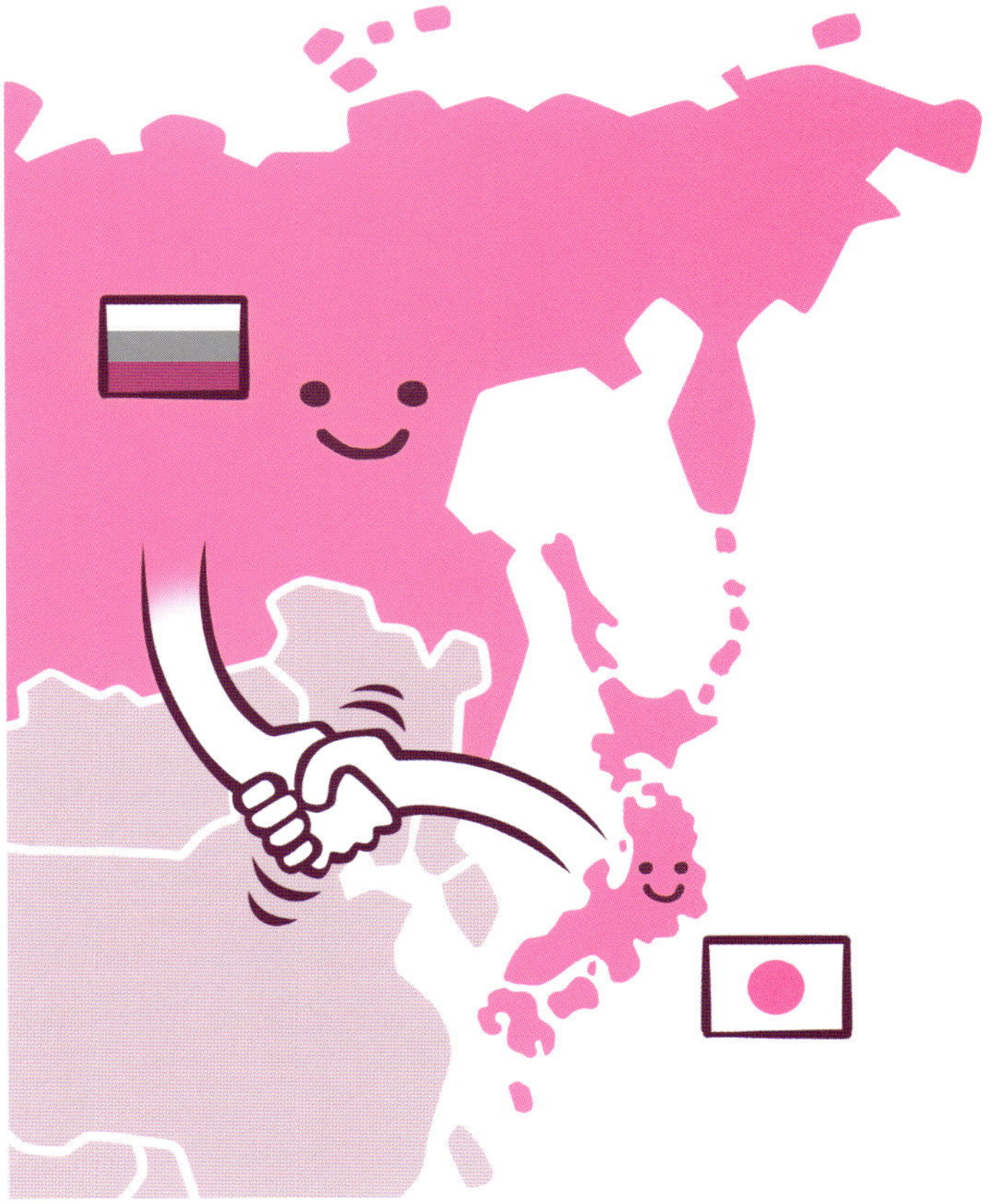

使い方

とても近いとき

東京都と千葉県は**一衣帯水《いちいたいすい》**の関係《かんけい》なので、水難事故《すいなんじこ》や大きな火事が起きたときは助け合っている。

意味

地域《ちいき》をへだてる、とても細い川や海峡《かいきょう》のこと。二つのものがとても近いということ。

「衣帯《いたい》」とは着物の帯《おび》、「水《すい》」は川や海のことをいう。一《ひと》筋《すじ》の帯《おび》のような細長い川や海という意味から。

2月 8日

針供養《はりくよう》…折《お》れたり曲がったりして使えなくなった縫《ぬ》い針《ばり》を、豆腐《とうふ》やこんにゃくなどにさしたり、神社に納《おさ》めたりして供養《くよう》すること。あわせて、裁縫《さいほう》の上達《じょうたつ》を願《ねが》う。

★★★ 針小棒大《しんしょうぼうだい》

針小＋棒大

使い方

大げさなとき

山下《やました》くんは、昨日《きのう》、下校のとき、道を教えただけなのに、困《こま》っていた女子を助けたと、**針小棒大《しんしょうぼうだい》**に話していた。

意味

小さいことを大げさに言うこと。「針小《しんしょう》」は針《はり》のように小さい、「棒大《ぼうだい》」は棒《ぼう》のように大きいという意味。

類義語

・**大言壮語《たいげんそうご》**／できそうもないことを、おおげさに言うこと。

2月 9日

服の日…「二・九（ふく）」のごろ合わせ。衣服《いふく》を着る楽しみを広げようという日。

★★ 自己満足《じこまんぞく》

自己＋満足

使い方

自分で自分をほめるとき

工作の時間に作ったねんど細工《ざいく》は、とてもよくできたと思う。でも、だれもほめてくれないから、**自己満足《じこまんぞく》**かなあ。

ほかの人の意見は関係《かんけい》ないよ。

意味

自分の言ったことやしたことに対して、自分で満足《まんぞく》すること。「自己《じこ》」は自分自身、「満足《まんぞく》」は満《み》ち足《た》りていて不満《ふまん》がないという意味。

2月 10日

海の安全祈念日《きねんび》…二〇〇一年のこの日、愛媛県《えひめけん》の水産《すいさん》高校の実習船がアメリカの原子力潜水艦《せんすいかん》に衝突《しょうとつ》されて沈没《ちんぼつ》し、教官《きょうかん》や生徒《せいと》が亡《な》くなった。この事故《じこ》を教訓《きょうくん》とする日。

★多《た》事《じ》多《た》難《なん》

多事＋多難

使い方

困《こま》ったことが多いとき

三学期になってから、転んでけがをしたり、虫歯になったり、**多事多難《たじたなん》**だ。

意味

事件《じけん》や困難《こんなん》なことが多いこと。「事《じ》」は事件《じけん》やできごと、「難《なん》」は困難《こんなん》や災難《さいなん》という意味。

類義語

・**多事多患《たじたかん》**／事件《じけん》が多くて心配ごとが多いこと。

反対語

・**平穏無事《へいおんぶじ》**／何事もなく、おだやかだということ。

2月 11日

平清盛《たいらのきよもり》が太政大臣《だいじょうだいじん》となる…一一六七年のこの日、「平治《へいじ》の乱《らん》」で源《げん》氏《じ》に勝った平清盛《たいらのきよもり》が、武士《ぶし》として初《はじ》めて太政大臣《だいじょうだいじん》という、国のトップの役職《やくしょく》につき、政治《せいじ》の実権《じっけん》をにぎった。

★古《こ》今《こん》無《む》双《そう》

古今＋無双

使い方

とてもすばらしいとき

近所に住んでいるおじさんは、空手《からて》の有段者《ゆうだんしゃ》で、**古今無双《ここんむそう》**の達人《たつじん》といわれている。

意味

昔から今まで、比《くら》べられるものがないこと。また、比《くら》べるものがないほどすぐれているということ。「古今《ここん》」は昔から今まで、「無双《むそう》」は並《なら》ぶものがないという意味。

類義語

・**古今独歩《ここんどっぽ》**／昔から今まで、並《なら》ぶものがないこと。
・**天下無双《てんかむそう》**／天下で並《なら》ぶものがないこと。

2月 12日

江戸幕府《えどばくふ》が開かれる…一六〇三年、徳川家康《とくがわいえやす》が征夷大将軍《せいいたいしょうぐん》になり、江戸《えど》に幕府《ばくふ》を開いた日。

★ 天下泰平《てんかたいへい》

天下＋泰平

使い方

世の中が落ち着いているとき

江戸《えど》時代は、徳川家《とくがわけ》が代々将軍《しょうぐん》となって二百六十年以上《いじょう》統治《とうち》し、戦争《せんそう》もなく安定した、**天下泰平《てんかたいへい》**の時代だった。

意味

世の中に争《あらそ》いごとがなく、平和で安定している様子。また、心配ごとがなくてのんびりおだやかなこと。「泰平《たいへい》」は平和なこと。「天下太平《てんかたいへい》」とも書く。

類義語

・**平穏無事《へいおんぶじ》**↓27ページを見てね！

2月 13日

苗字制定記念日《みょうじせいていきねんび》…一八七五年に「平民苗字必称義務令《へいみんみょうじひっしょうぎむれい》」が出されて、国民《こくみん》すべてが名字を名乗ることが定められた日。それまで、武士《ぶし》や公家《くげ》以外《いがい》には名字を名乗る人が少なかった。

★★★ 有名無実《ゆうめいむじつ》

有名＋無実

使い方

名前が実質《じっしつ》に合わないとき

実行委員《じっこういいん》はたくさんいるが、その多くは**有名無実《ゆうめいむじつ》**で、実際《じっさい》は有田《ありた》くんが一人でとり仕切っている。

よい意味では使わないよ。

意味

名前は立派《りっぱ》だが、実質《じっしつ》がともなわないこと。また、名前だけ知られているが、実際《じっさい》には役に立っていないこと。

類義語

・**羊頭狗肉《ようとうくにく》**↓180ページを見てね！

2月
14日

★★★
八方美人《はっぽうびじん》

バレンタインデー…愛《あい》の告白《こくはく》をする日。日本では、女性《じょせい》から男性《だんせい》にチョコレートをわたす日となっている。近ごろは、友達《ともだち》どうしでチョコレートをわたす「友チョコ」なども行われる。

八方＋美人

使い方

みんなにいい顔をするとき

ナナちゃんは私《わたし》がいちばんの親友と言っていたのに、今日《きょう》みっちゃんにも同じことを言っていて、**八方美人《はっぽうびじん》**だと思った。

よい意味では使わないよ。

意味

だれに対しても愛想《あいそ》よくふるまうこと。または、ふるまう人のこと。

由来

「八方《はっぽう》」とは、東、西、南、北、北東、北西、南東、南西の八つの方角のことで、あらゆる方面という意味。どの方向から見ても美人ということから。

類義語

・**巧言令色《こうげんれいしょく》**→147ページを見てね！

関連する言葉

美人についての四字熟語《よじじゅくご》は、ほかにもあるよ。

・**佳人薄命《かじんはくめい》**→132ページを見てね！
・**才色兼備《さいしょくけんび》**→41ページを見てね！
・**眉目秀麗《びもくしゅうれい》**／顔立ちが整っていること。男性《だんせい》に用いることが多い。
・**容姿端麗《ようしたんれい》**→110ページを見てね！

言葉ノート

一口メモ **バレンタインデーの由来**

バレンタインデーの「バレンタイン」とは、人の名前だ。
3世紀《せいき》のローマでは、皇帝《こうてい》が若者《わかもの》の結婚《けっこん》を禁《きん》じていた。愛《あい》する人を残《のこ》して戦《たたか》いに行った兵士《へいし》の士気《しき》が下がると考えられていたからだ。そんな若《わか》い恋人《こいびと》たちのために、ある町のキリスト教の司祭《しさい》だったバレンタインは、ないしょで結婚《けっこん》をさせていた。しかし、そのことが皇帝《こうてい》に知られてしまい、バレンタインは処刑《しょけい》されてしまった。その命日が、2月14日だ。
その後、バレンタインはキリスト教の聖人《せいじん》としてまつられるようになり、2月14日は恋人《こいびと》たちの日として、カードや花束《はなたば》を贈《おく》り合《あ》う日となったといわれている。

2月15日

西南戦争始まる《せいなんせんそう》…一八七七年、九州で、西郷隆盛《さいごうたかもり》を指揮官《しきかん》とする士《し》族《ぞく》（江戸《えど》時代の武士《ぶし》）の反乱《はんらん》が起こった日。

★★

四面楚歌《しめんそか》

四面＋楚歌

使い方

味方がいないとき

学級会のとき、クラスのお楽しみ会で劇《げき》をすることに反対したのは私《わたし》一人だけで、**四面楚歌**《しめんそか》だった。

意味

まわりを敵《てき》に囲《かこ》まれて、助けのない状態《じょうたい》。

由来

昔の中国で起こった、楚《そ》の国と漢《かん》の国の戦《たたか》いにまつわる。楚軍《そぐん》が漢軍《かんぐん》に取《と》り囲《かこ》まれたとき、まわりの漢軍《かんぐん》から楚《そ》の国の歌が聞こえてきて、楚軍《そぐん》の大将《たいしょう》、項羽《こうう》は、すでに多くの味方が漢《かん》に降伏《こうふく》したと知り、なげいたという話から。

類義語

・**孤軍奮闘**《こぐんふんとう》↓133ページを見てね！
・**孤立無援**《こりつむえん》↓57ページを見てね！

2月16日

天気図記念日《きねんび》…一八八三年、日本で初《はじ》めて、天気図が作られた日。

★

西高東低《せいこうとうてい》

西高＋東低

使い方

日本の冬の天気をいうとき

「今日《きょう》は**西高東低**《せいこうとうてい》の気圧配置《きあつはいち》で、東京は晴れですが、寒くて乾燥《かんそう》するでしょう」とアナウンサーが言っていた。かぜをひかないよう、手洗《てあら》いとうがいをしっかりしよう。

意味

西に高気圧《こうきあつ》、東に低気圧《ていきあつ》がある気圧配置《きあつはいち》のこと。日本の冬によく見られ、冷《つめ》たい空気が入りこんで、日本海側《にほんかいがわ》は大雪、太平洋側《たいへいようがわ》は乾燥《かんそう》した晴れとなる。

反対語

・**東高西低**《とうこうせいてい》／気圧《きあつ》が、東が高く、西が低《ひく》いこと。日本の夏に多い気圧配置《きあつはいち》。

2月17日

ツタンカーメン王の墓発掘《はかはっくつ》の日…一九二五年、エジプトの王家の谷で、古代エジプトのツタンカーメン王のミイラが発見された日。

★ 黄金時代《おうごんじだい》

黄金＋時代

使い方

いちばんよかったとき

父は高校野球で甲子園《こうしえん》に出たことがある。「あのころがうちの野球部の**黄金時代**《おうごんじだい》だった」と、父はよく言っている。

意味

もっとも栄《さか》えた時代。全盛期《ぜんせいき》のこと。

由来

ギリシャ神話で、大昔にクロノスという神が支配《しはい》していた、人々がとても幸福に暮《く》らしていた時代を、こうよんだことから。

反対語

・**暗黒時代**《あんこくじだい》➡125ページを見てね！

2月18日

方言の日…二〇〇七年に鹿児島県大島支庁《かごしまけんおおしましちょう》が決めた、奄美《あまみ》地方の方言を守り、伝《つた》えていこうという日。

★★★ 十人十色《じゅうにんといろ》

十人＋十色

使い方

それぞれちがうとき

好《す》きなことは**十人十色**《じゅうにんといろ》で、サッカーが好《す》きな子もいれば、読書が好《す》きな子もいる。

意味

考え方や好《この》みなどは、人によってちがい、いろいろあるということ。

「十色《といろ》」は十の色で、十の種類《しゅるい》という意味。十人いれば十の種類《しゅるい》があるということから。

類義語

・**三者三様**《さんしゃさんよう》／三人いれば、三通りのやり方や考え方があるということ。

・**千差万別**《せんさばんべつ》➡49ページを見てね！

・**多種多様**《たしゅたよう》➡23ページを見てね！

2月
19日

プロレスの日…一九五五年、日本初《はつ》の本格的《ほんかくてき》なプロレスの国際試合《こくさいじあい》が行われた日。力道山《りきどうざん》・木村《きむら》組対シャープ兄弟の対戦《たいせん》だった。

★★★

正正堂堂《せいせいどうどう》

正正＋堂堂

使い方

勝負するとき
クラス対抗《たいこう》のドッジボール大会では負けたけれど、**正正堂堂**《せいせいどうどう》と戦《たたか》ったから悔《く》いはない。

意味

立派《りっぱ》で正しい態度《たいど》で、正面から物事に立ち向かう様子。ひきょうなことをしないということ。

由来

中国の『孫子《そんし》』という兵法《へいほう》が書かれた古い本の中の「正正《せいせい》の旗《はた》を邀《もち》うる無《な》かれ、堂堂《どうどう》の陣《じん》を撃《う》つ勿《な》かれ」（軍旗《ぐんき》が整《せい》然《ぜん》と並《なら》んでいて、陣形《じんけい》がきちんと整っている軍《ぐん》を攻撃《こうげき》してはいけない）という言葉から。「正正《せいせい》の旗《はた》、堂堂《どうどう》の陣《じん》」を略《りゃく》したもの。

2月
20日

歌舞伎《かぶき》の日…一六〇七年、出雲《いずも》の阿国《おくに》という女性《じょせい》が、初《はじ》めて、江戸《えど》城《じょう》の将軍《しょうぐん》の前で歌舞伎《かぶき》を見せたといわれる日。

★★

一世一代《いっせいちだい》

一世＋一代

使い方

とても大事なとき
明日《あす》は小学校最後《さいご》のスキー大会の日。私《わたし》にとっては、**一世一**《いっせいち》**代**《だい》の大勝負だ。

意味

一生に一度だけの大切なこと。「一世《いっせ》」も「一代《いちだい》」も、一生（生まれてから死ぬまで）という意味。「いっせいいちだい」ともいう。

由来

歌舞伎《かぶき》役者などの舞台《ぶたい》役者が引退《いんたい》するときに、もっとも得《とく》意《い》な芸《げい》を披露《ひろう》することをいうことから。

類義語

・**一世一度**《いっせいちど》／一生にただ一度であること。

2月21日

★

治外法権《ちがいほうけん》

治外法＋権

条約改正《じょうやくかいせい》の達成《たっせい》…一九一一年、「日米新通商航海条約《にちべいしんつうしょうこうかいじょうやく》」が結《むす》ばれ、それまでの不平等条約《ふびょうどうじょうやく》が改正《かいせい》された日。一八九四年に、まずは外国人の治外法権《ちがいほうけん》が撤廃《てっぱい》され、この日に日本の関税自主権《かんぜいじしゅけん》が回復《かいふく》した。

使い方

特別《とくべつ》な権利《けんり》が認《みと》められるとき

幕末《ばくまつ》に日本が結《むす》んだ日米和親条約《にちべいわしんじょうやく》では、**治外法権《ちがいほうけん》**が認《みと》められていたため、外国人が罪《つみ》を犯《おか》しても日本の裁判《さいばん》にかけられずに、外国の領事《りょうじ》によって裁判《さいばん》が行われていた。

意味

外国に住んでいる人に対してあたえられる、その国の法律《ほうりつ》にしたがわなくてよいという特権《とっけん》のこと。

類義語

・**領事裁判権《りょうじさいばんけん》**／自分の国ではない国にいる人が、その国の裁判《さいばん》ではなく、自分の国の領事《りょうじ》（外交官《がいこうかん》）の裁判《さいばん》を受けられる権利《けんり》。

2月22日

★★

主客転倒《しゅかくてんとう》

主客＋転倒

猫《ねこ》の日…二・二二（にゃん、にゃん、にゃん）のネコの鳴き声のごろ合わせから。ネコといっしょに暮《く》らせる幸せに感謝《かんしゃ》して、ネコとともにこの喜《よろこ》びをかみしめる日。

使い方

大事なことが入れかわるとき

ついているおまけがほしくておかしを買うなんて、**主客転倒《しゅかくてんとう》**だろう。

意味

物事の優先順位《ゆうせんじゅんい》や重要性《じゅうようせい》、立場などが、逆《ぎゃく》になること。「主客《しゅかく》」は主人と客という意味。「転倒《てんとう》」は逆《さか》さまにすること。主人と客の立場が入れかわるという意味から。

類義語

・**本末転倒《ほんまつてんとう》**⬇90ページを見てね!

2月 23日

ふろしきの日…二・二三（つ・つみ）のごろ合わせ。日本風呂敷連《ふろしきれん》合会《ごうかい》が、ふろしきのよさを広める日として決めた。

★★★

千変万化《せんぺんばんか》

千変＋万化

使い方

どんどん変《か》わるとき

教室の窓《まど》から見える山は、天気や季節《きせつ》によって**千変万化《せんぺんばんか》**して、毎日見ていてもあきない。

意味

物事の様子や場面などが、次々と変《か》わっていくこと。「千《せん》」と「万《ばん》」は数が多いという意味。

類義語

・**変幻自在《へんげんじざい》**／自由に、消えたり現《あらわ》れたり、姿《すがた》を変《か》えたりすること。

反対語

・**一本調子《いっぽんちょうし》**／単調《たんちょう》で変化《へんか》にとぼしいこと。

・**千篇一律《せんぺんいちりつ》**／たくさんの詩が、どれも同じ調子で、おもしろみがないこと。

2月 24日

鉄道ストの日…一八九八年、日本初《はつ》の鉄道ストライキが行われた日。上野《うえの》（東京都）―青森間の列車が運休した。

★★★

右往左往《うおうさおう》

右往＋左往

使い方

どうすればいいかわからないとき

授業中《じゅぎょうちゅう》、急に火災報知器《かさいほうちき》が鳴り、みんなびっくりして、**右往《うおう》左往《さおう》**してしまった。

意味

あわてふためいて、あっちに行ったりこっちに来たりして、混乱《こんらん》していること。「右往《うおう》」は右に行くこと、「左往《さおう》」は左に行くこと。

類義語

・**周章狼狽《しゅうしょうろうばい》**➡107ページを見てね！

反対語

・**泰然自若《たいぜんじじゃく》**➡195ページを見てね！

2月25日

親に感謝《かんしゃ》の気持ちを伝《つた》える日…二五が「ニコニコ」に通じることと、二つの2が親と子を表すことから。ふだんは言いにくい感謝《かんしゃ》の気持ちを親に言おうという日。

★★★ 以心伝心《いしんでんしん》

以心＋伝心

こづかい上げて!
こづかい上げて!
以心伝心で
ママに伝われ〜〜!
ニコ
ニコ
ニコ
ムムム
そんなに
簡単には
上がりませ〜ん
伝わってる〜

使い方

だまっていても伝《つた》わるとき

ぼくと幼《おさな》なじみのヒロキくんは、何も言わなくても、おたがいに何をして遊びたいかがわかる。**以心伝心《いしんでんしん》**だね。

意味

言葉で伝《つた》えなくても、おたがいの気持ちが通じ合っていること。「以心《いしん》」を「意心」と書くのはまちがい。

由来

「心を以《もっ》て心を伝《つた》える」という、仏教《ぶっきょう》の言葉。仏《ほとけ》の教えを、経典《きょうてん》などの言葉を使わずに、師《し》の心から弟子《でし》の心に伝《つた》えるということから。

2月26日

二・二六事件《じけん》…一九三六年、陸軍《りくぐん》の青年将校《せいねんしょうこう》たちがクーデターを起こした日。総理大臣《そうりだいじん》などをおそい、大蔵大臣《おおくらだいじん》（今の財務大臣《ざいむだいじん》）らを殺《ころ》したが、クーデターは失敗《しっぱい》した。

★★ 猪突猛進《ちょとつもうしん》

猪突＋猛進

ドドドドド
ダダダ
ギャ〜
グエ〜
パン
パン
パン
ダダダ
ウオ〜
行け〜
われわれの思いを
わからせるぞ〜〜!!

使い方

あとのことを考えないでやるとき

進《すすむ》くんはサッカーの試合《しあい》で、ボールに向かって**猪突猛進《ちょとつもうしん》**して、イエローカードをもらった。

意味

まわりのことや人のことを考えずに、一つのことに向かって、ひたすら突進《とっしん》していくこと。「猪突《ちょとつ》」は猪《いのしし》が突進《とっしん》すること、「猛進《もうしん》」は猛烈《もうれつ》に進むことをいう。猪《いのしし》が猛《もう》スピードで突進《とっしん》していく様子から。

2月27日

女性雑誌《じょせいざっし》の日…一六九三年、世界初《せかいはつ》の女性《じょせい》向け週刊誌《しゅうかんし》がロンドン（イギリス）で創刊《そうかん》された日。

★★ 品行方正《ひんこうほうせい》

品行＋方正

使い方

きちんとしているとき

学級委員の小林《こばやし》さんは、とても**品行方正《ひんこうほうせい》**な人で、みんなから信頼《しんらい》されている。

身なりではなく、道徳的《どうとくてき》にきちんとしているということだよ。

意味

行いが立派《りっぱ》で正しいこと。人のお手本となるような人のことをいう。「品行《ひんこう》」は行い、「方正《ほうせい》」はきちんとして正しいという意味。

2月28日

バカヤローの日…一九五三年、吉田茂《よしだしげる》首相が、国会で、野党議員《やとうぎいん》の発言に対して、「バカヤロー」と言った日。これが原因《げんいん》で、内閣不《ないかくふ》信任案《しんにんあん》が提出《ていしゅつ》され、衆議院《しゅうぎいん》が解散《かいさん》した。

★★★ 前代未聞《ぜんだいみもん》

前代＋未聞

使い方

これまでにないとき

給食《きゅうしょく》のカレーライスを十回もおかわりしたなんて、**前代未聞《ぜんだいみもん》**だ。

意味

今までに聞いたことがないほど、めずらしいことや、とても大変《たいへん》なこと。「前代《ぜんだい》」は今より前の時代、「未聞《みもん》」は聞いたことがないという意味。

類義語

・**空前絶後《くうぜんぜつご》**⇩102ページを見てね!
・**未曾有《みぞう》**／今までに起こったことがないこと。

2月
29日

★時節到来《じせつとうらい》

時節＋到来

うるう日…二月二十九日のこと。太陽暦《たいようれき》では、四年に一回、二月を一日ふやすことで、暦《こよみ》のずれを調整する。東京スカイツリーが完成《かんせい》したのは二〇一二年のこの日。

使い方

チャンスがきたとき

もうすぐ三月。桃《もも》や桜《さくら》の花がさく。大好《だいす》きなお花見の**時節到来《じせつとうらい》**だ。

意味

ちょうどいい機会《きかい》がやってくること。「時節《じせつ》」は何かをするのによい時機《じき》、「到来《とうらい》」は時機《じき》がくるという意味。

類義語

・**好機到来《こうきとうらい》**／すばらしい機会《きかい》がやってくること。

四字熟語ものしり館

四字熟語とことわざ

四字熟語《よじじゅくご》とことわざ・慣用句《かんようく》を比《くら》べてみよう。意味は、四字熟語のページでたしかめよう。

●同じ意味を表す四字熟語とことわざ

自業自得《じごうじとく》（↓175ページ）＝**身《み》から出《で》たさび**

他力本願《たりきほんがん》（↓58ページ）＝**寄《よ》らば大樹《たいじゅ》の陰《かげ》**

事実無根《じじつむこん》（↓56ページ）＝**根《ね》も葉《は》もない**

一攫千金《いっかくせんきん》（↓144ページ）＝**ぬれ手《て》で粟《あわ》**

捧腹絶倒《ほうふくぜっとう》（↓47ページ）＝**腹《はら》の皮《かわ》がよじれる**

粉骨砕身《ふんこつさいしん》（↓72ページ）＝**骨身《ほねみ》を削《けず》る**

●反対の意味を表す四字熟語とことわざ

一石二鳥《いっせきにちょう》（↓77ページ）⇔**虻蜂《あぶはち》取《と》らず／二兎《にと》を追《お》う者《もの》は一兎《いっと》をも得《え》ず**

唯我独尊《ゆいがどくそん》（↓60ページ）⇔**隣《となり》の芝生《しばふ》は青《あお》い**

海千山千《うみせんやません》（↓117ページ）⇔**芋《いも》の煮《に》えたもご存《ぞん》じない**

3月
1日

マーチ（行進曲）の日…「三月」と「行進曲」を英語《えいご》で書くと、どちらも「march《マーチ》」であることから。

★★
威風堂堂《いふうどうどう》

威風＋堂堂

「威風堂堂」の曲に合わせて威風堂堂とした行進です

使い方

立派《りっぱ》に見えるとき

全校集会でスピーチした児童会長《じどうかいちょう》は、**威風堂堂《いふうどうどう》**としていて、先生も児童《じどう》もその話に聞き入っていた。

スピーチの内容《ないよう》というより、態度《たいど》が立派《りっぱ》なことをいうよ。

意味

態度《たいど》や雰囲気《ふんいき》に、まわりを圧倒《あっとう》するような威厳《いげん》があって、立派《りっぱ》な様子。

「威風《いふう》」は威厳《いげん》のある様子、「堂堂《どうどう》」は力強くて立派《りっぱ》なことで、「堂堂《どうどう》とした態度《たいど》」などと同じ意味。

3月
2日

ミニの日…三・二（ミニ）のごろ合わせ。小さいものを愛《あい》そうという日。

★★
徹頭徹尾《てっとうてつび》

徹頭＋徹尾

その服もう小さいでしょ
だって小さいものが好きなんだよ！

使い方

ぶれないとき

どんなに先生に聞かれても、二人ともけんかの原因《げんいん》を、**徹頭《てっとう》徹尾《てつび》**言わなかった。

意味

最初《さいしょ》から最後《さいご》まで、態度《たいど》などが一貫《いっかん》して変《か》わらないことをいう。または、「あくまで、けっして」という意味でも使われる。「徹《てつ》」は貫《つらぬ》くという意味で、「頭」から「尾《お》（しっぽ）」まで貫《つらぬ》くということ。

類義語

・**一部始終《いちぶしじゅう》**→176ページを見てね！
・**終始一貫《しゅうしいっかん》**→45ページを見てね！

3月

3月

3日

★大和撫子《やまとなでしこ》

大和＋撫子

ひなまつり…女の子のすこやかな成長《せいちょう》を祈《いの》る、年中行事。ひな人形をかざって、ちらしずしなどを食べる。桃《もも》の節句《せっく》ともいう。

使い方

女性《じょせい》をほめるとき

教育実習で来た先生は、美人でおしとやか、まさに**大和撫子《やまとなでしこ》**だ。

女性《じょせい》に対するほめ言葉なので、男性《だんせい》には使わない。外国人の女性《じょせい》にも使わないよ。

意味

日本の女性《じょせい》の美しさを表す言葉。おしとやかで清楚《せいそ》な人のことを表す。「大和《やまと》」とは日本の別名《べつめい》。「撫子《なでしこ》」は、秋の七草の一つで、八～九月ごろにうす紅色《べにいろ》の花をさかせる、ナデシコの花のこと。

由来

女性《じょせい》をナデシコの花にたとえるのは、奈良《なら》時代の『万葉集《まんようしゅう》』という歌集の中にもみられ、大昔から行われていた。「撫子《なでしこ》」は撫《な》でるように愛《いと》おしい子という意味。平安《へいあん》時代に、中国から別《べつ》の種類《しゅるい》のナデシコの花が伝《つた》わってきて、日本に昔からみられたナデシコを「大和《やまと》ナデシコ」とよぶようになったといわれる。

言葉ノート

一口メモ　女性を表す花の言葉

「大和撫子《やまとなでしこ》」のほかにも、女性《じょせい》をほめる言葉はあるよ。

●**解語之花《かいごのはな》**…言葉がわかる花という意味で、美人のたとえ。中国の皇帝《こうてい》が楊貴妃《ようきひ》(→92ページ)をさしていった。

●**人面桃花《じんめんとうか》**…恋《こい》しい女性《じょせい》に会えないこと。桃《もも》の木の下で会った女性《じょせい》にもう一度会いに行ったら会えなかったため、詩を残《のこ》して去ったという中国の話から。美しい女性《じょせい》のたとえにも使われる。

●**立《た》てば芍薬《しゃくやく》 座《すわ》れば牡丹《ぼたん》 歩《ある》く姿《すがた》は百合《ゆり》の花《はな》**…美しい女性《じょせい》の姿《すがた》や動作を表す言葉。

●**花《はな》も恥《は》じらう**…若《わか》くて美しい女性《じょせい》を表す言葉。「花《はな》も恥《は》じらう17歳《さい》」などと使う。

ミシンの日…三・四（ミ・シン）のごろ合わせ。ミシンが発明されて二百年目の一九九〇年に決められた。

★★

天《てん》衣《い》無《む》縫《ほう》

天衣＋無縫

使い方

むじゃきでかわいいとき

ぼくの妹は、**天《てん》衣《い》無《む》縫《ほう》**で、近所の人みんなから愛《あい》されている。

よい意味で使うことが多いよ。

意味

もともとは、文章や詩などがわざとらしくなくて、自《し》然《ぜん》で美しいことをいったが、今は、人柄《ひとがら》が、むじゃきで気取っていない様子をいうことが多い。

由来

「天《てん》衣《い》」は天《てん》女《にょ》などの衣《い》服《ふく》、「無《む》縫《ほう》」は縫《ぬ》っていないという意味。

ある日、男が庭にいると天《てん》女《にょ》（織《おり》姫《ひめ》）が舞《ま》い降《お》りてきて、なかよくなった。織《おり》姫《ひめ》は夫《おっと》である牽《けん》牛《ぎゅう》（彦《ひこ》星《ぼし》）と年に一度しか会えないので、さびしかったのだ。織《おり》姫《ひめ》の衣《い》服《ふく》に縫《ぬ》い目《め》がないので、男が不《ふ》思《し》議《ぎ》に思ってたずねると、織《おり》姫《ひめ》が「天《てん》人《にん》（天界にすんでいる者）の服には針《はり》や糸は使われない」と答えたという話から。

類義語

・**純《じゅん》真《しん》無《む》垢《く》**↓188ページを見てね！

・**天《てん》真《しん》爛《らん》漫《まん》**↓74ページを見てね！

言葉ノート

一口メモ **衣服についての四字熟語**

衣《い》服《ふく》についての四《よ》字《じ》熟《じゅく》語《ご》はほかにもあるよ。

●**衣《い》冠《かん》束《そく》帯《たい》**…昔の貴《き》族《ぞく》の正《せい》装《そう》のこと。

●**衣《い》食《しょく》礼《れい》節《せつ》**…「衣《い》食《しょく》足《た》りて礼《れい》節《せつ》を知《し》る」ともいう。生活にゆとりがあって、初《はじ》めて礼《れい》儀《ぎ》をわきまえることができるようになるという意味。

●**金《きん》襴《らん》緞《どん》子《す》**…金の糸で織《お》った豪《ごう》華《か》な着物のことで、はなやかで美しい着物をさす。

●**布《ふ》衣《い》之《の》交《まじわり》**…身分や地《ち》位《い》にかかわらない、本当のつきあい。または、庶《しょ》民《みん》どうしの交《こう》際《さい》のこと。

●**一《いち》衣《い》帯《たい》水《すい》**…25ページを見てね！

●**一《いっ》張《ちょう》羅《ら》**…128ページを見てね！

3月5日

ミスコンの日…一九〇八年に、「世界美人コンクール」の日本予選《よせん》である写真審査《しんさ》の結果《けっか》が、新聞に発表された日。これが、日本で最《さい》初《しょ》のミス・コンテストといわれる。

★★★ 才色兼備《さいしょくけんび》

才色＋兼備

使い方

女性《じょせい》をほめるとき

竹田《たけだ》さんは美人で成績《せいせき》もよく、学校では**才色兼備《さいしょくけんび》**で有名だ。

男性《だんせい》には使わないよ。

意味

才能《さいのう》があって、容姿《ようし》も美しいこと。女性《じょせい》に対してのほめ言葉。「才色《さいしょく》」は才能《さいのう》と色で、色とは女性《じょせい》の美しい顔かたちのこと。「兼備《けんび》」は兼《か》ね備《そな》えるという意味。「備《び》」を「美」と書かないように注意しよう。

3月6日

弟の日…一九九二年に決められた。前から定められていた兄の日（六月六日）の三か月前ということから。

★★★ 我田引水《がでんいんすい》

我田＋引水

使い方

身勝手なとき

岡田《おかだ》くんは学級会の司会者《しかいしゃ》なのに、自分と意見が近い人ばかりに発言させるなんて、それは**我田引水《がでんいんすい》**だろう。

よい意味では使わないよ。

意味

まわりの人のことを考えないで、自分に都合《つごう》がよいように言ったり行動したりすること。「我田《がでん》」は自分の田んぼ、「引水《いんすい》」は水を引き入れることで、自分の田んぼにだけ水を入れるということから。

類義語

・**自分勝手《じぶんかって》**／自分の都合《つごう》ばかり考えること。

3月 7日

消防記念日《しょうぼうきねんび》…一九四八年に「消防組織法《しょうぼうそしきほう》」が施行《しこう》された日。消防《しょうぼう》について、理解《りかい》を深めるためにつくられた。

★ 危急存亡《ききゅうそんぼう》

危急＋存亡

使い方

ぎりぎりのとき

今年《ことし》、ぼくの入っている書道クラブには、新人が一人も入ってこなかった。わがクラブ、**危急存亡《ききゅうそんぼう》**のときだ。

意味

生き残《のこ》れるかほろびるかという瀬戸際《せとぎわ》のこと。「危急存亡《ききゅうそんぼう》のとき」と使われることが多い。

由来

中国の蜀《しょく》の国の諸葛亮《しょかつりょう》という武将《ぶしょう》が出陣《しゅつじん》するとき、皇帝《こうてい》の前で文書を読み、「今は危急存亡《ききゅうそんぼう》の秋《とき》だ」と蜀《しょく》の国がほろびるかもしれないという覚悟《かくご》をさせたことから。「とき」を「秋」と書くのは、秋は収穫《しゅうかく》の時期で、一年でもっとも大切なときであることから。

3月 8日

ミツバチの日…三・八（みつ・ばち）のごろ合わせ。

★★ 一生懸命《いっしょうけんめい》

一生＋懸命

使い方

全力で取り組むとき

母の誕生日《たんじょうび》のプレゼントを何にするか、妹といっしょに**一生《いっしょう》懸命《けんめい》**考えて、お手伝《てつだ》い券《けん》にした。

意味

全力で何かをすること。命がけの様子。

由来

もとは、「一所懸命《いっしょけんめい》」だった（⬇114ページも見てね！）が、命がけという意味で使われることがふえ、だんだん今のように「一所《いっしょ》」が「一生《いっしょう》」とされることが多くなった。

類義語

・**完全燃焼《かんぜんねんしょう》**⬇12ページを見てね！
・**全力投球《ぜんりょくとうきゅう》**⬇101ページを見てね！

3月9日

★感謝感激《かんしゃかんげき》

感謝＋感激

感謝《かんしゃ》の日…三・九（サン・キュー）のごろ合わせ。感謝《かんしゃ》したい人や出来事について考える日。

使い方

とてもありがたいとき

ぼくが入院したとき、島田《しまだ》くんは毎日お見舞《みま》いに来て、その日に勉強したことや学校の様子を話してくれた。**感謝感激《かんしゃかんげき》**だ。

意味

言葉では言いつくせないほど感謝《かんしゃ》して感激《かんげき》すること。

由来

親しい人の間での感謝《かんしゃ》を表すのに、さらに続《つづ》けて「感謝感《かんしゃかん》激《げき》雨あられ」と少しおどけて言うことがある。これは、日《にち》露戦争《ろせんそう》（一九〇四年）のときに新聞で使われた「乱射乱撃《らんしゃらんげき》雨あられ」という言葉をもじったもので、雨やあられのように降《ふ》ってくるほど、とても感謝《かんしゃ》していることを表す。

3月10日

★★半死半生《はんしはんしょう》

半死＋半生

東京都平和の日…東京大空襲《とうきょうだいくうしゅう》が起こった日。一九四五年、第二次世《だいにじせ》界大戦《かいたいせん》中に、アメリカ軍《ぐん》が落とした爆弾《ばくだん》で、東京は焼《や》け野原《のはら》となり、十万人以上《いじょう》の死者が出た。

使い方

死にそうになるとき

乗っていたバスが交通事故《こうつうじこ》にあって、大けがをし、**半死半生《はんしはんしょう》**の目にあった。

意味

ほとんど死にかかっている様子。ひん死の状態《じょうたい》。「半死《はんし》」は半分死んでいる、「半生《はんしょう》」は半分生きているという意味。

類義語

・**満身創痍《まんしんそうい》**／体中が傷《きず》だらけということから、心や体がひどく傷《きず》ついているということ。

3月
11日

東日本大震災《ひがしにほんだいしんさい》の日…二〇一一年、東北地方を中心に日本観測《かんそく》史上《しじょう》最《さい》大《だい》の大地震《おおじしん》が起こった日。大きな津波《つなみ》によって被害《ひがい》が拡大《かくだい》し、原子力発電所の事故《じこ》も起こった。

★★ 天変地異《てんぺんちい》

天変＋地異

使い方

自然《しぜん》が変化《へんか》するとき

大昔から長い間に**天変地異《てんぺんちい》**をくり返して、日本列島は今のような形になった。

意味

地震《じしん》、台風、洪水《こうずい》など、自然界《しぜんかい》に起こる災害《さいがい》や、変《か》わった出来事のこと。

「天変《てんぺん》」とは、日食・雷《かみなり》・大雨・大風などの天に起こる異変《いへん》、「地異《ちい》」とは、地震《じしん》・洪水《こうずい》・火山の噴火《ふんか》などの地に起こる異変《いへん》のことをいう。

3月
12日

サンデーホリデーの日…一八七六年、官公庁《かんこうちょう》で土曜日が半日休み、日曜日が休みという制度《せいど》が実施《じっし》された日。「半ドンの日」ともいう。半ドンとは土曜日が半日休みのこと。

★ 気分転換《きぶんてんかん》

気分＋転換

使い方

気分を変《か》えたいとき

長い時間勉強していると、つかれてきて能率《のうりつ》が悪くなるから、**気分転換《きぶんてんかん》**に、まんがを読んでいるんだ。

悪い気分をよい気分に変《か》えようとするときに使うよ。

意味

つかれたり、落ちこんだりしたときのいやな気分を、明るく前向きな気分に変《か》えること。

「転換《てんかん》」は、別《べつ》のものに変《か》えるという意味。

3月13日

青函《せいかん》トンネル開業記念日《きねんび》：一九八八年、青森と北海道を結《むす》ぶ青函《せいかん》トンネルを通る鉄道、ＪＲ《ジェイアール》津軽海峡線《つがるかいきょうせん》が開業した日。

★★ 終始一貫《しゅうしいっかん》

終始＋一貫

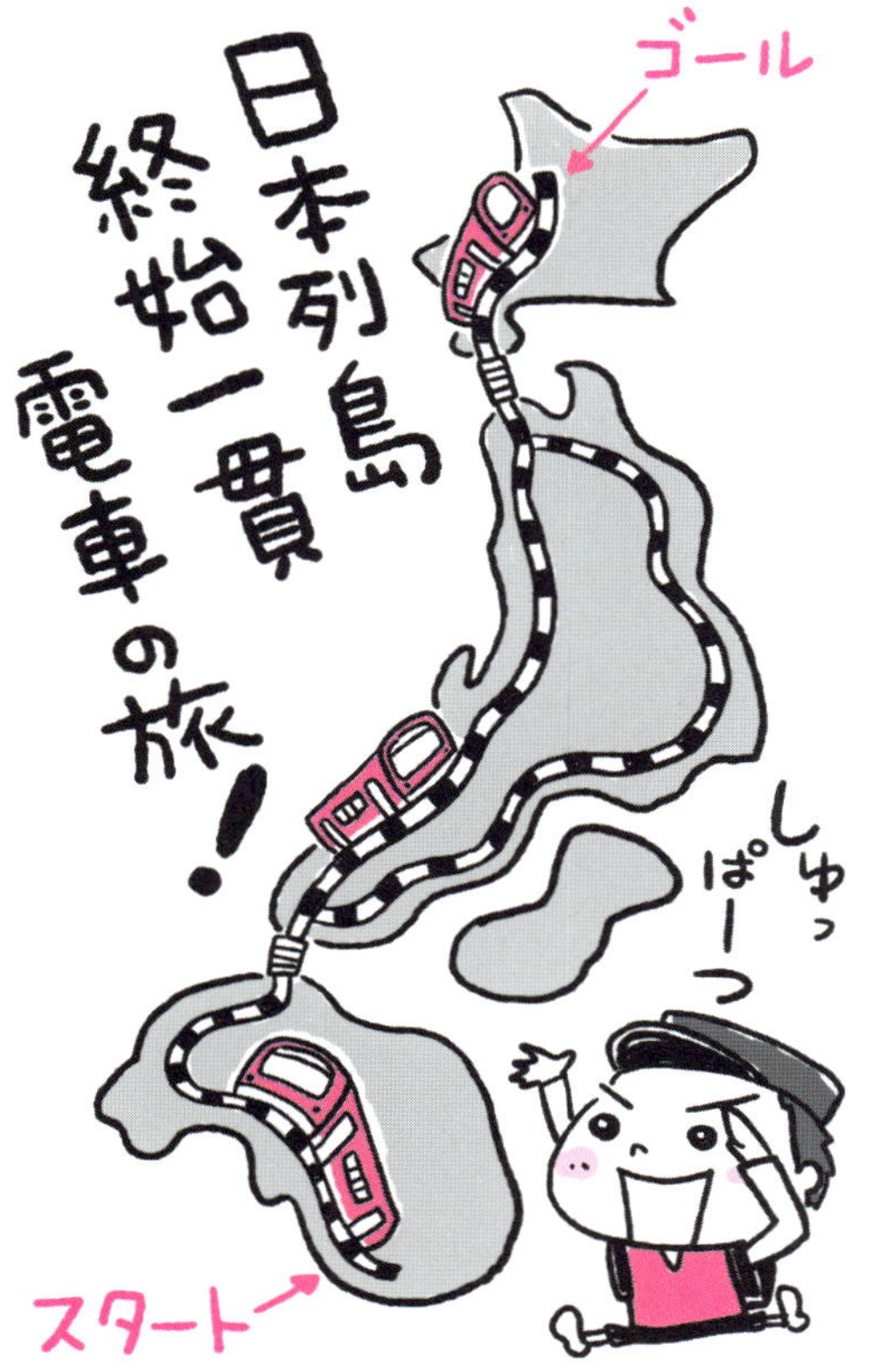

使い方

ずっと同じこと

松山《まつやま》くんは学級会のとき、どんなに反対されても、**終始一貫《しゅうしいっかん》**して自分の意見を変《か》えなかった。

意味

態度《たいど》や考え方などが、最初《さいしょ》から最後《さいご》までずっと変《か》わらないこと。

「終始《しゅうし》」は始めから終わりまで続《つづ》くこと、「一貫《いっかん》」はつらぬき通すという意味。

「始終一貫《しじゅういっかん》」ではないので注意しよう。

類義語

・**首尾一貫《しゅびいっかん》**→194ページを見てね！
・**徹頭徹尾《てっとうてつび》**→38ページを見てね！

3月14日

ホワイトデー：バレンタインデーにチョコレートなどをもらったお返しとして、男性《だんせい》が女性《じょせい》におかしなどをあげる日。

★★ 相思相愛《そうしそうあい》

相思＋相愛

使い方

両思いのとき

山口《やまぐち》先生と吉井《よしい》先生は**相思相愛《そうしそうあい》**といううわさだったけれど、先日結婚《けっこん》した。うわさは本当だったんだ。

意味

男女がおたがいに愛《あい》し合《あ》っていること。人と人の恋愛《れんあい》だけでなく、会社やチームなどに入りたいと思い、相手も入ってほしいと思っている場合などにも使われる。

「相思《そうし》」は思い合っている、「相愛《そうあい》」は愛《あい》し合《あ》っているという意味。

3月15日

靴《くつ》の記念日《きねんび》：一八七〇年、東京に日本で初《はじ》めての靴《くつ》の工場ができた日。日本人の足に合う靴《くつ》が作られるようになった。

★ 手枷足枷《てかせあしかせ》

手枷＋足枷

使い方

がんじがらめになるとき

スピーチ大会のとき、こんなことを言ってはいけないだろうと自分で勝手に**手枷足枷《てかせあしかせ》**をつくってしまい、失敗《しっぱい》した。

実際《じっさい》にしばられているのではないが、しばられているような気持ちになるときに使うことが多いよ。

意味

自由な動きや立場をうばうこと。

「枷《かせ》」とは、昔の刑罰《けいばつ》の道具で、手足や首にはめて、罪人《ざいにん》が自由に動けないようにするもののことから、行動を妨《さまた》げるものという意味。

3月16日

国立公園指定記念日《きねんび》：一九三四年、日本初《はつ》の国立公園ができた日。瀬戸内海《せとないかい》、雲仙《うんぜん》（今の雲仙天草《うんぜんあまくさ》）、霧島《きりしま》（今の霧島錦江湾《きりしまきんこうわん》）の三か所が指定された。

★★ 森羅万象《しんらばんしょう》

森羅＋万象

使い方

あらゆるものを表すとき

森羅万象《しんらばんしょう》すべての自然現象《しぜんげんしょう》が、人類《じんるい》が生《い》きのびるうえでの研《けん》究対象《きゅうたいしょう》だ。

意味

世の中（宇宙空間《うちゅうくうかん》をふくむ）に存在《そんざい》する、すべてのものや出来事のこと。

「森羅《しんら》」は樹木《じゅもく》がたくさんしげって連《つら》なっていること、「万象《ばんしょう》」は形のあるすべてのものという意味。

類義語

・**有象無象《うぞうむぞう》**／すべての形があるものとないもののこと。
・**天地万物《てんちばんぶつ》**／この世のすべてのものや現象《げんしょう》のこと。

3月 17日

漫画週刊誌《まんがしゅうかんし》の日…一九五九年、日本初《はつ》の少年向け週刊誌《しゅうかんし》「少年サンデー」と「少年マガジン」が発売された日。

★捧腹絶倒《ほうふくぜっとう》

捧腹＋絶倒

使い方

大笑《おおわら》いするとき

同じクラスの浜田《はまだ》くんは、ギャグのセンスがばつぐんで、休み時間にみんなを**捧腹絶倒《ほうふくぜっとう》**させている。

ちょっと笑《わら》うときには使わないよ。

意味

おなかをかかえて大笑《おおわら》いすること。ひっくり返るほどおかしいこと。「抱腹絶倒《ほうふくぜっとう》」とも書く。「捧腹《ほうふく》」は腹《はら》をかかえて笑《わら》う、「絶倒《ぜっとう》」は転がって笑《わら》うという意味。

類義語

・**呵呵大笑《かかたいしょう》**↓24ページを見てね!
・**破顔一笑《はがんいっしょう》**↓24ページを見てね!

3月 18日

点字ブロックの日…一九六七年、岡山県《おかやまけん》に、世界で初《はじ》めて点字ブロックがしかれた日。

★義理人情《ぎりにんじょう》

義理＋人情

使い方

人に親切なとき

坂口《さかぐち》くんは、**義理人情《ぎりにんじょう》**に厚《あつ》くて、人に何かをたのまれたら、絶対《ぜったい》にいやと言わずにやりとげる、かっこいい男だ。

意味

義理《ぎり》と人情《にんじょう》のこと。「義理《ぎり》」は人間関係《にんげんかんけい》のなかで守らなければいけない正しいこと。「人情《にんじょう》」は人に対する思いやり、情《なさ》けのことをいう。

一口メモ

「義理《ぎり》と人情《にんじょう》の板ばさみ」という言葉がある。これは、「義理《ぎり》」と「人情《にんじょう》」はときには両立しないもので、義理《ぎり》と人情《にんじょう》のどっちをとればいいか悩《なや》むことをいうよ。

3月19日

ミュージックの日…三・十九（ミュー・ジック）のごろ合わせ。

★★ 新進気鋭《しんしんきえい》

新進＋気鋭

使い方

これからが楽しみなとき

このすばらしい絵は、有名な新人賞《しんじんしょう》をとった、**新進気鋭《しんしんきえい》**の画家の作品だ。

学問や芸術《げいじゅつ》などで、年齢《ねんれい》に関係《かんけい》なく、新しく入ってきた人をほめるときに使うことが多いよ。

意味

新しくその分野に現《あらわ》れた、意気ごみや才能《さいのう》があって将来有望《しょうらいゆうぼう》な人のこと。「新進《しんしん》」は新しく現《あらわ》れること、「気鋭《きえい》」は意気ごみが鋭《するど》いこと。

3月20日

春分の日…三月二十日ごろの、国民《こくみん》の祝日《しゅくじつ》。春の自然《しぜん》をたたえ、生物をいつくしむ日。この日の前後三日間（計七日間）が春のお彼岸《ひがん》。

★ 春風駘蕩《しゅんぷうたいとう》

春風＋駘蕩

使い方

おだやかなとき

校長先生は、いつも**春風駘蕩《しゅんぷうたいとう》**としていて、大声でおこるのを見たことがない。

意味

春風がおだやかにふいて、のどかな景色《けしき》のこと。また、人のゆったりのんびりしている様子のこともいう。「駘蕩《たいとう》」とは、のびのびとした、おだやかなという意味。

反対語

・**秋霜烈日《しゅうそうれつじつ》**
⬇129ページを見てね！

3月
21日

国際人種差別撤廃《こくさいじんしゅさべつてっぱい》デー…一九六〇年、南《みなみ》アフリカ共和国《きょうわこく》で、アパルトヘイト（人種差別《じんしゅさべつ》の政策《せいさく》）に反対するデモ隊《たい》に警官《けいかん》が発砲《はっぽう》して大勢《おおぜい》の死傷者《ししょうしゃ》が出た、シャープビル虐殺事件《ぎゃくさつじけん》から定められた日。

★★★

千差万別《せんさばんべつ》

千差＋万別

世界にはいろいろな人種がいてそれぞれの文化や習慣があります
千差万別みとめあおう

使い方

それぞれがちがうとき

人の好《この》みは**千差万別《せんさばんべつ》**で、あまいものが好《す》きな人もいれば、からいものが好《す》きな人もいる。

意味

とてもさまざまなものがあって、それぞれがちがうこと。「千《せん》」「万《ばん》」は数がとても多いこと、「差《さ》」「別《べつ》」はちがいという意味。「せんさまんべつ」と読むのはまちがい。

類義語

- **三者三様《さんしゃさんよう》**→31ページを見てね！
- **十人十色《じゅうにんといろ》**→31ページを見てね！
- **多種多様《たしゅたよう》**→23ページを見てね！

関連する言葉

「千」「万」がつく四字熟語《よじじゅくご》はほかにもたくさんあるよ。

- **海千山千《うみせんやません》**→117ページを見てね！
- **笑止千万《しょうしせんばん》**／とてもばかばかしくておかしいこと。
- **千客万来《せんきゃくばんらい》**→160ページを見てね！
- **千軍万馬《せんぐんばんば》**／戦《たたか》った経験《けいけん》や社会経験《しゃかいけいけん》がゆたかなこと。
- **千変万化《せんぺんばんか》**→34ページを見てね！

言葉ノート

一口メモ　英語で言ってみよう

「千差万別《せんさばんべつ》」と似《に》た意味の言葉は外国にもあるよ。英語《えいご》で言ってみよう！

an《アン》 infinity《インフィニティ》 variety《バラエティ》

（無限《むげん》の多様性《たようせい》）

一口メモ　アパルトヘイトとは

1948年に南《みなみ》アフリカ共和国《きょうわこく》で確立《かくりつ》された、白人以外《いがい》の人（黒人など）を差別《さべつ》した政策《せいさく》。住む所や使える施設《しせつ》（レストランやトイレなど）、乗り物などを分けた。国際《こくさい》社会《しゃかい》から批判《ひはん》されながらも政策《せいさく》は続《つづ》き、1994年、ようやく完全撤廃《かんぜんてっぱい》された。

3月
22日

放送記念日《きねんび》…一九二五年、東京放送局（今のNHK《エヌエイチケー》）が、日本で初《はじ》めて、ラジオの試験《しけん》放送を行った日。

★ 美辞麗句《びじれいく》

美辞＋麗句

さ〜きょうのゲストの〇〇さんはかっこよくてスポーツ万能《ばんのう》役者としてもミュージシャンとしても大活躍《だいかつやく》…
言いすぎだろ…

使い方

おだてるとき

先生に対して、いくら**美辞麗句《びじれいく》**を並《なら》べたてても、いたずらをしたことは、許《ゆる》しませんよ。

あまりよい意味では使われないよ。

意味

うわべだけかざった、聞く人が喜《よろこ》びそうな言葉のこと。心がこもっていない言葉に対して、からかうようなときに使われる。

類義語

・**綺麗事《きれいごと》**／表面だけをとりつくろうこと。
・**社交辞令《しゃこうじれい》**／つきあいをよくするための、うわべだけのほめ言葉。

3月
23日

世界気象デー…一九五〇年、気象《きしょう》についての国際協力《こくさいきょうりょく》のために、世《せ》界《かい》気象機関《きしょうきかん》（WMO《ダブリュエムオー》）ができた日。

★★★ 馬耳東風《ばじとうふう》

馬耳＋東風

あしたは暖《あたた》かいから部屋のそうじしなさいよ…

使い方

言うことを聞かないとき

村田《むらた》さんは毎日、遅刻《ちこく》をする。先生にいくら注意をされても**馬耳東風《ばじとうふう》**で、今日《きょう》もにこにこしながらおくれてきた。

意味

人の意見や批判《ひはん》などを気にしないで聞き流すこと。

由来

「馬耳《ばじ》」は馬の耳、「東風《とうふう》」は春風のことで、人間は春風がふくと暖《あたた》かくなると思って喜《よろこ》ぶが、馬は何も感じないということから。

一口メモ

「馬耳東風《ばじとうふう》」と似《に》た意味のことわざに、「馬の耳に念仏《ねんぶつ》」という言葉があるよ。

3月24日

壇《だん》ノ浦《うら》の戦《たたか》い…一一八五年、山口県の壇《だん》ノ浦《うら》で、源平《げんぺい》の最後《さいご》の戦《たたか》いが起こった日。この戦《たたか》いで、政権《せいけん》をもっていた平氏《へいし》がほろんだ。

★★★

因《いん》果《が》応《おう》報《ほう》

因果＋応報

これも因果応報か……

使い方

悪いことが起きたとき

昨日《きのう》、拾った千円でまんがを買ったら、今日《きょう》、自分のおこづかいが入ったさいふをなくした。**因果応報《いんがおうほう》**かなあ。

意味

よい行いをすればよいことがあり、悪い行いをすれば悪いことがあるということ。最近《さいきん》は、悪い行いをすれば報《むく》いがあるという意味で使われることが多い。

由来

仏教《ぶっきょう》の教えで、前世（過去《かこ》）での行いが、現世《げんせ》（今）に現《あらわ》れるということ。

3月25日

電気記念日《きねんび》…一八七八年、東京の工部大学校（今の東京大学工学部）で、日本で初《はじ》めて電灯《でんとう》がともされた日。

★★★

暗《あん》中《ちゅう》模《も》索《さく》

暗中＋模索

あ 停電だ！
ローソク ローソク
懐中電灯《かいちゅうでんとう》は…？
ゲーム機の明かりでさがして

使い方

いろいろ試《ため》すとき

算数の宿題の問題の解《と》き方《かた》がわからなくて、**暗中模索《あんちゅうもさく》**しているところだ。

意味

手がかりがなく、いろいろとやってみること。「暗中《あんちゅう》」はくらやみの中、「模索《もさく》」はもともとは「摸索《もさく》」で、手さぐりでさがすという意味。「暗中摸索《あんちゅうもさく》」とも書く。

類義語

・五里霧中《ごりむちゅう》➡165ページを見てね！

3月 26日

★★ 波乱万丈《はらんばんじょう》

波乱＋万丈

楽聖忌《がくせいき》…一八二七年、「運命」「第九」などで有名なドイツの作曲家ベートーベンが亡《な》くなった日。ベートーベンは耳が聞こえなくなっても名曲を作《つく》り続《つづ》け、「楽聖《がくせい》」とよばれる。

使い方

人生いろいろあるとき

あの先生は役者や歌手などを経《へ》て、今の職《しょく》についたらしい。**波乱万丈《はらんばんじょう》**の人生だ。

悪いことをふくむときに使うことが多いよ。

意味

とても変化《へんか》がはげしくて、いろいろな出来事があるドラマチックな人生などのこと。「波乱《はらん》」はごたごた、もめごとのこと、「万丈《ばんじょう》」はとても高いことや深いことをいう。「丈《じょう》」は昔の長さの単位《たんい》。

3月 27日

★ 花吹雪《はなふぶき》

花＋吹雪

さくらの日…「三×九（さ・く〈ら〉）＝二十七」のごろ合わせと、季節《きせつ》を表す「桜始開《さくらはじめてひらく》」という日が重なることから。

使い方

桜《さくら》が散《ち》るとき

お花見の最中《さいちゅう》に強い風がふいて、美しい**花吹雪《はなふぶき》**が見られ、歓《かん》声《せい》があがった。

自然《しぜん》に散《ち》るのでなく、風で一気に散《ち》る様子をいうよ。

意味

花びらが、雪の吹雪《ふぶき》のように舞《ま》い散《ち》る様子。とくに、満開《まんかい》の桜《さくら》の花が散《ち》ることをいう。「花」は桜《さくら》の花をさす。昔から、和歌や俳句《はいく》では、花といえば、桜《さくら》の花のことをいうよ。

類義語
・桜吹雪《さくらふぶき》

3月28日

★★

悪事千里《あくじせんり》

悪事＋千里

シルクロードの日…一九〇〇年、シルクロードの古代都市、楼蘭《ろうらん》の遺跡《いせき》が発見された日。シルクロードとは中国とヨーロッパを結《むす》ぶ、商人たちが利用《りよう》した昔の交通路。

使い方

悪いことがばれたとき

下校のときにこっそり買い食いをしたら、次の日、先生に注意された。**悪事千里《あくじせんり》**を走るだなあ。

意味

悪いうわさは、すぐに世間に広まるということ。「悪事千《あくじせん》里《り》を走る」ともいう。「千里《せんり》」とは、とても遠いこと。

由来

昔の中国の本にある、「好事《こうじ》門を出《い》でず、悪事千里《あくじせんり》を行く」(よいことは世間に知られないが、悪いことはすぐに遠くまで広まる)から。

3月29日

★

天然記念物《てんねんきねんぶつ》

天然＋記念＋物

マリモの日…一九五二年、北海道の阿寒湖《あかんこ》のマリモが特別天然記念《とくべつてんねんきねん》物《ぶつ》に指定された日。マリモは藻《も》の一種《いっしゅ》で、まん丸の大きなマリモがたくさんいるのは、世界で阿寒湖《あかんこ》だけといわれる。

使い方

貴重《きちょう》なとき

学校の裏山《うらやま》にある巨木《きょぼく》は、**天然記念物《てんねんきねんぶつ》**に指定されているので、登ってはいけません。

意味

動物や植物、地質《ちしつ》や鉱物《こうぶつ》などの自然《しぜん》の記念物《きねんぶつ》のことで、文《ぶん》化財保護法《かざいほごほう》で、保存《ほぞん》する価値《かち》があるとされるもの。とくに価値《かち》が高いものは、特別天然記念物《とくべつてんねんきねんぶつ》に指定される。国が指定するもののほか、都道府県《とどうふけん》や市区町村が指定するものもある。

3月
30日

みその日…毎月三十日。三十日は「みそか」とよばれることから、「みそ」のごろ合わせ。

★

手前味噌《てまえみそ》

手前＋味噌

使い方

自慢《じまん》するとき

手前味噌《てまえみそ》ですが、ぼくは将棋《しょうぎ》大会で中学生に勝って優勝《ゆうしょう》しました。

自分や家族を自慢《じまん》するときなどに使うと、少しやわらかい表現《ひょうげん》になる。

意味

自分で自分をほめること。「自慢《じまん》じゃないが」と言う代わりに使う。

由来

「手前《てまえ》」は自分のこと。昔は、家庭でみそを作っていて、自分が作ったみそを自慢《じまん》しあっていたことから。

類義語

・**自画自賛《じがじさん》**⬇196ページを見てね!

3月
31日

オーケストラの日…三・三一（み・み（に）いちばん）のごろ合わせ。オーケストラに親しむ日。

★★

一挙一動《いっきょいちどう》

一挙＋一動

使い方

一つ一つの動きが気になるとき

となりの席《せき》の子の**一挙一動《いっきょいちどう》**が気にかかる。好《す》きになってしまったみたいだ。

意味

一つ一つの動作。ちょっとしたしぐさのこと。「挙《きょ》」は手を挙《あ》げる、「動」は体を動かすという意味で、全体の動きを表す「挙動《きょどう》」という言葉がある。「一」はちょっとしたという意味。

類義語

・**一言一行《いちげんいっこう》**／ちょっとした言葉や、ちょっとした行い。
・**一挙手一投足《いっきょしゅいっとうそく》**／一つ一つの動作や行動。

3月

四字熟語ものしり館

数字の四字熟語

漢数字が使われている四字熟語《よじじゅくご》はたくさんあるよ。いちばん大きい数はなんだろう？ 小さい数から順《じゅん》に並《なら》べてみたよ。ほかにどんなものがあるか調べてみよう。

一件落着《いっけんらくちゃく》
ある物事が解決《かいけつ》、決着すること。

二度手間《にどでま》
一度で終わらず、もう一手間《ひとてま》かかること。

三日坊主《みっかぼうず》
あきっぽくて、物事が長続《ながつづ》きしないこと。

四捨五入《ししゃごにゅう》
算数で、四以下《いか》のときは切り捨《す》て、五以上《いじょう》のときは切り上げること。

五臓六腑《ごぞうろっぷ》
人の内臓《ないぞう》を表す言葉。体の中すべてという意味もある。

六菖十菊《ろくしょうじっきく》
季節外《きせつはず》れで役に立たないこと（↓107ページ）。

七転八倒《しちてんばっとう》
がまんできない苦痛《くつう》に転げ回ること（↓200ページ）。

八方美人《はっぽうびじん》
だれにでもよい顔をする人（↓29ページ）。

九牛一毛《きゅうぎゅういちもう》
ささいなこと。多くの牛に生えた毛の中の一本ということから。

十中八九《じっちゅうはっく》
十のうちの八か九でほとんどという意味。

三十六計《さんじゅうろっけい》
いざというときには、にげるのがいちばんよいということ（↓177ページ）。

九十九折《つづらおり》
くねくねと折《お》れ曲《ま》がっている様子。

百発百中《ひゃっぱつひゃくちゅう》
必《かなら》ず当たること（↓149ページ）。

四百四病《しひゃくしびょう》
人間がかかるあらゆる病気のこと。

八百八町《はっぴゃくやちょう》
江戸《えど》（今の東京）の町の数が多いこと。

千載一遇《せんざいいちぐう》
千年に一度しかない機会《きかい》（↓121ページ）。

三千世界《さんぜんせかい》
広い世界のこと。

万世一系《ばんせいいっけい》
長く同じ血筋《ちすじ》が続《つづ》くこと。

億万長者《おくまんちょうじゃ》
大金持ちのこと。

兆載永劫《ちょうさいようごう》
とても長い年月。

4月

1日

エイプリルフール…うそをついてもよいといわれている日。午前中だけという場合もある。日本では「四月馬鹿《しがつばか》」ともいう。

★★

事実無根《じじつむこん》

事実＋無根

意味

本当ではないということ。本当だという根拠《こんきょ》がまったくないこと。「事実《じじつ》」は本当のこと、真実。「無根《むこん》」は根《こん》拠《きょ》がないという意味。

使い方

まったくうそのとき

私《わたし》が山本《やまもと》さんの悪口を言いふらしたといわれているけれど、**事実無根《じじつむこん》**だから、信《しん》じないでください。

悪いうわさなどを否定《ひてい》する場合に使われることが多いよ。

反対語

・**正真正銘《しょうしんしょうめい》**

↓169ページを見てね！

あ!! UFO《ユーフォー》だ!!!
きょうは エイプリルフール だからな
え〜
ちっ…
見えたん だけどな〜
?
うそつき…

言葉ノート

一口メモ **エイプリルフールの始まり**

エイプリルフールは世界中で行われている風習だが、どうしてできたのだろう？

はっきりしたことはわかっていないが、フランスで始まったという説《せつ》が有力だ。フランスでは昔、4月1日を新年としていたが、1594年に暦《こよみ》が変《か》わり、1月1日が新年となった。これを決めた国王に反発した人々は、4月1日を「うその新年」としてばか騒《さわ》ぎをするようになった。これがエイプリルフールの始まりといわれているんだよ。

日本に、今のようなエイプリルフールの風習が広まったのは大正《たいしょう》時代といわれるよ。

4月
2日

貿易《ぼうえき》を長崎《ながさき》に限定《げんてい》…一六四一年、江戸《えど》幕府《ばくふ》が、九州の平戸《ひらど》に住むオランダ人を長崎《ながさき》の出島《でじま》に住まわせて、限定的《げんていてき》に外国と貿易《ぼうえき》をした。

★ 孤立無援《こりつむえん》

孤立＋無援

使い方

ひとりぼっちのとき

転校したばかりのときは、方言もあまりわからなくて、**孤立《こりつ》無援《むえん》**だと思っていたけれど、今では友達《ともだち》もできた。

意味

仲間《なかま》や、助けてくれる人がいなくて、孤独《こどく》なこと。「孤立《こりつ》」は一人だけ仲間《なかま》からはなれていること、「無援《むえん》」は助けがないという意味。「孤立無縁《こりつむえん》」ではないので注意しよう。

類義語

・**孤軍奮闘《こぐんふんとう》**⇒133ページを見てね!
・**四面楚歌《しめんそか》**⇒30ページを見てね!

4月
3日

日本橋《にほんばし》開通記念日《きねんび》…一九一一年、東京の日本橋が、木の橋から現在《げんざい》の石造《せきぞう》二連《にれん》アーチ橋《きょう》にかけかえられ、開通式が行われた。

★★ 三三五五《さんさんごご》

三三＋五五

使い方

人がばらばらに散《ち》らばっているとき

遠足のとき、お弁当《べんとう》を食べたあとは、**三三五五《さんさんごご》**、公園を散歩《さんぽ》したり遊んだりと、みんな自由に楽しんでいた。

意味

人や物があちこちに散《ち》らばっている様子。また、あちらに三人、こちらに五人と、少人数で集まって行動する様子のこと。

由来

李白《りはく》という、中国の有名な詩人の詩の中で使われた言葉。

一口メモ

「三三五五《さんさんごご》」と似《に》た意味の言葉に、「散《ち》り散《ぢ》り」という言葉があるよ。

4月 4日

あんぱんの日…一八七五年、明治天皇《めいじてんのう》のお花見のおかしに、木村屋《きむらや》が、桜《さくら》の花の塩《しお》づけを入れたあんぱんを献上《けんじょう》した日。

★ 和洋折衷《わようせっちゅう》

和洋＋折衷

あんパン
あん＝和風
パン＝洋風
たらこスパゲッティ
たらこ＝和風
スパゲッティ＝洋風
ミックス犬
?
ぼくも和洋折衷?
ママ＝和風
パパ＝洋風

使い方

和風と洋風が両方あるとき

今日《きょう》の給食《きゅうしょく》は**和洋折衷《わようせっちゅう》**で、ごはんとオムレツ、肉じゃがというメニューだ。

食べ物だけでなく、建物《たてもの》やファッションなど、いろいろな生活様式に使われるよ。

意味

日本と西洋の両方の様式を取り入れること。「和《わ》」は日本風、「洋《よう》」は西洋風、「折衷《せっちゅう》」はいくつかのことのよいところを取り入れてうまく一つにするという意味。

4月 5日

ヘアカットの日…一八七二年、東京で女性《じょせい》の断髪禁止令《だんぱつきんしれい》が出された日。男性《だんせい》が髪《かみ》（ちょんまげ）を切るのを許《ゆる》されると、女性《じょせい》も髪《かみ》を切る人が続出《ぞくしゅつ》したため。

★★ 他力本願《たりきほんがん》

他力＋本願

きょうはどうします?
おまかせします!
ボサボサ
チョキ チョキ チョキ チョキ チョキ
チョキ チョキ チョキ チョキ
おにあいです!
なんじゃこりゃ〜〜

使い方

人にまかせるとき

何事も**他力本願《たりきほんがん》**でなく、まず、自分で考えることが大切だよ。

本来の意味は、由来のようなものだが、まちがった使い方が定着して、マイナスのイメージで使われることが多いよ。

意味

自分の努力《どりょく》ではなく、他人がやってくれることに任《まか》せること。人任《ひとまか》せなことをいう。

由来

もとは仏教用語《ぶっきょうようご》で、自分の修行《しゅぎょう》の力ではなく、仏様《ほとけさま》（阿弥《あみ》陀仏《だぶつ》）の力によって救《すく》われるというのが正しい意味。「本《ほん》願《がん》」とは、仏様《ほとけさま》が人々を救《すく》うために立てた誓《ちか》いのこと。

4月
6日

★一国一城《いっこくいちじょう》

一国＋一城

城《しろ》の日…四・六（し・ろ）のごろ合わせ。日本城郭協会《じょうかくきょうかい》が決めた。各地《かくち》の城《しろ》でイベントなども行われる。

使い方

独立《どくりつ》したとき

会社を辞《や》めて自分の店を開いた父は、「おれも**一国一城《いっこくいちじょう》の主《あるじ》**か」とうれしそうに言っている。

マイホームを建《た》てたり、会社をおこしたりしたときに、「一国一城《いっこくいちじょう》の主《あるじ》」という使い方をすることが多いよ。

意味

ほかからの助けや干渉《かんしょう》を受けずに、独立《どくりつ》した状態《じょうたい》のこと。「一国《いっこく》」は一つの国、「一城《いちじょう》」は一つの城《しろ》。一つの国と一つの城《しろ》をもっているということから。

類義語

・**独立自尊《どくりつじそん》**➡70ページを見てね!
・**独立独歩《どくりつどっぽ》**➡109ページを見てね!

4月
7日

★医食同源《いしょくどうげん》

医食＋同源

世界保健《せかいほけん》デー…一九四八年、世界保健機関《せかいほけんきかん》（WHO《ダブリューエイチオー》）が設立《せつりつ》された日。保健《ほけん》について、毎年テーマを決めて考える。

使い方

食生活に気をつけるとき

ぼくの祖父《そふ》は**医食同源《いしょくどうげん》**を心がけ、毎日の食事にとても気をつかっている。

意味

毎日バランスのよい食事をおいしく食べることが、病気の予防《よぼう》につながるということ。「衣食同源《いしょくどうげん》」ではないので気をつけよう。

由来

「医食《いしょく》」は医療《いりょう》と食事、「同源《どうげん》」はもとが同じという意味。中国の「薬食同源《やくしょくどうげん》」（薬と食事は同じ）という考え方をもとに、日本で考え出された言葉。

4月
8日

花祭り…仏教《ぶっきょう》を開いた釈迦《しゃか》（お釈迦様《しゃかさま》）の誕生日《たんじょうび》。灌仏会《かんぶつえ》ともいい、甘茶《あまちゃ》を飲む習慣《しゅうかん》がある。

★★ 唯我独尊《ゆいがどくそん》

唯我＋独尊

使い方

自分がいちばんだと思っているとき

神田《かんだ》くんは、**唯我独尊**《ゆいがどくそん》の態度《たいど》で話すので、女子からかんちがいしていると言われている。

あまりよい意味では使わないよ。

意味

この世で自分ほど立派《りっぱ》な者はいないということ。「唯我《ゆいが》」は自分だけ、「独尊《どくそん》」は一人だけえらいという意味。

由来

釈迦《しゃか》が生まれたとき、生まれてすぐに七歩歩き、天と地を指さして「天上天下唯我独尊《てんじょうてんげゆいがどくそん》」と言ったという伝説《でんせつ》から。本来は、人間の尊厳《そんげん》を表す言葉。

4月
9日

大仏開眼供養会《だいぶつかいげんくようえ》…七五二年、奈良《なら》の東大寺《とうだいじ》の大仏《だいぶつ》の目に瞳《ひとみ》を描《えが》いて魂《たましい》を入れる儀式《ぎしき》が行われた日。

★★ 三拝九拝《さんぱいきゅうはい》

三拝＋九拝

使い方

お願《ねが》いするとき

友達《ともだち》が大切にしていたフィギュアをこわしてしまった。毎日**三拝九拝**《さんぱいきゅうはい》して、やっと許《ゆる》してもらえた。

感謝《かんしゃ》するときやあやまるときにも使うよ。

意味

何度もおじぎをして、相手に敬意《けいい》を表すこと。「拝《はい》」は拝《はい》礼《れい》という意味で、頭を下げておがむこと。三回、九回とおがむことから。手紙の最後《さいご》に書き、敬意《けいい》を表すことも多い。

類義語

・**平身低頭**《へいしんていとう》→17ページを見てね！

4月

4月10日

聖徳太子《しょうとくたいし》が摂政《せっしょう》となる…五九三年、聖徳太子《しょうとくたいし》（厩戸王《うまやどのおう》のことを後世の人がこう呼《よ》んだ）が、推古天皇《すいこてんのう》の摂政《せっしょう》（天皇《てんのう》に代わって政治《せいじ》を行う人）となった日。

★★★

適材適所《てきざいてきしょ》

適材＋適所

使い方

合っているとき

適材適所《てきざいてきしょ》ということで考えれば、班長《はんちょう》はリーダータイプの手《て》塚《づか》くん、副班長《ふくはんちょう》はしっかり者の三田《みた》さんがよいと思う。

意味

その人の能力《のうりょく》などに合わせて、それぞれにふさわしい仕事や地位《ちい》につけること。「材《ざい》」は人材《じんざい》、「所《しょ》」は場所、「適《てき》」はあてはまるという意味。「適《てき》」を「敵《てき》」とまちがえないようにしよう。

4月11日

ガッツポーズの日…一九七四年、ボクシングのタイトルマッチで、ガッツ石松《いしまつ》が勝ち、世界チャンピオンになった日。ガッツ石松《いしまつ》がとったポーズがガッツポーズとして知られるようになった。

★★★

一挙両得《いっきょりょうとく》

一挙＋両得

使い方

得《とく》するとき

おばあちゃんの家に行くと、ごちそうが食べられて、おこづかいももらえる。一挙両得《いっきょりょうとく》だ。

意味

一つの仕事で二つの利益《りえき》を得《え》られること。または、わずかな力で多くの利益《りえき》を得《え》ること。「一挙《いっきょ》」は一つの動作、「両得《りょうとく》」は二つを得《え》るという意味。

類義語

・**一石二鳥《いっせきにちょう》**→77ページを見てね！

4月
12日

世界宇宙飛行《うちゅうひこう》の日…一九六一年、ソ連《れん》（今のロシア）が世界初《せかいはつ》の人を乗せた宇宙船《うちゅうせん》ボストーク一号の打ち上げに成功《せいこう》した日。乗組員ガガーリンの「地球は青かった」という言葉が有名。

★★
広大無辺《こうだいむへん》

広大＋無辺

どこまで
行っても
終わりがない…
火星は
そっちじゃ
ないよ〜〜

使い方

とても大きいとき

ぼくが小さいとき、初《はじ》めて見た海は**広大無辺《こうだいむへん》**で、おどろいて言葉が出なかった。

意味

広々として大きく、果《は》てしないこと。「広大《こうだい》」は広くて大きい、「無辺《むへん》」は限《かぎ》りがないという意味。

愛情《あいじょう》・知識《ちしき》などが深いときにも使う。

4月
13日

決闘《けっとう》の日…一六一二年、剣《けん》の達人《たつじん》として有名な宮本武蔵《みやもとむさし》と佐々木小《ささきこ》次郎《じろう》の決闘《けっとう》、巌流島《がんりゅうじま》の戦《たたか》いが行われた日。

★
真剣勝負《しんけんしょうぶ》

真剣＋勝負

使い方

本気のとき

今度の全国学力テストでは、絶対《ぜったい》にきみよりいい成績《せいせき》をとるぞ。**真剣勝負《しんけんしょうぶ》**だ。

意味

本気で戦《たたか》うこと。または、本気で物事にあたること。

由来

「真剣《しんけん》」とは、本物の刀剣《とうけん》のこと。木刀や竹刀《しない》とちがって本当に切れる。真剣《しんけん》で勝負すると、生きるか死ぬかで、少しも気がぬけないことから。

4月

4月14日

タイタニック号の日…一九一二年、イギリスの豪華客船《ごうかきゃくせん》タイタニック号が氷山にぶつかって沈没《ちんぼつ》した日。千五百人以上《いじょう》の犠牲者《ぎせいしゃ》が出た。

★★ 危《き》機《き》一《いっ》髪《ぱつ》

危機＋一髪

使い方

とても危《あぶ》ないとき

自転車で走っていると、急に犬が飛《と》び出《だ》してきて、ぶつかりそうになった。なんとかかわしたけれど、**危機一髪《ききいっぱつ》**だった。

意味

たいへんな危険《きけん》がすぐそこまでせまっているということ。瀬戸際《せとぎわ》のこと。「危機一発《ききいっぱつ》」ではないので注意。危機《きき》をぎりぎりでさけられたときに使うことが多い。「危機《きき》」は危《あぶ》ない状態《じょうたい》、「一髪《いっぱつ》」は一本の髪《かみ》の毛《け》。髪《かみ》の毛《け》一本ほどの近くまで危機《きき》がせまっているということから。

類義語

・**絶体絶命《ぜったいぜつめい》**

→185ページを見てね！

4月15日

ヘリコプターの日…ヘリコプターの原理を考えたレオナルド・ダ・ビンチの誕生日《たんじょうび》（一四五二年）から。

★ 低《てい》空《くう》飛《ひ》行《こう》

低空＋飛行

使い方

ずっと低《ひく》いとき

陸上《りくじょう》の大会に出ることになっているけれど、百メートル走のタイムが、最近《さいきん》ずっと**低空飛行《ていくうひこう》**で、なかなか上がらない。

成績《せいせき》が上がらないときに使うことが多いよ。

意味

航空機《こうくうき》が空の低《ひく》いところを飛《と》ぶことから、成績《せいせき》や業績《ぎょうせき》などがずっと低《ひく》い状態《じょうたい》で続《つづ》いていることをいう。

反対語

・**高空飛行《こうくうひこう》**／高いところを飛《と》ぶこと。

4月
16日

★豪華絢爛《ごうかけんらん》

豪華＋絢爛

金閣建立《きんかくこんりゅう》…一三九七年、京都の鹿苑寺《ろくおんじ》金閣《きんかく》の立柱棟上式《りっちゅうむねあげしき》（建物《たてもの》が無事《ぶじ》に完成《かんせい》することを祈《いの》る儀式《ぎしき》）が行われた日。金閣《きんかく》は室町幕府《むろまちばくふ》第三代将軍足利義満《しょうぐんあしかがよしみつ》の別荘《べっそう》だ。

使い方

とてもきれいなとき

いとこの結婚式《けっこんしき》で、花嫁《はなよめ》さんが**豪華絢爛《ごうかけんらん》**なドレスで登場したとき、会場から歓声《かんせい》があがった。

派手《はで》でぜいたくな感じのときに使うよ。

意味

とてもはなやかで、きらきらして美しいこと。「絢爛豪華《けんらんごうか》」ともいう。

類義語

・**荘厳華麗《そうごんかれい》**／気高くおごそかで、とてもはなやかなこと。

4月
17日

★適者生存《てきしゃせいぞん》

適者＋生存

恐竜《きょうりゅう》の日…一九二三年、アメリカの動物学者アンドリュースがゴビ砂漠《さばく》へ出発した日。この旅で初《はじ》めて恐竜《きょうりゅう》の卵《たまご》の化石が発見された。

使い方

生《い》き残《のこ》るとき

長い年月のなかで地球の気候《きこう》は変《か》わっていき、生物は生きのびたり絶滅《ぜつめつ》したり、**適者生存《てきしゃせいぞん》**をくり返してきた。

意味

その環境《かんきょう》に合っているものだけが生《い》き残《のこ》るということ。

由来

イギリスの哲学者《てつがくしゃ》スペンサーが考えた言葉で、生物学者のダーウィンが『種《しゅ》の起源《きげん》』という本の中で使い、進化論《しんかろん》とともに広まった。

類義語

・**自然淘汰《しぜんとうた》**／自然界《しぜんかい》で、環境《かんきょう》に合うものは生《い》き続《つづ》けるが、そうでないものはほろぶということ。

★★★

奇想天外《きそうてんがい》

奇想＋天外

発明の日…一八八五年、「専売特許条例《せんばいとっきょじょうれい》」が公布《こうふ》された日。これは、現在《げんざい》の特許法《とっきょほう》（その発明は発明した人しか使えないという、発明者を保護《ほご》して産業《さんぎょう》の発達《はったつ》につなげる法律《ほうりつ》）のもとになったものだ。

使い方

おどろくようなとき

その小説《しょうせつ》は、**奇想天外《きそうてんがい》**な展開《てんかい》がおもしろく、夢中《むちゅう》になって一気に読んだ。

変《か》わったアイデアや方法《ほうほう》に使われることが多いよ。

意味

ふつうでは思いつかないような、とても変《か》わった、びっくりするような物事。または、その考え方のこと。

「奇想《きそう》」は奇抜《きばつ》な発想、「天外《てんがい》」は天の外、遠くの空という意味。

由来

「奇想《きそう》、天外《てんがい》より落つ」または「奇想《きそう》、天外《てんがい》より来たる」（ふつうの人が思いつかないような考えが、思いうかんでくる）という言葉から。

類義語

- **奇奇怪怪《ききかいかい》**／とてもあやしくて不思議《ふしぎ》なこと。
- **奇怪千万《きっかいせんばん》**／とても無気味《ぶきみ》でふつうでないこと。
- **不可思議《ふかしぎ》**／ふつうでは考えられない、不思議《ふしぎ》なこと。

おもしろ情報

「キソウテンガイ（奇想天外《きそうてんがい》）」という名前の植物が、アフリカ南部のナミブ砂漠《さばく》に生えている。正式名はウェルウィッチア。たくさんの葉があるように見えるが、じつは二枚《まい》しかないという、不思議《ふしぎ》な植物だ。

言葉ノート

一口メモ **日本人の発明品**

今では世界中でふつうに使われている物の中には、日本人が発明した物もたくさんある。いくつか紹介《しょうかい》するよ。

- **乾電池《かんでんち》**…1887年、それまでの液体式《えきたいしき》の電池にかわり、手軽に使える乾電池《かんでんち》を屋井先蔵《やいさきぞう》が発明。
- **シャープペンシル**…1915年、早川徳次《はやかわとくじ》が発明。後に、今の家電メーカー、シャープを創業《そうぎょう》した。シャープの社名はシャープペンシルからきている。
- **電気炊飯器《でんきすいはんき》**…1955年、町工場、光伸社《こうしんしゃ》の三並義忠《みなみよしただ》が開発し、東芝《とうしば》から発売された。
- **インスタントラーメン**…1958年、日清食品《にっしんしょくひん》の創業者《そうぎょうしゃ》、安藤百福《あんどうももふく》が「チキンラーメン」を発明。

4月 19日

地図の日…初《はじ》めて正確《せいかく》な日本地図を作った伊能忠敬《いのうただたか》が、一八〇〇年、蝦夷地《えぞち》（北海道）へ測量《そくりょう》に出かけた日。

★

東西南北《とうざいなんぼく》

東＋西＋南＋北

関東が右で東
関西が左で西
沖縄が下で南
北海道が上で北

使い方

いろいろな方向を表すとき

毎朝、学校の**東西南北**《とうざいなんぼく》から、児童《じどう》が登校してくる。

正確《せいかく》に東西南北《とうざいなんぼく》でなく、いろいろな方向という意味でも使われるよ。

意味

方角の、東、西、南、北のこと。四方、あちらこちらという意味。「南北東西」や「北東南西」などと、ほかの順番《じゅんばん》では使わないよ。

類義語

・**前後左右**《ぜんごさゆう》

4月 20日

郵政記念日《ゆうせいきねんび》…一八七一年、郵便制度《ゆうびんせいど》が始まった日。それまでは、飛脚《ひきゃく》という郵便配達人《ゆうびんはいたつにん》が走って郵便《ゆうびん》を届《とど》けていた。

★★

再三再四《さいさんさいし》

再三＋再四

再三再四
送られてくる
ラブレター…
住所が
まちがってて
こまってます…
はずかしい…
タロウくんへ
スキです♥
つきあって
ください

使い方

くり返すとき

母から、寝《ね》る前に歯みがきをしなさいと**再三再四**《さいさんさいし》言われているのに、忘《わす》れて寝《ね》てしまう。

注意したり、さいそくしたりするときによく使われるよ。

意味

何度も何度も。しばしば。同じことをくり返すということ。「再三《さいさん》」は、二度も三度もという意味で、「再四《さいし》」は「再《さい》三《さん》」を強調した言葉。

類義語

・**数多度**《あまたたび》／何度も何度も。たびたび。

4月
21日

民放《みんぽう》の日…一九五一年、日本で民放《みんぽう》十六社に、ラジオ放送の予備免《よびめん》許《きょ》があたえられた日。テレビの民放《みんぽう》放送は一九五三年から始まった。

★★ 当意即妙《とういそくみょう》

当意＋即妙

使い方

ぴったりなとき

両親が少し言い合いになったとき、妹が**当意即妙**《とういそくみょう》に、「けんかするほど仲《なか》がいいんだよね」と言って、場をなごませた。

意味

すぐにその場に応《おう》じた言動をして、機転《きてん》をきかせること。「当意《とうい》」はその場に応《おう》じた対応《たいおう》や工夫《くふう》をすること。

由来

仏教《ぶっきょう》用語の「当位即妙《とういそくみょう》」からきた言葉。「当位即妙《とういそくみょう》」とは、あらゆるものが、そのままで真理にかなっていること。

類義語

・**臨機応変**《りんきおうへん》→9ページを見てね!

4月
22日

アースデイ…地球環境《かんきょう》について考える日。世界にはいろいろなアースデイがあるが、アメリカで始まったこの日がもっとも有名だ。

★ 未来永劫《みらいえいごう》

未来＋永劫

使い方

ずっと続《つづ》くとき

社会科見学でお話をうかがったお店の人が、この味を**未来永劫**《みらいえいごう》伝えていきたいとおっしゃっていて、すごいなと思った。

「いつまでも、永遠《えいえん》に」という気持ちで使われるよ。

意味

今から未来《みらい》までの、いつまでも果《は》てしなく続《つづ》く、長い年月のこと。永久《えいきゅう》ということ。「永劫《えいごう》」は、とても長い時間という意味。

類義語

・**子子孫孫**《ししそんそん》→74ページを見てね!
・**万劫末代**《まんごうまつだい》/これから先ずっと。長い時間。

4月
23日

子ども読書の日…『ドン・キホーテ』の作者のセルバンテスと『ハムレット』などの作者のシェイクスピアの命日で、「世界本の日」でもある。この日から「こども読書週間」が始まる。

★★
好奇心《こうきしん》

好奇＋心

もっといろんなことを知りたい！

使い方

興味《きょうみ》があるとき

私《わたし》は**好奇心《こうきしん》**が強いので、いろいろな係になっていろいろな仕事をしたいと思う。

「好奇心《こうきしん》が強い」ことを「好奇心旺盛《こうきしんおうせい》」ともいうよ。

意味

物事を深く知ろうとする気持ち。知らないことやめずらしいことに興味《きょうみ》をもつ気持ち。

類義語

・**探究心《たんきゅうしん》**／研究や学習で、知りたいと思うこと。
・**知的欲求《ちてきよっきゅう》**／物事の本質《ほんしつ》を見極《みきわ》めようとする気持ち。

4月
24日

植物学の日…一八六二年、植物学者の牧野富太郎《まきのとみたろう》が生まれた日。「日本の植物学の父」とよばれた。

★★
枝葉末節《しようまっせつ》

枝葉＋末節

休むところがない…
なにも落ちてこない…
枝葉末節っていうけど枝も葉もない木はこまる…

使い方

大事じゃないとき

学芸会《がくげいかい》の出し物を考えるのに、衣装《いしょう》など**枝葉末節《しようまっせつ》**のことは後にして、まず、何の劇《げき》をやるかを考えなければいけない。

意味

あまり主要《しゅよう》ではない、本質《ほんしつ》からはずれた小さなことがら。「枝葉《しよう》」は枝《えだ》と葉、「末節《まっせつ》」は木のはしにある節《ふし》の部分。木にとって、太い幹《みき》が中心の主要《しゅよう》な部分で、葉や枝《えだ》、節《ふし》はあまり大切ではないということ。

4月25日

★国際平和《こくさいへいわ》

国際＋平和

国連記念日《こくれんきねんび》…一九四五年、連合国《れんごうこく》五十か国によって、国連憲章《こくれんけんしょう》（国際連合《こくさいれんごう》についての条約《じょうやく》）をつくるためのサンフランシスコ会議《かいぎ》が始まった日。

使い方

世界の平和を考えるとき

全世界の人が**国際平和《こくさいへいわ》**を願《ねが》っているはずなのに、どうして戦《せん》争《そう》はなくならないのだろう。

ニュースなどでよく出てくる言葉だよ。

意味

国と国との戦争《せんそう》や内乱《ないらん》が行われていない状態《じょうたい》のこと。

類義語

・**世界平和《せかいへいわ》**

4月26日

★夢見心地《ゆめみごこち》

夢見＋心地

よいふろの日…四・二六（よい・ふろ）のごろ合わせ。親子でおふろに入って話をするなど、家族どうしのふれあいをうながす日。

使い方

うっとりするとき

給食《きゅうしょく》を食べておなかいっぱいになり、五時間目の授業《じゅぎょう》は、うとうとしながら、**夢見心地《ゆめみごこち》**で先生の話を聞いていた。

眠《ねむ》って本当に夢《ゆめ》を見ているわけではないよ。

意味

夢《ゆめ》を見ているような、うっとりとしたいい気持ち。または、ぼんやりとした感じのこと。「夢心地《ゆめごこち》」ともいう。

4月27日

哲学《てつがく》の日…紀元前《きげんぜん》三九九年、ギリシャの哲学者《てつがくしゃ》ソクラテスが、そのかしこさのせいでねたまれて、死刑《しけい》になった日。

★★ 百家争鳴《ひゃっかそうめい》

百家＋争鳴

使い方

討論《とうろん》するとき

テレビの討論番組《とうろんばんぐみ》で、**百家争鳴《ひゃっかそうめい》**の様子がうつっていて、父は真剣《しんけん》に見ているけれど、ぼくはアニメが見たいなあ。

意味

いろいろな立場の学者や文化人たちが、自由に意見を発表して論争《ろんそう》すること。

「百家《ひゃっか》」はたくさんの学者のこと。「百科」ではないので注意しよう。

由来

一九五六年に提唱《ていしょう》された、中国共産党《ちゅうごくきょうさんとう》のスローガン「百花《ひゃっか》斉放百家争鳴《せいほうひゃっかそうめい》」（いろいろな意見を戦《たたか》わせよう）から。

4月28日

主権回復《しゅけんかいふく》の日…一九五二年、サンフランシスコ平和条約《へいわじょうやく》によって、第二次世界大戦《だいにじせかいたいせん》後の日本の主権《しゅけん》が回復《かいふく》した日。戦後《せんご》の日本は、連合《れんごう》国《こく》によって占領《せんりょう》されていた。

★ 独立自尊《どくりつじそん》

独立＋自尊

使い方

行動するとき

人の意見に左右されないで正しいと思ったことを行う、**独立《どくりつ》自尊《じそん》**の精神《せいしん》をもつことが大切だ。

意味

何事も人にたよらず、自分の力で物事を行って、自分にはほこりをもつこと。

「自尊《じそん》」は、自分の人格《じんかく》を尊重《そんちょう》して品位《ひんい》を保《たも》つという意味。

由来

明治《めいじ》時代の教育者、福沢諭吉《ふくざわゆきち》がつくった言葉。

類義語

・**一国一城《いっこくいちじょう》**→59ページを見てね!
・**独立独歩《どくりつどっぽ》**→109ページを見てね!

4月
29日

★ 黄金週間《おうごんしゅうかん》

昭和の日《しょうわのひ》…昭和天皇《しょうわてんのう》の誕生日《たんじょうび》。二〇〇七年からこの名前になった。この日からゴールデンウイークが始まる。

黄金＋週間

使い方

大型連休《おおがたれんきゅう》のとき

今年《ことし》の**黄金週間《おうごんしゅうかん》**は九連休《れんきゅう》だから、家族みんなで海外旅行をするんだよ。

意味

四月二十九日～五月五日とその前後の連休《れんきゅう》が続《つづ》く、ゴールデンウイークを日本語にしたもの。

由来

一九五一年の四月末《まつ》から五月初《はじ》めの期間に上映《じょうえい》された映画《えいが》が大ヒットしたので、大勢《おおぜい》の人に映画《えいが》を見てもらうためにつくられた言葉。ラジオで聞く人が多い時間帯《じかんたい》を「ゴールデンタイム」ということにならったもの。

4月
30日

★★ 晴耕雨読《せいこううどく》

図書館記念日《きねんび》…一九五〇年、「図書館法《ほう》」が公布《こうふ》された日。この法《ほう》律《りつ》で、今のような図書館の決まりができた。

晴耕＋雨読

使い方

ゆったり暮《く》らすとき

ぼくの祖父《そふ》は、いなかで**晴耕雨読《せいこううどく》**の生活をしていて、ぼくが行くと、いつも喜《よろこ》んでいっしょに遊んでくれる。

理想的《りそうてき》な生活という、よい意味で使われるよ。

意味

晴れた日には田畑を耕《たがや》し、雨の日には家で本を読むという意味。そこから、あくせく働《はたら》かずに、のんびりとした生活を送ること。

類義語

・**悠悠自適《ゆうゆうじてき》**

→153ページを見てね！

5月

5月 1日

メーデー…英語《えいご》で書くと「May《メイ》 Day《デイ》(五月の日)」。世界的《せかいてき》に労働者《ろうどうしゃ》の祭典《さいてん》といわれ、労働者《ろうどうしゃ》の権利《けんり》を要求《ようきゅう》する活動が行われる。

★★ 粉骨砕身《ふんこつさいしん》

粉骨＋砕身

使い方

がんばるとき

児童会会長《じどうかいかいちょう》に選《えら》ばれたので、学校のために**粉骨砕身《ふんこつさいしん》**していくつもりだ。

意味

自分の力を出し切って物事を行うこと。または、ひじょうに一生懸命働《いっしょうけんめいはたら》くこと。「粉骨《ふんこつ》」は骨《ほね》をけずる、「砕身《さいしん》」は身を砕《くだ》くということで、それほど努力《どりょく》するという意味。

類義語

・**粒粒辛苦《りゅうりゅうしんく》**／米を作る農家が大変《たいへん》な苦労《くろう》をしていることから、物事を成《な》しとげるために苦心し、こつこつと努力《どりょく》をすること。

5月 2日

八十八夜…立春から八十八日目で、五月二日ごろ。このころに、お茶の葉を摘む「茶摘《ちゃつ》み」が行われる。八十八夜に摘《つ》んだお茶は縁起《えんぎ》がよいものといわれている。

★ 日常茶飯事《にちじょうさはんじ》

日常＋茶飯事

使い方

よくあるとき

うちのクラスでは、掃除《そうじ》の時間に男子がさぼって女子におこられるのは、**日常茶飯事《にちじょうさはんじ》**だ。

意味

毎日のありふれたこと。いつも通りで、とくに何もめずらしくないこと。「日常茶飯《にちじょうさはん》」ともいう。「茶飯事《さはんじ》」とは、お茶を飲んだりご飯《はん》を食べたりという、毎日のふつうの食事のこと。

5月 3日

憲法記念日《けんぽうきねんび》…一九四七年に日本国憲法《にほんこくけんぽう》が施行《しこう》された日。国民《こくみん》の祝日《しゅくじつ》。

★★★ 金科玉条《きんかぎょくじょう》

金科＋玉条

お父さんの言うことは金科玉条だ
え？金貨《きんか》極上《ごくじょう》？どこに？

使い方

決まりが大切なとき

校則《こうそく》を**金科玉条《きんかぎょくじょう》**のように思っている先生は、私《わたし》たちにとてもきびしい。

何かを「金科玉条《きんかぎょくじょう》のごとく守る」人を、融通《ゆうずう》がきかない、頭のかたい人という意味で使うこともあるよ。

意味

とても大切な法律《ほうりつ》や決まり。絶対《ぜったい》に守らなければいけないよりどころのこと。「科《か》」「条《じょう》」は法律《ほうりつ》のこと、「金《きん》」は黄金、「玉《ぎょく》」は宝石《ほうせき》のことで、とても貴重《きちょう》で大切なものという意味。

5月 4日

みどりの日…「憲法記念日《けんぽうきねんび》」と「こどもの日」の間を休日にして連休《れんきゅう》にするために「国民《こくみん》の休日」となっていたが、二〇〇七年から「みどりの日」になった。

★ 深山幽谷《しんざんゆうこく》

深山＋幽谷

あれは仙人《せんにん》!?

使い方

山奥《やまおく》のように静《しず》かなとき

学校の近くの神社の裏《うら》の森は、とても静《しず》かで、まるで**深山幽谷《しんざんゆうこく》**にいるようだ。

実際《じっさい》に山奥《やまおく》でなくても、人がいなくて静《しず》かな場所のたとえとしても使われるよ。

意味

人里からはなれた、山奥《やまおく》などの静《しず》かな自然《しぜん》のこと。「深山《しんざん》」は奥深《おくぶか》い山、「幽谷《ゆうこく》」は山奥《やまおく》の谷を表す。「深山幽谷《しんざんゆうこく》」には、仙人《せんにん》がすんでいるといわれている。

こどもの日…子どもの幸せを願《ねが》うとともに、母に感謝《かんしゃ》する、国民《こくみん》の祝日《しゅくじつ》。昔から「端午《たんご》の節句《せっく》」といわれて男の子の健康《けんこう》と成長《せいちょう》を願《ねが》う日とされている。

★★

天真爛漫《てんしんらんまん》

天真＋爛漫

使い方

むじゃきなとき

母はとても**天真爛漫《てんしんらんまん》**でかわいいけれど、授業参観《じゅぎょうさんかん》のときに、ぼくの名前を呼《よ》んで手をふったりするのは、ちょっと困《こま》る。

人の性格《せいかく》や様子などに使われることが多いよ。

意味

かざらないで、ありのままの姿《すがた》でいること。純真《じゅんしん》で明るくむじゃきで、こだわらない様子。「天真《てんしん》」は天からあたえられた自然《しぜん》のままの姿《すがた》のこと、「爛漫《らんまん》」は自然《しぜん》に光《ひか》り輝《かがや》く様子。

由来

昔の中国の書物『輟耕録《てっこうろく》』の中で、絵画をほめる言葉として使われている。

類義語

・**純真無垢《じゅんしんむく》**⬇188ページを見てね！
・**天衣無縫《てんいむほう》**⬇40ページを見てね！

関連する言葉

「爛漫《らんまん》」のつく三・四字熟語《よじじゅくご》
・**春爛漫《はるらんまん》**／花がさきみだれて、光にあふれている、春の光景《こうけい》のこと。
・**桜花爛漫《おうからんまん》**⬇143ページを見てね！

言葉ノート

一口メモ **子どもの四字熟語**

「天真爛漫《てんしんらんまん》」のように、子どもについての四字熟語《よじじゅくご》はほかにもあるよ。

●**乳母日傘《おんばひがさ》**…小さな子どもが、とても過保護《かほご》に育てられること。

●**純情可憐《じゅんじょうかれん》**…とても素直《すなお》で清《きよ》らかで愛《あい》らしいこと。とくに女の子について使われる。

●**竹馬之友《ちくばのとも》**…幼《おさな》なじみのこと。竹馬《ちくば》に乗って遊んだころからの友達《ともだち》という意味。

●**子子孫孫《ししそんそん》**…子孫《しそん》の続《つづ》く限《かぎ》り、孫子《まごこ》の代までという意味。

●**一子相伝《いっしそうでん》**…学問や芸術《げいじゅつ》、技術《ぎじゅつ》などを自分の子どもだけに伝《つた》えてほかの人には秘密《ひみつ》にすること。

5月6日

★ 伸縮自在《しんしゅくじざい》

伸縮＋自在

ゴムの日…五・六（ゴ・ム）のごろ合わせ。伸《の》び縮《ちぢ》みするゴムは、タイヤや消しゴムなど、さまざまなものに使われている。

ろくろ首の首も伸縮自在だね
びよ〜〜ん

使い方

伸《の》びたり縮《ちぢ》んだりできるとき

ぼくのお気に入りのかばんは、持ち手が**伸縮自在《しんしゅくじざい》**で、手に持ったり肩《かた》にかけたりできる。

ひもや布地《ぬのじ》など、いろいろな便利《べんり》な物に使われることが多いよ。

意味

伸《の》ばしたり、縮《ちぢ》めたりを自由にできること。

「伸縮《しんしゅく》」は伸《の》び縮《ちぢ》みのこと、「自在《じざい》」は思い通りにできることをいう。

5月7日

博士《はかせ》の日…一八八八年、二十五人の学者に博士号《はくしごう》があたえられ、日本初《はつ》の博士《はかせ》が誕生《たんじょう》した日。

★★ 一意専心《いちいせんしん》

一意＋専心

博士！部屋中けむりだらけですけど…

使い方

ひたすらやり続《つづ》けるとき

お姉さんは、あるアイドルのファンで、そのアイドルのことを、**一意専心《いちいせんしん》**に追いかけている。

意味

ほかのことを考えないで、一つのことだけに集中していること。

「一意《いちい》」はひたすら、「専心《せんしん》」は専念《せんねん》するという意味で、どちらも一つのことに心を集中することを表す。「専心一《せんしんいち》意《い》」ともいう。

類義語

・**一心不乱《いっしんふらん》** ➡5ページを見てね！

5月8日

★★
誠心誠意《せいしんせいい》

誠心＋誠意

世界赤十字デー…一九二八年、赤十字をつくったスイスのアンリ・デュナンの誕生日《たんじょうび》。赤十字とは、戦争《せんそう》や災害《さいがい》などでけがをした人たちを助ける、国際的《こくさいてき》な組織《そしき》だ。

使い方

心からつくすとき

このクラブの部長に選《えら》ばれたからには、**誠心誠意《せいしんせいい》**、クラブのためにがんばります。

意味

うそいつわりのない、まごころで物事にあたること。「意《い》」は気持ちという意味で、「誠心《せいしん》」も「誠意《せいい》」も誠《まこと》の心という意味。

類義語

・**正心誠意《せいしんせいい》**／政治家《せいじか》の心得《こころえ》を説《と》いたもので、正しい心で物事にあたること。幕末《ばくまつ》の政治家《せいじか》、勝海舟《かつかいしゅう》の言葉としても有名だ。

5月9日

★
暴飲暴食《ぼういんぼうしょく》

暴飲＋暴食

アイスクリームの日…一九六四年、連休明《れんきゅうあ》けのアイスクリームのシーズンが始まるこの日に、東京アイスクリーム協会《きょうかい》が、アイスクリームをいろいろな施設《しせつ》にプレゼントしたことを記念《きねん》した日。

使い方

食《た》べ過《す》ぎのとき

父は、毎晩《まいばん》会社の会合で**暴飲暴食《ぼういんぼうしょく》**して、五キロも太ったので、母におこられている。

悪い意味で使われる言葉だよ。

意味

度をこえて、食《た》べ過《す》ぎたり飲《の》み過《す》ぎたりすること。「暴《ぼう》」は、程度《ていど》がひどいこと。「飲《いん》」はおもにお酒を飲むことをいうよ。

類義語

・**牛飲馬食《ぎゅういんばしょく》**→141ページを見てね！

・**鯨飲馬食《げいいんばしょく》**／鯨《くじら》のようにたくさん飲み、馬のようにたくさん食べること。

5月
10日

バードウイーク開始…野鳥を保護《ほご》するために、一九五〇年に、この日から一週間をバードウイーク（「愛鳥週間《あいちょうしゅうかん》」ともいう）とした。

★★★
一石二鳥《いっせきにちょう》

一石＋二鳥

使い方

得《とく》をしたとき

毎朝ジョギングをしていたら、走るのが速くなっただけでなく、すてきな男の子と出会って友達《ともだち》になった。まさに**一石二鳥《いっせきにちょう》**だ。

意味

一つのことをして、二つの利益《りえき》を得《え》るということ。また、一度の苦労《くろう》で、二つの目的《もくてき》をなしとげること。

由来

一つの石を投げたら二羽の鳥をつかまえることができたというイギリスのことわざ「kill《キル》 two《トゥー》 birds《バーズ》 with《ウィズ》 one《ワン》 stone《ストーン》」（一つの石で二羽の鳥を殺《ころ》す）を訳《やく》したもの。

類義語

・**一挙両得《いっきょりょうとく》**⬇61ページを見てね！

反対語

・**一挙両失《いっきょりょうしつ》**／一つのことをして、ほかのことまでもだめになること。

新しい四字熟語

一石二鳥《いっせきにちょう》から、次のような熟語《じゅくご》も作られたよ。

・**一石三鳥《いっせきさんちょう》**／一つのことから、三つの利益《りえき》を得《え》ること。

・**一石四鳥《いっせきよんちょう》**／一つのことから、四つの利益《りえき》を得《え》ること。

言葉ノート

一口メモ **鳥の四字熟語**

「一石二鳥《いっせきにちょう》」のように、鳥についての四字熟語《よじじゅくご》はほかにもあるよ。

●**鷹揚自若《おうようじじゃく》**…「鷹《おう》」はタカ。タカが空を飛《と》ぶようにゆったり落ち着いていること。

●**池魚籠鳥《ちぎょろうちょう》**…池の魚と籠《かご》の中の鳥のように、束縛《そくばく》された、不自由《ふじゆう》な生活のこと。

●**欣喜雀躍《きんきじゃくやく》**…「雀《じゃく》」はスズメ。スズメが飛《と》びはねるように、とても喜《よろこ》ぶこと。

●**落花啼鳥《らっかていちょう》**…さきほこっていた花が散《ち》り落《お》ち、鳥のさえずりが聞こえてくる様子。漢詩《かんし》「春暁《しゅんぎょう》」に出てくる、春の終わりごろの風情《ふぜい》を表す言葉。

5月
11日

★風物詩《ふうぶつし》

長良川鵜飼開き《ながらがわうかいびらき》…岐阜県《ぎふけん》の長良川《ながらがわ》で鵜飼《うかい》が始まる最初《さいしょ》の日。鵜飼《うかい》とは、鳥の鵜《う》を使ってアユをとる昔ながらの漁法《ぎょほう》で、長良川鵜飼《ながらがわうかい》は重《じゅう》要無形民俗文化財《ようむけいみんぞくぶんかざい》に指定されている。

風物＋詩

使い方

季節《きせつ》を感じるとき

そろそろホタルが見られるようになってくる。ホタルは初夏《しょか》の風物詩《ふうぶつし》だね。

その季節《きせつ》のおとずれを知らせるものとしてよく使われるよ。

意味

その季節《きせつ》の感じをよく表す、物やことがら。

一口メモ

「長良川鵜飼《ながらがわうかい》」は岐阜《ぎふ》市の夏の風物詩《ふうぶつし》だ。そのほかの夏の風物詩《ふうぶつし》や、ほかの季節《きせつ》の風物詩《ふうぶつし》もさがしてみよう。

5月
12日

★不惜身命《ふしゃくしんみょう》

ナイチンゲール・デー…一八二〇年のナイチンゲールの誕生日《たんじょうび》にちなんで決められた。「看護《かんご》の日」でもある。ナイチンゲールは「赤十字の母」とよばれ、看護師《かんごし》の仕事を確立《かくりつ》させた人。

不惜＋身命

使い方

身をささげるとき

母は、私《わたし》がインフルエンザにかかって苦しんでいるとき、不《ふ》惜身命《しゃくしんみょう》で看病《かんびょう》してくれて、自分もインフルエンザにかかった。

意味

自分の体や命をかえりみないで、物事に全力で取り組むこと。「身命《しんみょう》」（体と命）を惜《お》しまないということ。

由来

仏教《ぶっきょう》の言葉で、仏《ほとけ》の道を修行《しゅぎょう》するためには、死も覚悟《かくご》するという決意から。

5月
13日

愛犬《あいけん》の日…一九四九年、全日本警備犬協会《けいびけんきょうかい》（今のジャパンケネルクラブ）ができた日。

★★★
一心同体《いっしんどうたい》

一心＋同体

使い方

強く結《むす》びついているとき

ぼくと双子《ふたご》の弟は**一心同体《いっしんどうたい》**で、弟が悲しいときは、ぼくも悲しくなってしまう。

夫婦《ふうふ》や親友など、とても親しい人どうしの場合に使うよ。

意味

二人以上《いじょう》の人が、一人であるかのように、心を一つにして結《むす》びついていること。

「一身同体《いっしんどうたい》」ではないので注意しよう。

類義語・**異体同心《いたいどうしん》**

→197ページを見てね！

5月
14日

母の日…五月の第二日曜日。母に感謝《かんしゃ》する日で、カーネーションを贈《おく》るのが習慣《しゅうかん》になっている。

★
良妻賢母《りょうさいけんぼ》

良妻＋賢母

使い方

よいお母さんのとき

うちのお母さんは、仕事をしながら家事も手をぬかない**良妻《りょうさい》賢母《けんぼ》**だと、おばあちゃんはよくほめている。

奥《おく》さんやお母さんをほめるときに使われるよ。

意味

よい奥《おく》さんでよい母親ということ。「良妻《りょうさい》」はよい妻《つま》、「賢母《けんぼ》」はかしこい母親という意味。

由来

昔の日本の理想的《りそうてき》な女性《じょせい》の姿《すがた》で、母として子どもをきちんと育て、夫《おっと》の言うことを聞いてよくつくす奥《おく》さんということ。明治《めいじ》時代からの女性《じょせい》の教育方針《きょういくほうしん》だった。

5月
15日

沖縄復帰記念日《おきなわふっききねんび》…一九七二年のこの日、第二次世界大戦後《だいにじせかいたいせんご》にアメリカに占領《せんりょう》されていた沖縄《おきなわ》が、日本に返された。

★大願成就《たいがんじょうじゅ》

大願＋成就

ようやく願いがかなった
沖縄復帰!

使い方

願《ねが》いがかなうとき
チーム全員の夢《ゆめ》だった、サッカー地区大会優勝《ゆうしょう》の**大願成就《たいがんじょうじゅ》**を果《は》たした。

意味

大きな願《ねが》いがかなうこと。
「成就《じょうじゅ》」は物事が成功《せいこう》したり、願《ねが》いがかなったりすること。もとは仏教《ぶっきょう》の言葉で、「大願《たいがん》」とは仏様《ほとけさま》が民衆《みんしゅう》を苦しみから救《すく》おうとする願《ねが》いのこと。願《ねが》いごとが現実《げんじつ》になったときに使う。

5月
16日

旅の日…一六八九年、俳人《はいじん》の松尾芭蕉《まつおばしょう》が、『奥《おく》の細道《ほそみち》』の旅に出かけた日。『奥《おく》の細道《ほそみち》』とは、その旅で松尾芭蕉《まつおばしょう》が書いた紀行文《きこうぶん》（旅行記）と俳諧《はいかい》（今の俳句《はいく》）の書物。

★一宿一飯《いっしゅくいっぱん》

一宿＋一飯

一宿一飯の恩義《おんぎ》
ありがとうございます
いえいえお代はいただきますから

使い方

お世話になるとき
両親が一晩留守《ひとばんるす》をしたとき、ぼくは友達《ともだち》の家に泊《と》めてもらった。**一宿一飯《いっしゅくいっぱん》**の恩義《おんぎ》で、洗《あら》い物のお手伝《てつだ》いをした。

意味

一晩《ひとばん》泊《と》めてもらい、一度食事を食べさせてもらうこと。ちょっとお世話になるという意味。

由来

江戸《えど》時代の博打打《ばくちう》ちが、宿場《しゅくば》を渡《わた》り歩《ある》くときに旅の途中《とちゅう》で泊《と》めてもらうことを「一宿一飯《いっしゅくいっぱん》の恩義《おんぎ》」といい、一生大事にしなければいけない仁義《じんぎ》（おきて）とされた。

5月 17日

★ 一蓮托生《いちれんたくしょう》

一蓮＋托生

生命・きずなの日…十・七（とお・なな）で「ドナー」のごろ合わせ。ドナーとは、病気の人に移植《いしょく》する臓器《ぞうき》を提供《ていきょう》する人のこと。

使い方

いっしょに行うとき

みんなでサッカーをしていてガラスを割《わ》ってしまったのだから、みんな**一蓮托生**《いちれんたくしょう》の運命だ。

悪いことをいっしょにするときに使われることが多いよ。

意味
結果《けっか》がどうなるにしても、仲間《なかま》で行動や運命をともにすること。

由来
仏教《ぶっきょう》の言葉で、死んだ後に極楽浄土《ごくらくじょうど》で、同じ蓮《はす》の花の上に生《う》まれ変わること。

類義語
・**連帯責任**《れんたいせきにん》／二人以上《いじょう》の人が共同《きょうどう》で負う責任《せきにん》。

5月 18日

★★ 一言半句《いちごんはんく》

一言＋半句

ことばの日…五・十・八〔こ・と（お）・ば〕のごろ合わせ。言葉を正しく使うように心がける日。

使い方

ひとことも、というとき

姉をおこらせてしまって、何を言っても、**一言半句**《いちごんはんく》の返事もしてくれない。

「一言半句《いちごんはんく》も〜しない」という使い方が多いよ。

意味
ほんのちょっとした言葉。ひとことという意味。「一言《いちごん》」も「半句《はんく》」も、少しの言葉ということ。

類義語
・**一言一句**《いちごんいっく》／一つ一つの言葉。または、わずかな言葉。
・**片言隻句**《へんげんせっく》／わずかな言葉。

反対語
・**千言万語**《せんげんばんご》／とてもたくさんの言葉。

5月19日

桶狭間《おけはざま》の戦《たたか》い…一五六〇年、織田信長《おだのぶなが》が今川義元《いまがわよしもと》をやぶって、勢力《せいりょく》を拡大《かくだい》させるきっかけとなった、尾張国《おわりのくに》(今の愛知県《あいちけん》)で行われた戦《たたか》い。

★★

一騎当千《いっきとうせん》

一騎＋当千

使い方

とても強いとき

ドッジボールのクラスマッチは、**一騎当千《いっきとうせん》**の多田《ただ》くんの活躍《かつやく》で、うちのクラスが優勝《ゆうしょう》した。

意味

ものすごく強い人のこと。また、とても才能《さいのう》などがすぐれている人のこと。

由来

「一騎《いっき》」とは馬に乗った一人の兵士《へいし》のこと。「当千《とうせん》」は千に当たるという意味で、千人を敵《てき》にするということから、一人で千人の敵《てき》を倒《たお》すほど強い勇者《ゆうしゃ》のことを表す。

類義語

・**百戦錬磨《ひゃくせんれんま》**

116ページを見てね!

5月20日

ローマ字の日…日本にローマ字を広めるのにつとめた、田中館愛橘《たなかだてあいきつ》の亡《な》くなった日が五月二十一日なので、きりのよい二十日にした。また、「日本ローマ字会(今のローマ字社)」ができた日。

★

文明開化《ぶんめいかいか》

文明＋開化

使い方

新しいことを取り入れたとき

明治時代《めいじじだい》の**文明開化《ぶんめいかいか》**によって、日本人は牛肉を食べるようになった。

意味

明治《めいじ》時代に、日本に西洋の新しい文化が入ってきて、それを取り入れて、日本が急速に近代化していったこと。

一口メモ

「ざんぎり頭をたたいてみれば、文明開化《ぶんめいかいか》の音がする」という歌がはやった。「ざんぎり頭」とは、それまでちょんまげだった男性《だんせい》がちょんまげを切り落とした髪型《かみがた》のこと。

★★★

一《いち》網《もう》打《だ》尽《じん》

一網＋打尽

長篠《ながしの》の戦《たたか》い…一五七五年、織田信長《おだのぶなが》・徳川家康連合軍《とくがわいえやすれんごうぐん》が、三河国《みかわのくに》（愛知県《あいちけん》）で武田勝頼《たけだかつより》の軍《ぐん》をやぶった戦《たたか》い。織田軍《おだぐん》が鉄砲隊《てっぽうたい》を効率《こうりつ》よく使ったのが勝因《しょういん》といわれている。

使い方

いっぺんにやっつけるとき

煙《けむり》の出る殺虫剤《さっちゅうざい》を使って、部屋の害虫《がいちゅう》を一網打尽《いちもうだじん》にしたぞ。

悪い人や、いやなものなどをやっつけるときに使われるよ。

意味

犯罪者《はんざいしゃ》や悪人などを、いっぺんにみんな捕《つか》まえること。

由来

「一網《いちもう》」とは一つの網《あみ》、「打尽《だじん》」はすべてとりつくすという意味。一度投げた網《あみ》で、魚を残《のこ》らずとりつくすということから。

類義語

・**一気呵成《いっきかせい》**⬇96ページを見てね！

・**一瀉千里《いっしゃせんり》**／一回注いだ水が一気に千里（⬇84ページを見てね！）流れるように、物事が早く進むこと。

知っ得情報

一網打尽《いちもうだじん》の「網《あみ》」とは、漁師《りょうし》さんが使う、魚をとる網《あみ》のこと。投網《とあみ》という大きな網《あみ》を、魚がいそうなところに投げることを、「投網《とあみ》を打つ」というんだ。だから、「一網打尽《いちもうだじん》」には「打」という字が使われているんだよ。

言葉ノート

一口メモ **長篠の戦いとは**

1573年に戦国《せんごく》時代最強《さいきょう》といわれた武田信玄《たけだしんげん》が急死し、天下布武《てんかふぶ》（武力《ぶりょく》で天下を治《おさ》めること）をかかげた織田信《おだのぶ》長《なが》は将軍足利義昭《しょうぐんあしかがよしあき》を追放して、室町幕府《むろまちばくふ》をほろぼした。

1575年、信玄《しんげん》の息子《むすこ》、勝頼率《かつよりひき》いる武田軍《たけだぐん》と、織田《おだ》・徳川連合軍《とくがわれんごうぐん》は、愛知県《あいちけん》の長篠城《ながしのじょう》をめぐって戦《たたか》う。信長《のぶなが》は、川をはさんだ場所に柵《さく》と土塁《どるい》で防御壁《ぼうぎょへき》をつくり、鉄砲隊《てっぽうたい》を３列に並《なら》べた。鉄砲《てっぽう》に弾《たま》をこめる時間のロスをなくすため、１列ごとに、連続《れんぞく》で撃《う》てるようにしたのだ（三段《さんだん》撃《う》ち）。それまで馬での弓矢や刀の戦《たたか》いが常識《じょうしき》だった戦《いくさ》を大きく変《か》えた、戦術《せんじゅつ》だった。この勝利《しょうり》により、信長《のぶなが》は天下統一《てんかとういつ》に大きく近づいていく。

5月22日

東京スカイツリー開業…二〇一二年のこの日、東京スカイツリーが、電波塔《でんぱとう》、観光施設《かんこうしせつ》として開業。高さは六百三十四メートル〔武蔵国《むさしのくに》にちなんで、六・三・四（む・さ・し）〕。日本でいちばん高い建物《たてもの》だ。

★★

一望千里《いちぼうせんり》

一望＋千里

上から見ると
東京が一望千里
建物《たてもの》ばかりだね
スカイツリーは
高いね！

使い方

見渡《みわた》せるとき
生まれて初《はじ》めて乗った飛行機《ひこうき》の窓《まど》からは、**一望千里《いちぼうせんり》**のながめが楽しめた。

意味

広い範囲《はんい》を、ずっと遠くまで一目で見渡《みわた》せること。「一望《いちぼう》」は一度で見渡《みわた》すことだ。

一口メモ

「千里《せんり》」の「里《り》」は昔の長さの単位《たんい》で、一里《り》は約《やく》四キロメートル。千里《り》は四千キロメートルというわけではなく、とても遠いということを表す。（⬇20ページも見てね！）

5月23日

ラブレターの日…五・二三〔こ（い）・ぶみ〕のごろ合わせと、「ラブ・レター」という映画《えいが》の公開日だったということから。ラブレターのことを「恋文《こいぶみ》」ともいう。

★★★

意気消沈《いきしょうちん》

意気＋消沈

ごめんなさい

使い方

がっかりしたとき
劇《げき》で主役に選《えら》ばれた姉は、本番でセリフをまちがえてしまって、**意気消沈《いきしょうちん》**していた。

意味

元気がなくなって落ちこんでしまうこと。「意気《いき》」は意気ごみ、「消沈《しょうちん》」とは沈《しず》んでなくなることで、もとは「銷沈《しょうちん》」という漢字だった。

反対語

・**意気軒昂《いきけんこう》**⬇18ページを見てね！
・**意気揚揚《いきようよう》**⬇18ページを見てね！

5月24日

ゴルフ場記念日《きねんび》…一九〇三年、日本初《はつ》のゴルフ場がオープンした日。

★★★

一喜一憂《いっきいちゆう》

一喜＋一憂

使い方

ふりまわされるとき

西田《にしだ》くんは、となりの席《せき》の小林《こばやし》さんが言うことに**一喜一憂《いっきいちゆう》**しているので、きっと、小林《こばやし》さんのことが好《す》きなんだろうなあ。

状況《じょうきょう》が変化《へんか》していくときに使われることが多いよ。

意味

ちょっとしたことで喜《よろこ》んだり落ちこんだりすること。または、まわりの状況《じょうきょう》にふりまわされること。「喜《き》」は喜《よろこ》ぶ、「憂《ゆう》」は「憂《うれ》う」ということで、心配するという意味だよ。

5月25日

アフリカデー…一九六三年に、「アフリカ統一機構《とういつきこう》」ができた日。アフリカの国々の協力《きょうりょく》などの目的《もくてき》でつくられ、二〇〇二年に「アフリカ連合《れんごう》」に発展《はってん》した。

★★★

弱肉強食《じゃくにくきょうしょく》

弱肉＋強食

使い方

強いものが勝つとき

テレビのドキュメンタリー番組で、アザラシがシャチにおそわれていた。いっしょに見ていた父は、動物の世界は**弱肉強食《じゃくにくきょうしょく》**だと言っていた。

人間の世界でも、使われることがあるよ。

意味

強いものが弱いものを犠牲《ぎせい》にして、栄《さか》えること。

由来

弱いものの肉（弱肉《じゃくにく》）を強いものが食べる（強食《きょうしょく》）という意味で、自然《しぜん》の世界の生存競争《せいぞんきょうそう》のきびしさから。

5月
26日

東名《とうめい》高速道路全通記念日《きねんび》…一九六九年、東京から愛知県小牧市《あいちけんこまきし》までを結《むす》ぶ、東名《とうめい》高速道路が全通した日。

★一方通行《いっぽうつうこう》

一方＋通行

使い方

返ってこないとき

山根《やまね》さんの話はいつも**一方通行《いっぽうつうこう》**で、自分が言いたいことばかり言って、こちらの話は無視《むし》して話《はな》し続《つづ》けるので困《こま》る。

道を進むとき以外《いがい》は、会話や手紙など、情報《じょうほう》を伝《つた》えるときなどに使う。

意味

道路で、車が一方の方向にしか進めないこと。または、二つの間でのやりとりが、一方からだけ伝《つた》わって、反対の方向には伝《つた》わらないこと。

一口メモ

「恋《こい》の一方通行《いっぽうつうこう》」というと、片思《かたおも》いのことをさすよ。

5月
27日

百人一首の日…一二三五年、「小倉《おぐら》百人一首」ができた日。藤原定家《ふじわらのさだいえ》という鎌倉《かまくら》時代初期《しょき》の歌人が、百人の歌人の和歌を一人一首ずつ選《えら》んでまとめたものといわれる。

★百人百様《ひゃくにんひゃくよう》

百人＋百様

使い方

いろいろあるとき

おこづかいの使い方は**百人百様《ひゃくにんひゃくよう》**だから、きみが何に使ってもいいけれど、むだづかいはよくないと思うよ。

たくさんの人についていうときに使われるよ。

意味

人の性質《せいしつ》や考え方はさまざまだということ。「様《よう》」は様子や姿《すがた》かたちという意味で、百人いれば百の姿《すがた》があり、一人も同じ人はいないということ。

類義語

- **十人十色《じゅうにんといろ》**⬇31ページを見てね！
- **三者三様《さんしゃさんよう》**⬇31ページを見てね！

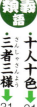

5月
28日

日本でiPad《アイパッド》発売…二〇一〇年、アメリカで四月に発売されて大人気となったアップル社のタブレット型《がた》コンピューターiPad《アイパッド》が、日本など九か国で発売された日。

★★★ 日進月歩《にっしんげっぽ》

日進＋月歩

使い方

進歩するとき

ロボットの開発は**日進月歩**《にっしんげっぽ》で、ぼくたちが大人《おとな》になるころには、一家に一人、お手伝《てつだ》いロボットがいるのかもしれない。

技術《ぎじゅつ》の進歩などに使うことが多いよ。

意味

どんどん進歩していくこと。「進歩」を二つに分けて「日」と「月」をつけ、毎日、毎月、絶《た》え間《ま》なく進歩するという意味。

反対語

・**旧態依然**《きゅうたいいぜん》↓137ページを見てね！

5月
29日

こんにゃくの日…五・二九〈こ（ん）・にゃく〉のごろ合わせと、五月がこんにゃくの種芋《たねいも》の植え付《つ》けの時期であることから。

★ 蒟蒻問答《こんにゃくもんどう》

蒟蒻＋問答

使い方

へんな答えのとき

川上《かわかみ》くんと金田《かねだ》くんの会話は、**蒟蒻問答**《こんにゃくもんどう》みたいでおもしろい。

会話がかみあわないときなどに使うよ。

意味

見当外れの、とんちんかんな答えのこと。

由来

落語のネタの一つ。こんにゃく屋の主人が寺の住職《じゅうしょく》のふりをして、禅問答《ぜんもんどう》というお坊《ぼう》さんどうしの問答（クイズのようなもの）をする。相手が身ぶりで聞いてきた問答を、とんちんかんな身ぶりで答えたら、感心されたという話から。

5月30日

ごみゼロの日…五・三・〇（ご・み・ゼロ）のごろ合わせ。掃除《そうじ》をしてごみを減《へ》らそうという日。

★ 整理整頓《せいりせいとん》

整理＋整頓

使い方

かたづけるとき

机《つくえ》の中や本棚《ほんだな》は、いつも**整理整頓**《せいりせいとん》しておくと使いやすいし、気持ちがいいよ。

意味

乱《みだ》れているものをきちんと整えてかたづけること。「整理《せいり》」はいらないものを取《と》り除《のぞ》くこと、「整頓《せいとん》」はきれいに整えることを意味する。

一口メモ

「整理《せいり》」と「整頓《せいとん》」は似《に》ているが、意味がちがう。「整理《せいり》」はいらない物を捨《す》ててかたづけることで、「整頓《せいとん》」は散《ち》らかっている物をきれいに並《なら》べること。

5月31日

世界禁煙《せかいきんえん》デー…健康《けんこう》のために禁煙《きんえん》をすすめる日。世界保健機関《せかいほけんきかん》（WHO《ダブリューエイチオー》）が決めた国際《こくさい》デー。

★★ 初志貫徹《しょしかんてつ》

初志＋貫徹

使い方

一度決めたことを守るとき

四月から、毎日寝《ね》る前に日記を書こうと決めている。めんどうくさいときもあるけれど、**初志貫徹**《しょしかんてつ》で続《つづ》けるぞ。

意味

最初《さいしょ》に決めたことを、最後《さいご》まで貫《つらぬ》き通《とお》すこと。「初志《しょし》」は最初《さいしょ》の志《こころざし》（心に決めた目標《もくひょう》などのこと）、「貫徹《かんてつ》」は貫《つらぬ》き通《とお》すこと。「初思完徹《しょしかんてつ》」ではないので注意しよう。

類義語

・**終始一貫**《しゅうしいっかん》➡45ページを見てね！
・**首尾一貫**《しゅびいっかん》➡194ページを見てね！

5月

四字熟語ものしり館

故事成語の四字熟語

故事成語《こじせいご》というのは、昔の中国で起こった出来事からできた言葉で、教訓《きょうくん》となっているものが多い。ここで紹介《しょうかい》するもののほか、この本の中にもたくさん出てくるよ。由来を読んでね。

★★
烏合之衆《うごうのしゅう》

意味

規律《きりつ》もなく、寄《よ》り集《あつ》まっただけのまとまりのない集団《しゅうだん》のこと。「烏合之衆《うごうのしゅう》」とは、鳥のカラスの集団《しゅうだん》という意味。

由来

昔の中国の武将《ぶしょう》が、皇帝《こうてい》の子孫《しそん》だとうそを言って挙兵《きょへい》した集団《しゅうだん》に対して、「烏合之衆《うごうのしゅう》の軍《ぐん》など、簡単《かんたん》にけちらせる」と言ったという話から。

★
乾坤一擲《けんこんいってき》

意味

運を天にまかせて、一世一代《いっせいいちだい》の大勝負をすること。「乾坤《けんこん》」は天地、「一擲《いってき》」はさいころを投げるという意味。

由来

昔の中国の詩の中の「誰《だれ》か君主《くんしゅ》に勧《すす》めて馬首《ばしゅ》を回《めぐ》らし、真《しん》に一擲乾坤《いってきけんこん》を賭《と》するを成《な》さん」から。今こそ勝負のときと、家臣《かしん》が王（*1劉邦《りゅうほう》）にすすめて馬の方向を変《か》えさせ、劉邦《りゅうほう》が*2項羽《こうう》との一戦に出向いたことを表している。

＊1　劉邦《りゅうほう》…昔の中国の皇帝《こうてい》。農民《のうみん》から王にまでなり、天下を統一《とういつ》した。

＊2　項羽《こうう》…昔の中国の武将《ぶしょう》。劉邦《りゅうほう》と争《あらそ》うがやぶれ、自害《じがい》した。

★
胡蝶之夢《こちょうのゆめ》

意味

自分とほかのものの区別《くべつ》がつかなくなり、すべてのものが一体だと思う考えのこと。また、夢《ゆめ》と現実《げんじつ》がはっきり区別《くべつ》できないということや、人生のはかなさという意味もある。

由来

胡蝶《こちょう》とはチョウのこと。昔の中国の思想家、荘子《そうし》がうたた寝《ね》をして、自分がチョウになってひらひらと飛《と》んでいる夢《ゆめ》を見た。目が覚《さ》めた荘子《そうし》は、自分は夢《ゆめ》でチョウになったのか、チョウが夢《ゆめ》を見て今の自分になっているのかよくわからないと言ったことから。

●この本に出ている有名な故事成語《こじせいご》

★★ 呉越同舟《ごえつどうしゅう》 (➡211ページ)

★★ 臥薪嘗胆《がしんしょうたん》 (➡22ページ)

★★ 四面楚歌《しめんそか》 (➡30ページ)

★★ 画竜点睛《がりょうてんせい》 (➡180ページ)

★★★ 五里霧中《ごりむちゅう》 (➡165ページ)

★★★ 朝三暮四《ちょうさんぼし》 (➡93ページ)

★★ 孟母三遷《もうぼさんせん》 (➡94ページ)

★★ 本末転倒《ほんまつてんとう》

本末＋転倒

衣替《ころもが》え…学校や会社などで制服《せいふく》が、冬服から夏服にかわる日。逆《ぎゃく》に十月一日は、夏服から冬服にかわる。

使い方

考えがずれているとき

おじいちゃんが、百点取ったらおこづかいをくれるというので勉強をがんばったけれど、おこづかいをもらうために勉強するのは**本末転倒《ほんまつてんとう》**だと、お母さんに注意された。

よくない意味で使われる言葉だよ。

意味

根本的《こんぽんてき》なこととささいなことを、取りちがえること。どうでもいいようなことばかりに気を取られて、大事なことを見のがしていること。

「本末《ほんまつ》」の「本《ほん》」は大事なこと、「末《まつ》」はささいなこと、「転倒《てんとう》」はひっくり返るという意味。

類義語

・**冠履転倒《かんりてんとう》**／冠《かんむり》とくつが逆《ぎゃく》になることから、立場や価値《かち》の順序《じゅんじょ》が逆《さか》さまになって、秩序《ちつじょ》が乱《みだ》れていること。

・**主客転倒《しゅきゃくてんとう》**⬇33ページを見てね！

言葉ノート

一口メモ **おっちょこちょいの四字熟語**

「本末転倒《ほんまつてんとう》」のように、人を困《こま》らせる四字熟語《よじじゅくご》はほかにもあるよ。

●**一知半解《いっちはんかい》**…中途半端《ちゅうとはんぱ》な知識《ちしき》しかなく、よく理解《りかい》していないこと。

●**流言飛語《りゅうげんひご》**…無責任《むせきにん》な根拠《こんきょ》のないうわさのこと。デマ。

●**責任転嫁《せきにんてんか》**…自分のせいなのに、人のせいにすること。

●**軽佻浮薄《けいちょうふはく》**…考えや行動が軽はずみなこと。

●**杓子定規《しゃくしじょうぎ》**…何でも一つのことに当てはめて考え、融《ゆう》通《ずう》がきかないこと。

●**朝三暮四《ちょうさんぼし》**…93ページを見てね！

●**夏炉冬扇《かろとうせん》**…186ページを見てね！

6月2日

本能寺《ほんのうじ》の変《へん》…一五八二年、京都の本能寺《ほんのうじ》で、明智光秀《あけちみつひで》が主君《しゅくん》の織田《おだ》信長《のぶなが》をおそった日。当時、天下を治《おさ》めていた織田信長《おだのぶなが》だが、敵《てき》に囲《かこ》まれて自殺《じさつ》した。

★ 三日天下《みっかてんか》

三日＋天下

使い方

少しの間だけえらいとき

サッカー部の部長がけがをして副部長《ふくぶちょう》がいばっていたけれど、部長のけががはすぐ治《なお》り、副部長《ふくぶちょう》は**三日天下《みっかてんか》**で終わった。

意味

とても短い間だけ、権力《けんりょく》をにぎること。「三日《みっか》」はとても短い期間のこと。

由来

織田信長《おだのぶなが》をほろぼして天下をとった明智光秀《あけちみつひで》だが、そのわずか十一日後に豊臣秀吉《とよとみひでよし》にほろぼされたことから。

関連語

・**百日天下《ひゃくにちてんか》**／一八一五年にフランスのナポレオンが、権力《けんりょく》を取りもどした後、約《やく》百日で、また権力《けんりょく》の座《ざ》を追われたことから、短期間の政権《せいけん》をいう。

6月3日

黒船来航《くろふねらいこう》…一八五三年、浦賀《うらが》（今の神奈川県横須賀市《かながわけんよこすかし》）に、ペリーが率《ひき》いるアメリカの蒸気船《じょうきせん》（黒船《くろふね》）四せきがやってきた日。ここから日本は外国との交流をさかんに行った。

★★ 興味津津《きょうみしんしん》

興味＋津津

使い方

とても興味《きょうみ》があるとき

理科の時間、先生がやった電気の実験《じっけん》を、みんな**興味津津《きょうみしんしん》**で見入っていた。

見たり聞いたり、やってみたりするときに使われるよ。

意味

何かについて心をひかれ、おもしろいと思う気持ちがどんどんわいてくること。「津津《しんしん》」は、あふれ出てくるという意味。「興味深深《きょうみしんしん》」とは書かないので注意しよう。

歯と口の健康《けんこう》週間開始…六月四日〜十日は「歯と口の健康《けんこう》週間」。六月四日は「六・四（む・し）」にちなんで「虫歯予防《よぼう》デー」だった。一九五八年に、それから一週間が「歯の衛生《えいせい》週間」とされ、二〇一三年から今のような名前になった。

★明《めい》眸《ぼう》皓《こう》歯《し》

明眸＋皓歯

使い方

美人なとき

学校一の**明眸皓歯《めいぼうこうし》**、北川《きたがわ》さんは、町を歩いていると、よく芸能事務所《げいのうじむしょ》の人からスカウトされるらしい。

男性《だんせい》には使わないよ。

意味

美しい女性《じょせい》のことをいう。「眸《ぼう》」は瞳《ひとみ》、「皓《こう》」は白くてきれいという意味で、明るくて澄《す》んだ目と、白くきれいな歯ということを表す。

由来

昔の中国の詩人、杜甫《とほ》の「哀江頭《あいこうとう》」という詩の中の「明眸皓歯今何在《めいぼうこうしいまいずくにかある》（美しい人は今どこにいるのだろう）」から。

この「明眸皓歯《めいぼうこうし》」は、世界三大美女の一人といわれる楊貴妃《ようきひ》のことをさす。楊貴妃《ようきひ》は、その美しさで中国の唐《とう》という時代の皇帝《こうてい》の妃《きさき》となったが、皇帝《こうてい》が楊貴妃《ようきひ》を大事にしすぎたため、それに反抗《はんこう》した者の反乱《はんらん》が起こり殺《ころ》された。その事件《じけん》を杜甫《とほ》が悲しんで書いた詩。

類義語

- **眉目秀麗《びもくしゅうれい》** ↓ 110ページを見てね！
- **容姿端麗《ようしたんれい》** ↓ 110ページを見てね！

言葉ノート

一口メモ

世界三大美女とは

世界史上《せかいしじょう》、とくに美人といわれる３人の女性《じょせい》のことで、日本でよばれているものだ。

- **クレオパトラ７世**…古代エジプトの女王で、ローマ帝国《ていこく》の英雄《えいゆう》カエサル、アントニウスの２人の恋人《こいびと》となって権力《けんりょく》をもった。そのため「クレオパトラの鼻があと１センチ低《ひく》かったら歴史《れきし》は変《か》わっていただろう」といわれている。（132ページを見てね！）
- **楊貴妃《ようきひ》**…中国、唐《とう》の玄宗皇帝《げんそうこうてい》のお妃《きさき》。（上の由来を見てね！）
- **小野小町《おののこまち》**…平安《へいあん》時代の歌人。今でも美人のことを「○○小町《こまち》」とよぶことがある。

6月5日

落語の日…「六・五（らく・ご）」のごろ合わせ。ちなみに、六月の第一月曜日は「寄席《よせ》の日」。寄席《よせ》とは、落語などを行う演芸場《えんげいじょう》。

★★★

朝三暮四《ちょうさんぼし》

朝三＋暮四

使い方

だまされたことに気がつかないとき

弟は、クッキーを一つあげると「ケチ」とすねるが、四つに割《わ》ってあげると、たくさんもらったと喜《よろこ》ぶ。**朝三暮四《ちょうさんぼし》**だ。

意味

目先の利益《りえき》にこだわって、結果《けっか》は同じなのに気づかないこと。または、言葉でうまく人をだますこと。

由来

飼《か》っているサルに、えさのトチの実を「朝三つ、夕方四つあげる」と言うと少ないとおこったが、「朝四つ、夕方三つあげる」と言うと喜《よろこ》んだという、中国の昔話から。

6月6日

兄の日…星占《ほしうらな》いの双子座《ふたござ》（五月二十一日〜六月二十一日）のほぼ中間にあたる日。双子座《ふたござ》のマークが兄弟を表すことから。

★★★

優柔不断《ゆうじゅうふだん》

優柔＋不断

使い方

ぐずぐずするとき

私《わたし》は**優柔不断《ゆうじゅうふだん》**で、母と洋服を買いに行ったとき、どれもかわいくて決められず、結局《けっきょく》、何も買ってもらえなかった。

意味

物事をなかなか決められないこと。「優柔《ゆうじゅう》」はぐずぐずしていること、「不断《ふだん》」は決断《けつだん》できないという意味。

類義語

・**意志薄弱《いしはくじゃく》**→12ページを見てね！

反対語

・**即断即決《そくだんそっけつ》**→96ページを見てね！

母親大会記念日《きねんび》…一九五五年、東京で第一回の日本母親大会が開かれた日。前年のアメリカによる水爆実験《すいばくじっけん》がきっかけとなり、平和を願《ねが》って開かれた。

★★
孟母三遷《もうぼさんせん》

孟母＋三遷

使い方

引っこすとき

うちは何度も引っこしをしていて、**孟母三遷《もうぼさんせん》**の教えにしたがっているのよ、と母は言うけれど、本当は、父の転勤《てんきん》のためだ。

「孟母三遷《もうぼさんせん》の教え」という使い方をすることも多いよ。

意味

子どもの教育のためには、よい環境《かんきょう》を選《えら》ぶことが大切だということ。または、教育熱心《ねっしん》な母親のこと。

「孟母《もうぼ》」とは孟子《もうし》という昔の中国の思想家の母親、「三遷《さんせん》」は三回引っこしすること。

由来

孟子《もうし》が子どものころ、最初《さいしょ》に住んでいた家の近くには墓場《はかば》があり、孟子《もうし》が葬式《そうしき》のまねをして遊ぶので、母親は市場の近くに引っこした。すると今度は、商人のまねをして遊ぶので、学校の近くに引っこした。そうすると、孟子《もうし》は礼儀作法《れいぎさほう》のまねをするようになったので、母親は、この場所にずっと住むことにしたという、中国の話から。

言葉ノート

一口メモ

孔子と孟子

孔子《こうし》とは、紀元前《きげんぜん》6～5世紀《せいき》の中国の思想家。儒教《じゅきょう》という思想を生んだ人物で、孔子《こうし》の言葉を集めた『論語《ろんご》』という書物の中の言葉は、今でも大事な教えとして伝《つた》えられている。「温故知新《おんこちしん》（→19ページ）」「巧言令色《こうげんれいしょく》（→147ページ）」など、『論語《ろんご》』に由来する四《よ》字熟語《じじゅくご》も多い。

「孟母三遷《もうぼさんせん》」の孟子《もうし》は、孔子《こうし》の死後に活躍《かつやく》した。孔子《こうし》につぐ重要《じゅうよう》な人物で、儒教《じゅきょう》を「孔孟思想《こうもうしそう》」ということもある。「人は生まれながらにして善《ぜん》である（人間の本性《ほんしょう》は正しいものだ）」という「性善説《せいぜんせつ》」をとなえ、仁義《じんぎ》（思いやりや道徳《どうとく》）を大事にする政治《せいじ》をすすめた。

6月8日

大鳴門橋開通記念日《おおなるときょうかいつうきねんび》…一九八五年、大鳴門橋《おおなるときょう》が開通した日。大鳴門橋《おおなるときょう》とは、兵庫県《ひょうごけん》の淡路島《あわじしま》と徳島県《とくしまけん》の鳴門市《なるとし》をつなぐ橋で、四国と本州をつなぐ橋の一つ。

★ 一往一来《いちおういちらい》

一往＋一来

使い方

行き来するとき

お祭りのときにおもしろそうな屋台がたくさんあって、**一往一来《いちおういちらい》**のあと、むだづかいをしてしまった。

意味

行ったり来たりすること。「往《おう》」は行くことで、「来《らい》」は来るという意味。「一～一～」で「あるときは～あるときは～」ということを表す。

6月9日

ロックの日…音楽のジャンルのロック・ミュージックの日。六・九（ロッ・ク）のごろ合わせ。ロックイベントなどが行われる。

★★★ 完全無欠《かんぜんむけつ》

完全＋無欠

使い方

だめなところがまったくないとき

完全無欠《かんぜんむけつ》な人間なんていないから、自分の欠点《けってん》をはずかしく思うことはないいんだよ。

意味

欠点《けってん》がまったくなくて、完《かん》ぺきな様子。「無欠《むけつ》」とは欠点《けってん》がないことで、「完全《かんぜん》」も「無欠《むけつ》」もほぼ同じ意味。同じ意味の言葉を重ねて強調している。

類義語

- **十全十美《じゅうぜんじゅうび》**／完全《かんぜん》でまったく欠点《けってん》がないこと。
- **全知全能《ぜんちぜんのう》**→211ページを見てね！

時の記念日《きねんび》…六七一年、日本初《はつ》の時計で時間を計り、鐘《かね》を打って知らせたという記録《きろく》がある日。日本初《はつ》の時計は水時計だった。

★★

一刻千金《いっこくせんきん》

一刻＋千金

使い方

時間をおしむとき

もう夕方で家に帰る時間だ。山田《やまだ》くんといっしょに遊ぶ時間は**一刻千金《いっこくせんきん》**だなあ。

楽しい時間や貴重《きちょう》な時間が、すぐ過《す》ぎることをおしむときに使うことが多いよ。

意味

ほんの少しの時間がとても大切だということ。「一刻《いっこく》」とは、わずかな時間のこと。「千金《せんきん》」とは、昔のお金で千両のこと。大金であることから、とても価値《かち》があるという意味。楽しいひとときがすぐ過《す》ぎ去《さ》ってしまうということをおしんでいう言葉。

由来

昔の中国の詩「春夜《しゅんや》」の中にある、「春宵一刻値千金《しゅんしょういっこくあたいせんきん》」（春の夜のすばらしさは千金にも値《あたい》する）から。

一字ちがいの言葉

よく似《に》ているけどまったくちがう意味なのでまちがえないようにしよう。

- **一攫千金《いっかくせんきん》**／一度でたくさんの利益《りえき》を得《え》るということ（⬇144ページ）。
- **一刻千秋《いっこくせんしゅう》**／とても待ち遠しく思う様子（⬇111ページ）。

言葉ノート

一口メモ　時間の四字熟語

「一刻千金《いっこくせんきん》」のように、時間に関《かん》する四字熟語《よじじゅくご》はほかにもあるよ。

●**即断即決《そくだんそっけつ》**…その場ですぐに決めること。時間をおかずに決断《けつだん》を下すこと。

●**時期尚早《じきしょうそう》**…まだ、そのことを行うときではないということ。

●**時時刻刻《じじこくこく》**…物事が続《つづ》いているときの、そのときそのとき。または、しだいしだいに。

●**一気呵成《いっきかせい》**…物事を休みなく一気にやってしまうこと。

●**一日之長《いちじつのちょう》**…経験《けいけん》や知識《ちしき》が、相手より少しまさっていること。

6月

11日

傘《かさ》の日…暦《こよみ》の上で「入梅《にゅうばい》」となることが多いことからこの日になった。入梅《にゅうばい》とは、梅雨《つゆ》入りの時期のこと。

★降水確率《こうすいかくりつ》

降水＋確率

使い方

天気予報《てんきよほう》を見るとき

今日《きょう》も**降水確率《こうすいかくりつ》**が八十パーセントだから、洗濯物《せんたくもの》が外に干《ほ》せないと母がなげいている。

意味

特定《とくてい》の地域《ちいき》で一定の時間内に雨か雪が降《ふ》る確率《かくりつ》。日本では、〇〜百パーセントまで十パーセントきざみで、気象庁《きしょうちょう》が発表する。

一ミリメートル以上《いじょう》の雨か雪が降《ふ》る確率《かくりつ》で、雨や雪の降《ふ》る量《りょう》や強さではないので、注意しよう。

6月

12日

大化《たいか》の改新《かいしん》の始まり…六四五年のこの日、中大兄皇子《なかのおおえのおうじ》と中臣鎌足《なかとみのかまたり》が蘇我入鹿《そがのいるか》を暗殺《あんさつ》。翌日《よくじつ》に父の蝦夷《えみし》が自殺《じさつ》し、権力《けんりょく》をもっていた蘇我《そが》氏《し》がほろびた。このあと「大化《たいか》の改新《かいしん》」という政治《せいじ》の改革《かいかく》が行われた。

★不倶戴天《ふぐたいてん》

不倶＋戴天

使い方

とてもうらんでいるとき

上田《うえだ》くんにひどいあだ名をつけられた村上《むらかみ》くんは、上田《うえだ》くんのことを**不倶戴天《ふぐたいてん》**の敵《てき》として仕返しを考えている。

「不倶戴天《ふぐたいてん》の敵《てき》」という使い方をすることが多いよ。

意味

絶対《ぜったい》に許《ゆる》せないほど、大変《たいへん》なうらみがあること。同じ空の下では生きられないほどのにくしみがあること。

由来

昔の中国の書物に「父の讐《あだ》は倶《とも》に天を戴《いただ》かず（父のかたきとは、同じ天の下にいられない）」とあることから。

6月
13日

「小さな親切運動」スタートの日…一九六三年に「小さな親切」運動本部ができた日。東京大学の卒業式《そつぎょうしき》で総長《そうちょう》が「小さな親切を勇気《ゆうき》をもってやろう」と言ったことがきっかけ。

★ 一日一善《いちにちいちぜん》

一日＋一善

使い方

よいことをするとき

クラスのみんなで話し合って、今月の目標《もくひょう》が「**一日一善《いちにちいちぜん》**を心がけよう」に決まった。

標語《ひょうご》などに使われる言葉だよ。

意味

一日に一度、よい行いをして、それを積《つ》み重《かさ》ねていこうという、呼《よ》びかけの言葉。「善《ぜん》」とはよい行いのこと。

6月
14日

五輪旗制定の日《ごりんきせいてい》…一九一四年、オリンピックの旗《はた》が決められた日。五つの輪《わ》は五大陸《ごたいりく》を表す。

★ 名実一体《めいじついったい》

名実＋一体

使い方

評判《ひょうばん》と合っているとき

岸《きし》先生は、ピアニスト並《な》みにピアノがひけることで知られている。お手本にひいてくれたけれど、**名実一体《めいじついったい》**で、とてもすばらしかった。

意味

評判《ひょうばん》や名前が、そのものの本当の姿《すがた》とよく合っていること。「名《めい》」は名目で、評判《ひょうばん》など。「実《じつ》」は実体《じったい》で、実際《じっさい》の姿《すがた》という意味。「一体《いったい》」は一つの体、同一ということ。

反対語

・**有名無実《ゆうめいむじつ》**↓28ページを見てね!

6月
15日

暑中見舞《しょちゅうみま》いの日…一九五〇年、暑中見舞《しょちゅうみま》いはがきが初《はじ》めて発売された日。

★猛暑日《もうしょび》

猛暑＋日

使い方

とても暑いとき

今日《きょう》は**猛暑日《もうしょび》**だから、すずしいところにいて、水分をしっかりとらなければいけない。

意味

一日の最高《さいこう》気温が三十五度以上《いじょう》の日のこと。

関連語

- **夏日《なつび》**／一日の最高《さいこう》気温が二十五度以上《いじょう》の日。
- **真夏日《まなつび》**／一日の最高《さいこう》気温が三十度以上《いじょう》の日。
- **熱帯夜《ねったいや》**／夜の最低《さいてい》気温が二十五度以上《いじょう》の日。

6月
16日

和菓子《わがし》の日…八四八年、伝染病《でんせんびょう》がはやったとき、天皇《てんのう》が元号《げんごう》を嘉祥《かしょう》として、六月十六日に十六個《こ》のおかしやもちを神様にそなえて厄払《やくばら》いをしたという言《い》い伝《つた》えから。

★一家相伝《いっかそうでん》

一家＋相伝

使い方

受けつがれるとき

山本《やまもと》くんの家は老舗《しにせ》のうなぎ屋で、たれの作り方は**一家相伝《いっかそうでん》**なので、山本《やまもと》くんは後をついで、その味を残《のこ》していきたいそうだ。

伝統芸能《でんとうげいのう》や伝統技術《でんとうぎじゅつ》などに使われることが多いよ。

意味

その家で、特別《とくべつ》な技術《ぎじゅつ》や学問、芸事《げいごと》などを、代々ひきついで伝《つた》えていくこと。

類義語

- **一子相伝《いっしそうでん》**

⬇74ページを見てね！

6月17日

砂漠化《さばくか》および干《かん》ばつと闘《たたか》う国際《こくさい》デー…一九九四年に「国連砂漠化対処条約《こくれんさばくかたいしょじょうやく》」が採択《さいたく》された日。地球の砂漠化《さばくか》を防止《ぼうし》するための国際《こくさい》デー。

★★★

悪戦苦闘《あくせんくとう》

悪戦＋苦闘

いつか ここに
オアシスを つくる…

使い方

苦しんでがんばるとき

新聞係になったけれど、記事を考えるのに、毎回**悪戦苦闘《あくせんくとう》**している。

意味

苦しんでたたかうこと。または、とても大変《たいへん》な状況《じょうきょう》のなかで、努力《どりょく》してがんばること。「悪戦《あくせん》」も「苦闘《くとう》」も不利《ふり》で苦しい戦《たたか》いのこと。

類義語

・**苦心惨憺《くしんさんたん》**／心をくだいて苦労《くろう》や努力《どりょく》を重ねること。
・**四苦八苦《しくはっく》**⬇142ページを見てね！

6月18日

父の日…六月の第三日曜日。父に感謝《かんしゃ》する日。アメリカで始まったが、国によって日はちがう。

★

大黒柱《だいこくばしら》

大黒＋柱

パパすごーい
あなた すてき♥
わん!

使い方

中心として支《ささ》えるとき

うちは十人家族だけれど、父は一家の**大黒柱《だいこくばしら》**として家族を養《やしな》ってくれていて、ぼくはとても尊敬《そんけい》している。

意味

日本の昔の家の中心にある、一番太い柱のことで、家をしっかり支《ささ》える役目をする。そこから、家族や会社など、集団《しゅうだん》の中で中心になる人のことをいう。

由来

大黒柱《だいこくばしら》は台所（土間）と部屋の境目《さかいめ》に建《た》てられるので、台所の神様で福の神の「大黒様《だいこくさま》」にちなんで大黒柱《だいこくばしら》となった。または、昔の宮殿《きゅうでん》の大極殿《だいこくでん》の柱を「大極殿柱《だいこくでんばしら》」といったところから「大極柱《だいこくばしら》」というようになったともいわれる。

6月19日

ベースボール記念日《きねんび》：一八四六年、アメリカで、今の野球の基本《きほん》のルールで初《はじ》めての試合《しあい》が行われた日。

★ 一球入魂《いっきゅうにゅうこん》

一球＋入魂

使い方

野球で投球するとき

ピッチャーの**一球入魂**《いっきゅうにゅうこん》の投球で、強打者を内野ゴロに打ちとった。

意味

野球で、投手が一球一球に全力をこめること。「入魂《にゅうこん》」とは、魂《たましい》をこめるという意味。

由来

学生野球の父といわれる、飛田忠順《とびたちゅうじゅん》（穂洲《すいしゅう》）が作った言葉。野球に取り組む姿勢《しせい》を表した。

類義語

・**全力投球**《ぜんりょくとうきゅう》／全力で物事に取り組むこと。野球で投手が全力で投げることから。

6月20日

世界難民《せかいなんみん》の日：アフリカ統一機構《とういつきこう》の「アフリカ難民条約《なんみんじょうやく》」発効《はっこう》の日。難民《なんみん》について考える国際《こくさい》デー。

★★ 離合集散《りごうしゅうさん》

離合＋集散

使い方

集まったりはなれたりするとき

大震災《だいしんさい》でたくさんの家がこわれ、多くの人々が**離合集散**《りごうしゅうさん》の状態《じょうたい》になった。

意味

はなればなれになったり、集まったりすること。また、協力《きょうりょく》したり対立したりすること。「離合《りごう》」ははなれることと集まること、「集散《しゅうさん》」は集まることとはなれること。同じ意味の言葉を重ねている。

類義語

・**雲集霧散**《うんしゅうむさん》／雲がわき起こるように集まり、霧《きり》のように散《ち》ってしまうこと。

6月 21日

夏至《げし》…一年のうちでもっとも昼（日が出ている時間）が長いといわれる日。年によってちがうが、毎年六月二十一日ごろ。

★ 昼夜兼行《ちゅうやけんこう》

昼夜＋兼行

PM1:00
PM7:00
AM1:00
AM7:00

使い方

休まずやり続《つづ》けるとき

台風でこわれて通れなくなった橋の工事が、**昼夜兼行《ちゅうやけんこう》**で行われた。

意味

昼も夜も休まずに、ずっと道を急いで進むこと。または、昼も夜もずっと仕事を続《つづ》けて行うこと。

類義語

・**不眠不休《ふみんふきゅう》** → 192ページを見てね！

6月 22日

ナスカの地上絵発見…一九三九年、ペルーで動植物の巨大《きょだい》な地上絵が発見された日。地上絵は、世界遺産《せかいいさん》になっている。

★★★ 空前絶後《くうぜんぜつご》

空前＋絶後

空前絶後の大きさだ！

使い方

とてもすごいとき

その映画《えいが》は**空前絶後《くうぜんぜつご》**の人気で、アニメ映画《えいが》ではこれまでで最《さい》多《た》の観客《かんきゃく》を動員したそうだ。

ひじょうにおどろくようなことに使うよ。

意味

今までになくて、これからもありえないような、めずらしいこと。「空前《くうぜん》」は前にないこと、「絶後《ぜつご》」は後にないこと。

類義語

・**前代未聞《ぜんだいみもん》** → 36ページを見てね！

6月 23日

沖縄慰霊の日《おきなわいれいのひ》…一九四五年、太平洋戦争《たいへいようせんそう》で日本で唯一《ゆいいつ》地上戦《ちじょうせん》が行われた沖縄《おきなわ》で、日本軍《ぐん》の組織的戦闘《そしきてきせんとう》が終わった日。沖縄《おきなわ》の戦争《せんそう》で亡《な》くなった人の霊《れい》をなぐさめて平和を祈《いの》る日。

★★ 阿鼻叫喚《あびきょうかん》

阿鼻＋叫喚

使い方

とても混乱《こんらん》するとき

大地震《おおじしん》が起きたとき、一年生のクラスでは、**阿鼻叫喚《あびきょうかん》**の様子だった。

意味

地獄《じごく》のようにつらくて苦しい状況《じょうきょう》で、大声で泣《な》きわめくような、とてもひさんな様子。

由来

地獄《じごく》のなかの、阿鼻地獄《あびじごく》（もっとも大きな罪《つみ》を犯《おか》した者が行くところ）と、叫喚地獄《きょうかんじごく》（熱湯《ねっとう》や火のなかで苦しめられて泣《な》き叫《さけ》ぶというところ）を合わせた言葉。

6月 24日

UFO《ユーフォー》の日…一九四七年、アメリカで初《はじ》めて「空飛《と》ぶ円盤《えんばん》」が目撃《もくげき》された日。その後、UFO《ユーフォー》（未確認飛行物体《みかくにんひこうぶったい》）と名づけられた。

★★★ 半信半疑《はんしんはんぎ》

半信＋半疑

使い方

うそかほんとかわからないとき

私《わたし》の作文が、作文コンクールで最優秀賞《さいゆうしゅうしょう》に決まったと先生に言われたけれど、**半信半疑《はんしんはんぎ》**だった。

本当のことだが、信《しん》じられないようなときに使われることが多い。

意味

物事を、信《しん》じられそうだが、信《しん》じられないような気もして、迷《まよ》っている状態《じょうたい》。「半信《はんしん》」は半分信《しん》じること、「半疑《はんぎ》」は半分疑《うたが》うこと。

6月
25日

住宅《じゅうたく》デー…一八五二年、スペインの建築家《けんちくか》アントニオ・ガウディが生まれた日。ガウディは、サグラダファミリアなどで有名な建築家《けんちくか》。

★

一家団欒《いっかだんらん》

一家＋団欒

使い方

家族でくつろぐとき

昨日《きのう》はお父さんが仕事から早く帰ってきたので、久《ひさ》しぶりの**一家団欒《いっかだんらん》**で楽しかった。

家族がそろっているだけでなく、みんなで楽しむときに使うよ。

意味

家族全員が集まって、なかよく話したり笑《わら》ったりすること。「団欒《だんらん》」とは、集まって輪《わ》になって座《すわ》ることをいう。

類義語
・家族団欒《かぞくだんらん》

6月

6月
26日

雷記念日《かみなりきねんび》…九三〇年、都《みやこ》の宮殿《きゅうでん》に雷《かみなり》が落ちた日。この雷《かみなり》は、無実《むじつ》の罪《つみ》をきせられて死んだ菅原道真《すがわらのみちざね》のたたりといわれた。その後、菅《すが》原道真《わらのみちざね》は「天神様《てんじんさま》」としてまつられるようになった。

★★★

付和雷同《ふわらいどう》

付和＋雷同

使い方

すぐに賛成《さんせい》するとき

学級会では、学級委員の提案《ていあん》にみんなが**付和雷同《ふわらいどう》**して、議論《ぎろん》にならなかった。

あまりよい意味では使われないよ。

意味

自分の考えがなくて、ほかの人の意見にすぐ賛成《さんせい》すること。「付和《ふわ》」は他人の意見に同調すること。「雷同《らいどう》」は雷《かみなり》が鳴るとその音に応《おう》じて地上のものがひびくということ。「不和雷同《ふわらいどう》」ではないので注意しよう。

6月
27日

★★
理路整然《りろせいぜん》

理路＋整然

演説《えんぜつ》の日…一八七四年、日本で最初《さいしょ》の演説会《えんぜつかい》が、東京の慶應義塾《けいおうぎじゅく》で開かれた日。「演説《えんぜつ》」とは、慶應義塾《けいおうぎじゅく》をつくった福沢諭吉《ふくざわゆきち》が作った言葉。

使い方

わかりやすいとき

先生は、ぼくが悪いことをしたとき、どうしてそれをやってはいけないのかを、**理路整然《りろせいぜん》**と話してくれた。

意味

話の筋道《すじみち》がきちんと通っていること。「理路《りろ》」とはものの道理、「整然《せいぜん》」とはきちんと整っているという意味。

反対語

・**支離滅裂《しりめつれつ》**
↓122ページを見てね！

6月
28日

★★
一触即発《いっしょくそくはつ》

一触＋即発

サラエボ事件《じけん》…一九一四年、オーストリアの皇太子夫妻《こうたいしふさい》が、訪問《ほうもん》していたサラエボ（今のボスニア・ヘルツェゴビナの首都）で暗殺《あんさつ》された日。この事件《じけん》がきっかけになって第一次世界大戦《だいいちじせかいたいせん》が起こった。

使い方

あぶない状態《じょうたい》のとき

体育の時間に、田島《たじま》くんと川上《かわかみ》くんがぶつかって転んだ。ふだんから仲《なか》の悪い二人なので、**一触即発《いっしょくそくはつ》**の状態《じょうたい》だった。

すぐにでもなぐり合いをしそうなときに使うよ。

意味

大変《たいへん》な危機《きき》がせまっていること。もう少しで大事にいたりそうなことをいう。「一触《いっしょく》」はちょっとさわること、「即発《そくはつ》」はすぐに爆発《ばくはつ》するという意味で、少しさわればすぐにも爆発《ばくはつ》しそうな状態《じょうたい》。

6月
29日

平泉《ひらいずみ》世界《せかい》遺産《いさん》の日…二〇一一年、岩手県の「平泉《ひらいずみ》の文化遺産《いさん》」が世《せ》界遺産《かいいさん》に登録《とうろく》された日。平泉《ひらいずみ》には、中尊寺《ちゅうそんじ》や毛越寺《もうつうじ》、金鶏山《きんけいさん》などの文化遺産《ぶんかいさん》がある。

★極楽浄土《ごくらくじょうど》

極楽＋浄土

中尊寺金色堂《こんじきどう》は極楽浄土を表してるんだよ
うんうん
?

使い方

とても楽で気持ちがよいとき

お母さんのひざまくらで眠《ねむ》ったとき、とても気持ちよくて、**極楽浄土《ごくらくじょうど》**にいるみたいな気分だった。

意味

仏様《ほとけさま》（阿弥陀仏《あみだぶつ》）がいる苦しみのない美しい世界。「極楽《ごくらく》」は仏教《ぶっきょう》で、すべての苦しみから解放《かいほう》された理想の世界、「浄土《じょうど》」は、仏様《ほとけさま》のすむ清《きよ》らかな国のこと。

類義語

・**西方浄土《さいほうじょうど》**／この世の遠い西方にある、苦しみのない安楽な世界。

・**十万億土《じゅうまんおくど》**／この世から極楽《ごくらく》までの間に無数《むすう》にある仏《ほとけ》の国。

6月
30日

ハーフタイムデー…一年のちょうど半分が終わった日。今年《ことし》の前半を反省《はんせい》して、後半の目標《もくひょう》を立てよう。

★中途半端《ちゅうとはんぱ》

中途＋半端

きょうでちょうど1年の半分！
CALENDAR
計算では1年の半分は182.5日だから…7月2日だね
7月2日…なんか中途半端…

使い方

あいまいなとき

勉強していてわからないところがあったら、**中途半端《ちゅうとはんぱ》**なままにしておかないで、きちんと調べよう。

あまりよい意味では使われないよ。

意味

物事が最後《さいご》まで終わっていないこと。または、態度《たいど》をはっきり決めることができなくてあいまいなこと。「中途《ちゅうと》」は途中《とちゅう》のこと、「半端《はんぱ》」は必要《ひつよう》なものがそろっていないことをいう。

四字熟語ものしり館

動植物の四字熟語

動物や植物を使った四字熟語《よじじゅくご》はいろいろある。この本の中にもたくさんあるよ。さがしてみよう。

★ 周章《しゅうしょう》狼《ろう》狽《ばい》

意味　とてもあわてること。あわてふためくこと。

由来　「狼《ろう》」も「狽《ばい》」も伝説上《でんせつじょう》の動物。「狼《ろう》」は前足が長くて後ろ足が短く、「狽《ばい》」はその逆《ぎゃく》なので、「狽《ばい》」が「狼《ろう》」の後ろに乗っていっしょに行動する。はなれるとたおれ、うろたえることから、あわてふためくたとえとして使われる。

★ 君《くん》子《し》豹《ひょう》変《へん》

意味　すぐれた人は、自分が悪いと思ったら、すぐに認《みと》めて、正しいことをするということ。だが今では、態度《たいど》を急に変《か》えるという悪い意味で使われることが多い。

由来　豹《ひょう》の毛皮は模様《もよう》がはっきりしている。その毛皮のように、はっきり態度《たいど》を変《か》えることから。

★ 蝸《か》牛《ぎゅう》角《かく》上《じょう》

意味　カタツムリの角の上のように、小さな世界のこと。「蝸牛角上《かぎゅうかくじょう》の争《あらそ》い」という使い方をする。

由来　昔の中国の、カタツムリの右の角の上にある国と、左の角の上にある国が戦《たたか》ったという話から。

★ 盲《もう》亀《き》浮《ふ》木《ぼく》

意味　めったに会えないこと。

由来　百年に一度だけ海面に上がってくる目が見えないカメが、浮《う》かんでいる木の穴《あな》に首を入れることはとてもむずかしいという話から。

★★ 六《ろく》菖《しょう》十《じっ》菊《きく》

意味　時期がおくれて役に立たないこと。

由来　「六菖《ろくしょう》」は六日の菖蒲《しょうぶ》、「十菊《じっきく》」は十日の菊《きく》という意味。菖蒲《しょうぶ》は五月五日の端午《たんご》の節句《せっく》に、菊《きく》は九月九日の重陽《ちょうよう》の節句《せっく》に必要《ひつよう》な花で、六日、十日ではおそすぎることから。

★ 一《いち》木《ぼく》一《いっ》草《そう》

意味　一本の木と一本の草という意で、そこにあるすべてのもののこと。または、わずかなもののこと。

7月 1日

テレビ時代劇《じだいげき》の日…一九五三年、日本で初《はじ》めてテレビで、時代劇《じだいげき》の「半七捕物帳《はんしちとりものちょう》」が放送された日。

★★ 勧善懲悪《かんぜんちょうあく》

勧善＋懲悪

使い方

善《ぜん》が悪に勝つとき

時代劇《じだいげき》は**勧善懲悪《かんぜんちょうあく》**のものが多いので、見終わったあと、すかっとする。

ドラマや小説《しょうせつ》などについていうことが多いよ。

意味

よい人やよい行いを勧《すす》めて、悪い人や悪い行いを懲《こ》らしめること。または、最後《さいご》には善《ぜん》（よいこと）が栄《さか》えて悪がほろびるという筋書《すじが》きの芝居《しばい》や物語のこと。略《りゃく》して「勧懲《かんちょう》」ともいう。

7月 2日

石見銀山世界遺産登録《いわみぎんざんせかいいさんとうろく》…二〇〇七年、島根県の石見銀山《いわみぎんざん》が世界遺産《せかいいさん》に登録《とうろく》された日。戦国《せんごく》時代から江戸《えど》時代にかけて、たくさんの銀を産出《さんしゅつ》した、世界有数の銀山だった。

★ 金銀財宝《きんぎんざいほう》

金銀＋財宝

使い方

すごいお宝《たから》のとき

昔のエジプトの王様は、自分のお墓《はか》に**金銀財宝《きんぎんざいほう》**をいっしょに埋《う》めたそうだ。

大金だけでなく、豪華《ごうか》な宝物《たからもの》などがあるときに使われるよ。

意味

とてもたくさんの高価《こうか》な宝石《ほうせき》や金や銀などの宝物《たからもの》、大金のこと。

7月3日

キリスト教伝来《でんらい》…一五四九年、日本にキリスト教を伝《つた》えたフランシスコ・ザビエルたちイエズス会の宣教師《せんきょうし》が鹿児島《かごしま》に上陸《じょうりく》した日。

★★ 三位一体《さんみいったい》

三位＋一体

使い方

三者が力を合わせるとき

文化祭で、五年生の三クラスが**三位一体《さんみいったい》**となって、学年の出しものを成功《せいこう》させた。

意味

三つのことが一つに結《むす》びつくこと。また、三つの者が心を合わせること。

由来

キリスト教の教えで、父（神）と子（キリスト）と聖霊《せいれい》が、本来は一つのもので、唯一《ゆいいつ》の神であるということ。

7月4日

アメリカ独立記念日《どくりつきねんび》…一七七六年、アメリカ独立宣言《どくりつせんげん》がなされた日。アメリカ合衆国《がっしゅうこく》最大《さいだい》の祝日《しゅくじつ》だ。

★★ 独立独歩《どくりつどっぽ》

独立＋独歩

使い方

自分の道を進むとき

これからの人生は、人にたよらず**独立独歩《どくりつどっぽ》**の精神《せいしん》で歩んでいこう。

「独立独歩《どくりつどっぽ》の精神《せいしん》」という言い方をすることも多いよ。

意味

他人にたよらないで、だれからも影響《えいきょう》を受けずに、自分の思う通りにやること。自分の信《しん》じる道を進むこと。「独歩《どっぽ》」は一人で歩くこと。

類義語

・**一国一城《いっこくいちじょう》**→59ページを見てね！
・**自主独立《じしゅどくりつ》**→115ページを見てね！

7月5日

ビキニスタイルの日…一九四六年、ビキニの水着が発表された日。フランスのデザイナーが世界でもっとも小さい水着としてデザインした。

★容姿端麗《ようしたんれい》

容姿＋端麗

使い方

美人のとき

新任《しんにん》の先生は**容姿端麗**《ようしたんれい》で、学校中の人気者になった。

おもに女性《じょせい》に使われることが多いよ。

意味

顔や姿《すがた》が美しく整っていること。「容姿《ようし》」とは顔立ちと体つき、「端麗《たんれい》」は整っていて美しいことで、美人でスタイルがよい人のことをいう。

類義語

・**眉目秀麗**《びもくしゅうれい》／顔かたちがすぐれ、とても美しいこと。男性《だんせい》に用いる。

7月6日

アメリカの通貨《つうか》が「ドル」に決まる…一七八五年、アメリカの大陸《たいりく》会議《かいぎ》で「ドル」が公式通貨《こうしきつうか》と定められた。ドルは第二次世界大戦後《だいにじせかいたいせんご》は、世界でもっとも重要《じゅうよう》な通貨《つうか》となっている。

★為替相場《かわせそうば》

為替＋相場

使い方

世界経済《せかいけいざい》を考えるとき

戦争《せんそう》や国の政治《せいじ》の状況《じょうきょう》などで、**為替相場**《かわせそうば》は変動《へんどう》する。

ニュースでは、一ドル何円という円相場が伝《つた》えられるよ。

意味

別々《べつべつ》の国の通貨《つうか》（お金）を交換《こうかん》するときの比率《ひりつ》。たとえば、日本円とアメリカドルでは、為替相場《かわせそうば》が一ドル百円なら、百円で一ドルを買えるということ。為替《かわせ》レートともいう。通貨《つうか》を交換《こうかん》（売買）する場を「外国為替市場《がいこくかわせしじょう》」といい、売り手と買い手のバランスで為替相場《かわせそうば》が決まる。

早く七夕にならないかしら
七夕の日
雨で天の川が…

★★★
一日千秋《いちじつせんしゅう》

一日＋千秋

七夕《たなばた》…「笹《ささ》の節句《せっく》」ともいわれる行事。短冊《たんざく》に願《ねが》い事《ごと》を書いて笹《ささ》竹《だけ》につるす。また、織姫《おりひめ》と彦星《ひこぼし》が年に一度だけ天《あま》の川《がわ》をわたって出会うという、中国から伝《つた》わった伝説《でんせつ》もよく知られる。

使い方

待ちこがれるとき

夏休みに家族でハワイ旅行をすることになり、ぼくは夏休みが来るのを、**一日千秋《いちじつせんしゅう》**の思いで待っている。

「一日千秋《いちじつせんしゅう》の思い」という使い方をすることが多いよ。

意味

とても待ち遠しいこと。ある出来事や人が来るのがとても楽しみで、待っている時間がとても長く感じられること。

「千秋《せんしゅう》」は千回の秋という意味で、一日が千年のように感じられるということ。

由来

もとは「一日三秋《いちじつさんしゅう》」という言葉からきたもの。中国の昔の書物に「一日《いちじつ》あわざれば、三秋《さんしゅう》のごとし」とあることから、「一日会わないだけで、三年も会っていない気がする」ということ。

「秋」は収穫《しゅうかく》の季節《きせつ》で、一年の大事な時期。「三秋《さんしゅう》」は、秋が三回来るということから、三年を表すといわれる。

類義語

- **一日三秋《いちじつさんしゅう》**⬇右の由来を読んでね！
- **一刻千秋《いっこくせんしゅう》**／わずかな時間も待ち遠しく感じること。

言葉ノート

一口メモ

七夕の由来

七夕《たなばた》の日に織姫《おりひめ》と彦星《ひこぼし》が年に一度会えるという伝説《でんせつ》は、中国から伝《つた》わった。織姫《おりひめ》は琴座《ことざ》のベガ（織女星《しょくじょせい》）、彦星《ひこぼし》はわし座《ざ》のアルタイル（牽牛星《けんぎゅうせい》）のこと。これが７月７日に天《あま》の川《がわ》をはさんでとても美しく見えることから、七夕《たなばた》伝説《でんせつ》が生まれた。

また７月７日には、中国では織姫《おりひめ》にちなんで裁縫《さいほう》が上《じょう》手《ず》になるように願《ねが》う乞巧奠《きこうてん》という行事があった。また日本では、若《わか》い女性《じょせい》が神様のために着物を織《お》って豊作《ほうさく》を祈《いの》る習慣《しゅうかん》があり、その女性《じょせい》を「棚機女《たなばたつめ》」といい、織《お》り機《き》を「棚機《たなばた》」といった。これらがあわさって、願《ねが》い事《ごと》を短冊《たんざく》に書く今のような七夕《たなばた》になったんだよ。

7月 8日

質屋《しちや》の日…七・八（しち・や）のごろ合わせ。質屋《しちや》というのは、自分の物を預《あず》けてお金を借《か》りるところ。預《あず》けた物を「質草《しちぐさ》」といい、お金を返せば物を返してもらえる。

★★★ 二束三文《にそくさんもん》

二束＋三文

使い方

とても安いとき

母は昨日《きのう》、着られなくなった洋服をまとめてリサイクルショップに持ちこみ、**二束三文《にそくさんもん》**で売りはらったそうだ。

意味

数が多くて、値段《ねだん》がとても安いこと。「二束《にそく》」は二つの束《たば》、「三文《さんもん》」はとても安くて粗末《そまつ》なこと。

由来

「二足三文《にそくさんもん》」と書くこともある。江戸《えど》時代にあった金剛草《こんごうぞう》履《り》という、わらやいぐさで編《あ》んだじょうぶで大きなぞうりの値段《ねだん》が、二足《にそく》で三文《さんもん》だったことからともいわれる。

7月 9日

ジェットコースターの日…一九五五年、後楽園《こうらくえん》遊園地（今の東京ドームシティアトラクションズ）に日本初《はつ》の本格的《ほんかくてき》なジェットコースターができた日。

★★ 急転直下《きゅうてんちょっか》

急転＋直下

使い方

急に変《か》わるとき

学校の水泳大会には、いちばん泳ぎのうまい山口《やまぐち》さんが出るとみんな思っていた。でも、山口《やまぐち》さんがけがをしてしまい、**急転直下《きゅうてんちょっか》**、私《わたし》が選手《せんしゅ》に選《えら》ばれてしまった。どうしよう。

よい方向に変《か》わるときも、悪い方向に変《か》わるときも使うよ。

意味

様子が急に変《か》わって、物事が解決《かいけつ》したり終わったりすること。また、解決《かいけつ》に向かうこと。「直下《ちょっか》」とは、まっすぐ落ちることで、結末《けつまつ》に向かうこと。

初《はじ》めて正確《せいかく》な日本地図が完成《かんせい》…一八二一年、伊能忠敬《いのうただたか》が作った日本地図『大日本沿海輿地全図《だいにほんえんかいよちぜんず》』が完成《かんせい》した日。伊能忠敬《いのうただたか》は五十五歳《さい》から十七年もかけて日本全国を歩いて測量《そくりょう》し、正しい日本の形を表した。

★★★

大器晩成《たいきばんせい》

大器＋晩成

伊能忠敬55歳
偉業《いぎょう》のはじまり
正しい日本地図をつくるぞ!

使い方

成功《せいこう》するのがおそいとき

今、勉強やスポーツで目立たなくても、気にすることはない。**大器晩成《たいきばんせい》**というように、きみは大人《おとな》になってから成功《せいこう》するんだよ。

「大器晩成型《たいきばんせいがた》」という使い方をすることもあるよ。

意味

大人物は、世の中に認《みと》められて成功《せいこう》するまでに時間がかかるということ。「大器《たいき》」とは大きな器量《きりょう》をひめた人、「晩成《ばんせい》」とは時間がかかってできあがること。

由来

老子《ろうし》という、昔の中国の哲学者《てつがくしゃ》の言葉で「大《たい》器《き》は晩成《ばんせい》す」（大きな器《うつわ》は完成《かんせい》するまでに時間がかかる）ということから。

反対語

・**栴檀双葉《せんだんのふたば》**／「栴檀《せんだん》は双葉《ふたば》より芳《かんば》し」ともいい、大成《たいせい》する者は幼《おさな》いころからすぐれているということ。「栴檀《せんだん》」という香木《こうぼく》が、芽《め》が出たときから香《かお》りを出すということから。

似た意味の言葉

大器晩成《たいきばんせい》と似《に》た意味の言葉があるよ。

・**遅咲《おそざ》き**／有名になるまでに時間がかかること。

・**ローマは一日にして成《な》らず**／長年の努力《どりょく》なしに、大事業はできないということ。

言葉ノート

一口メモ **老子とは**

中国の昔の哲学者《てつがくしゃ》で、道教《どうきょう》という宗教《しゅうきょう》の基礎《きそ》をつくった人。しかし、その正体はなぞにつつまれていて、紀元《きげん》前《ぜん》6世紀《せいき》の人物といわれているが、実在《じつざい》したかどうかもはっきりしない。ただ、老子《ろうし》が書いたといわれる『老子《ろうし》（老子道徳経《ろうしどうとくきょう》）』という書物があり、その中の言葉は今も人生の役に立つものだ。

道教《どうきょう》とは、仏教《ぶっきょう》、儒教《じゅきょう》とならぶ中国三大宗教《ちゅうごくさんだいしゅうきょう》の一つで、「道《どう》（タオ）」にしたがい、「無為自然《むいしぜん》」（何も手を加《くわ》えずにあるがままに生きる）を理想とするもの。山奥《やまおく》にすむ仙人《せんにん》は、不老不死《ふろうふし》（→212ページ）で道教《どうきょう》の道をきわめた人といわれている。

7月11日

★★

立身出世《りっしんしゅっせ》

立身＋出世

豊臣秀吉《とよとみひでよし》が関白《かんぱく》になる…織田信長《おだのぶなが》の死後、全国統一《ぜんこくとういつ》をすすめていた豊臣秀吉《とよとみひでよし》は、一五八五年、関白《かんぱく》になってさらに力を強めた。関白《かんぱく》とは、天皇《てんのう》を助けて政治《せいじ》を行う役目のこと。

使い方

えらくなるとき

大人《おとな》になったら**立身出世《りっしんしゅっせ》**して、国を動かすような人になりたい。

意味

社会的《しゃかいてき》に高い地位《ちい》について認《みと》められ、世間に知られること。「立身《りっしん》」も「出世《しゅっせ》」も世の中に認《みと》められること。

類義語

・**立身栄達《りっしんえいだつ》**／社会的に高い地位《ちい》や高い身分を得《え》ること。

7月12日

★★★

一所懸命《いっしょけんめい》

一所＋懸命

源頼朝《みなもとのよりとも》が征夷大将軍《せいいたいしょうぐん》になる…一一九二年、源頼朝《みなもとのよりとも》が征夷大将軍《せいいたいしょうぐん》に任命《にんめい》された日。鎌倉幕府《かまくらばくふ》の成立《せいりつ》をこの年とすることもある。征夷大《せいいたい》将軍《しょうぐん》とは武士《ぶし》の中でいちばんえらい人のこと。

使い方

がんばるとき

サッカークラブに入った。ぼくはまだ補欠《ほけつ》だけれど、試合《しあい》に出られるように、毎日、**一所懸命《いっしょけんめい》**練習している。

意味

全力をあげ、命がけで何かをすること。「懸命《けんめい》」とは力の限《かぎ》りつくすこと。

由来

武士《ぶし》が、主君からたまわった一か所の領地《りょうち》を命がけで守ったことから。

類義語

・**一生懸命《いっしょうけんめい》**⬇42ページを見てね！

7月
13日

オカルト記念日《きねんび》…一九七四年、『エクソシスト』というホラー映画《えいが》が日本で公開された日。この映画《えいが》によって、日本にオカルトブームが起こった。

★★★ 疑心暗鬼《ぎしんあんき》

疑心＋暗鬼

使い方

あやしむとき

弟が私《わたし》の本を勝手に持ち出したことがあった。それ以来《いらい》、何か物が見当たらないと弟がとったのではないかと**疑心暗鬼《ぎしんあんき》**になって、疑《うたが》うようなことを言ってしまう。

意味

疑《うたが》う気持ちがあると、何でもないことでもあやしんだり、こわがったりすること。

由来

昔の中国の話の中の「疑心《ぎしん》、暗鬼《あんき》を生《しょう》ず」（疑《うたが》う心がおこると、暗闇《くらやみ》の中にいるはずがない鬼《おに》が見えてくる）という言葉から。

7月
14日

パリ祭…一七八九年のフランス革命《かくめい》のきっかけとなったバスティーユ牢獄襲撃事件《ろうごくしゅうげきじけん》を記念《きねん》して、翌年《よくとし》、一七九〇年に行われたフランス共和国《きょうわこく》の建国記念日《けんこくきねんび》が起源《きげん》。フランス最大《さいだい》のお祭りの日。

★ 自主独立《じしゅどくりつ》

自主＋独立

使い方

自分の力で行うとき

わが家は、子どもでも自分のことは自分でやるという方針《ほうしん》なので、私《わたし》も妹も小さいころから**自主独立《じしゅどくりつ》**の精神《せいしん》が養《やしな》われた。

意味

人にたよらずに、自分の力で、物事を行うこと。「自主《じしゅ》」は自分の力で決めること、「独立《どくりつ》」は、ほかからの指図《さしず》を受けないこと。

類義語

・**独立自尊《どくりつじそん》**→70ページを見てね!
・**独立独歩《どくりつどっぽ》**→109ページを見てね!

7月15日

ファミコンの日…一九八三年、任天堂《にんてんどう》が家庭用ゲーム機《き》「ファミリーコンピュータ（ファミコン）」を発売した日。

★★

百戦錬磨《ひゃくせんれんま》

百戦＋錬磨

使い方

たくましいとき

試合《しあい》の相手は、全国大会に何度も出ている**百戦錬磨**《ひゃくせんれんま》の六年生だから、負けてもともとと思ってぶつかっていこう。

意味

度重《たびかさ》なる実戦《じっせん》できたえられること。または、いろいろな経《けい》験《けん》を積《つ》んでいて、さまざまなことに対処《たいしょ》できること。「百戦《ひゃくせん》」はたくさんの戦《たたか》い、「錬磨《れんま》」はきたえてみがくこと。

類義語

・**海千山千**《うみせんやません》➡117ページを見てね！

7月16日

虹《にじ》の日…七・一六（なな・いろ）のごろ合わせと、梅雨明《つゆあ》けで虹《にじ》が出る日が多いことから。虹《にじ》の架《か》け橋《はし》のように、人と人、人と自然《しぜん》などが結《むす》びつくようにという日。

★★

雲散霧消《うんさんむしょう》

雲散＋霧消

使い方

消え去ったとき

学校でけんかをして、とてもイライラしていたけれど、うちに帰っておいしいご飯《はん》を食べたら、いかりが**雲散霧消**《うんさんむしょう》した。

考えや気持ちなど、形のないものにも使うよ。

意味

物事があとかたもなく消えてしまうこと。雲が散《ち》って霧《きり》が消えるという意味。「雲消霧散《うんしょうむさん》」ともいう。

反対語

・**雲合霧集**《うんごうむしゅう》／雲や霧《きり》が集まりわくように、多くのものが集まってくること。

7月
17日

海の日…国民《こくみん》の祝日《しゅくじつ》で、以前《いぜん》は七月二十日だったが、現在《げんざい》は、七月の第三月曜日。祝日《しゅくじつ》になる前は、「海の記念日《きねんび》」といった。

★★ 海千山千《うみせんやません》

海千＋山千

使い方

したたかなとき

近所のおばさんは**海千山千**《うみせんやません》で、口げんかになると負けない。

あまりよい意味では使われないよ。

意味

いろいろな経験《けいけん》を積《つ》んで、世の中のさまざまなことをよく知っていること。少しずるがしこいような人に使う。

由来

海に千年、山に千年すんだヘビは、竜《りゅう》になるという言い伝《つた》えから、「海に千年山に千年」という言葉が生まれ、それが短くなったもの。

7月
18日

光化学スモッグの日…一九七〇年、日本で初《はじ》めて光化学スモッグが発生した日。東京で四十名以上《いじょう》の高校生が目の痛《いた》みや頭痛《ずつう》をうったえてたおれ、光化学スモッグと考えられた。

★ 大気汚染《たいきおせん》

大気＋汚染

使い方

空気がよごれるとき

大気汚染《たいきおせん》をなくすためには、国や会社だけでなく、私《わたし》たち一人一人が環境《かんきょう》について真剣《しんけん》に考え、できることを実行しなければいけない。

意味

工場の出す煙《けむり》や粉《ふん》じん、自動車の排気《はいき》ガスなどで、有害《ゆうがい》な物質《ぶっしつ》がふえて大気がよごれること。人や生物に悪い影響《えいきょう》をあたえる。

夏の気温が高くて天気のよい日に発生する光化学スモッグも、大気汚染《たいきおせん》の一種《いっしゅ》。

7月19日

女性大臣《じょせいだいじん》の日…一九六〇年、池田勇人内閣《いけだはやとないかく》で、中山《なかやま》マサが厚生大臣《こうせいだいじん》（今の厚生労働大臣《こうせいろうどうだいじん》）になり、日本で初《はじ》めての女性大臣《じょせいだいじん》が生まれた日。

★紅一点《こういってん》

紅＋一点

紅一点だけど
男より
強いらしいよ

使い方

男子の中に女子が一人のとき

ぼくたちの少年野球クラブに、女子が入部してきた。**紅一点《こういってん》**で、たちまち人気者になった。

意味

たくさんの男性《だんせい》の中にいるただ一人の女性《じょせい》のこと。または、多くの中で一つだけ目立っているもののこと。

由来

中国の詩の中にある「万緑叢中紅一点《ばんりょくそうちゅうこういってん》（一面の緑の草むらの中に一輪《りん》だけ紅《あか》い花がさいている）」から。

7月20日

月面着陸《げつめんちゃくりく》の日…一九六九年、アポロ十一号が月面の「静《しず》かの海《うみ》」に着陸《ちゃくりく》した日。人類《じんるい》が初《はじ》めて月に降《お》りたった。

★前人未到《ぜんじんみとう》

前人＋未到

この小さな一歩は
人類にとっては
大きな一歩だ

使い方

すごいことをやったとき

小学生の陸上大会《りくじょうたいかい》の百メートル走で、前田《まえだ》くんが、**前人未到《ぜんじんみとう》**の大記録《だいきろく》を出した。

意味

今までにだれもやったことがないということ。だれも足をふみ入れたりそこに到達《とうたつ》したりしていないこと。「未到《みとう》」はその場所にだれも到達《とうたつ》していないということ。「前人未踏《ぜんじんみとう》」と書くこともある。

類義語

・**史上空前《しじょうくうぜん》**／歴史上《れきしじょう》、今まで一度もないほどめずらしいこと。
・**人跡未踏《じんせきみとう》**／これまでに、人が足をふみ入れたことがないこと。

7月 21日

自然公園《しぜんこうえん》の日…一九五七年、「自然公園法《しぜんこうえんほう》」が制定《せいてい》された日。自然《しぜん》環境《かんきょう》の保護《ほご》と公園の正しい利用《りよう》をうながす。

★ 風光明媚《ふうこうめいび》

風光＋明媚

使い方

景色《けしき》がいいとき

家族旅行で訪《おとず》れた宮城県《みやぎけん》の松島《まつしま》は、とても**風光明媚《ふうこうめいび》**で絵画のように美しく、感動した。

建物《たてもの》やネオンなどの人工的《じんこうてき》な景色《けしき》には使わないよ。

意味

自然《しぜん》の景色《けしき》が美しい様子。すばらしいながめのこと。「風《ふう》光《こう》」は景色《けしき》のこと、「明媚《めいび》」は清《きよ》らかで美しいこと。

類義語

・**山紫水明《さんしすいめい》**↓132ページを見てね！

7月 22日

大暑《たいしょ》…七月二十二日～二十三日ごろで、一年でもっとも暑い時期といわれる。打ち水という、道路に水をまいてすずしくするイベントが各地《かくち》で行われる。

★★ 自暴自棄《じぼうじき》

自暴＋自棄

使い方

投げやりなとき

入院が長引き、**自暴自棄《じぼうじき》**になっていたけれど、友達《ともだち》や先生のはげましのおかげで、気持ちを持ち直すことができた。

意味

思うようにならなくて、自分はもうどうなってもいいとやけくそになること。「自暴《じぼう》」は自分を傷《きず》つけること、「自棄《じき》」は自分を見捨《みす》てること。

7月23日

米騒動《こめそうどう》の日…一九一八年、米の値段《ねだん》が急に高くなったため、富山県《とやまけん》魚津《うおづ》の主婦《しゅふ》たちが、米を県外へ送るのをやめさせた日。この騒動《そうどう》は全国に広がり、各地《かくち》で暴動《ぼうどう》が起こった。

★ 連《れん》鎖《さ》反《はん》応《のう》

連鎖＋反応

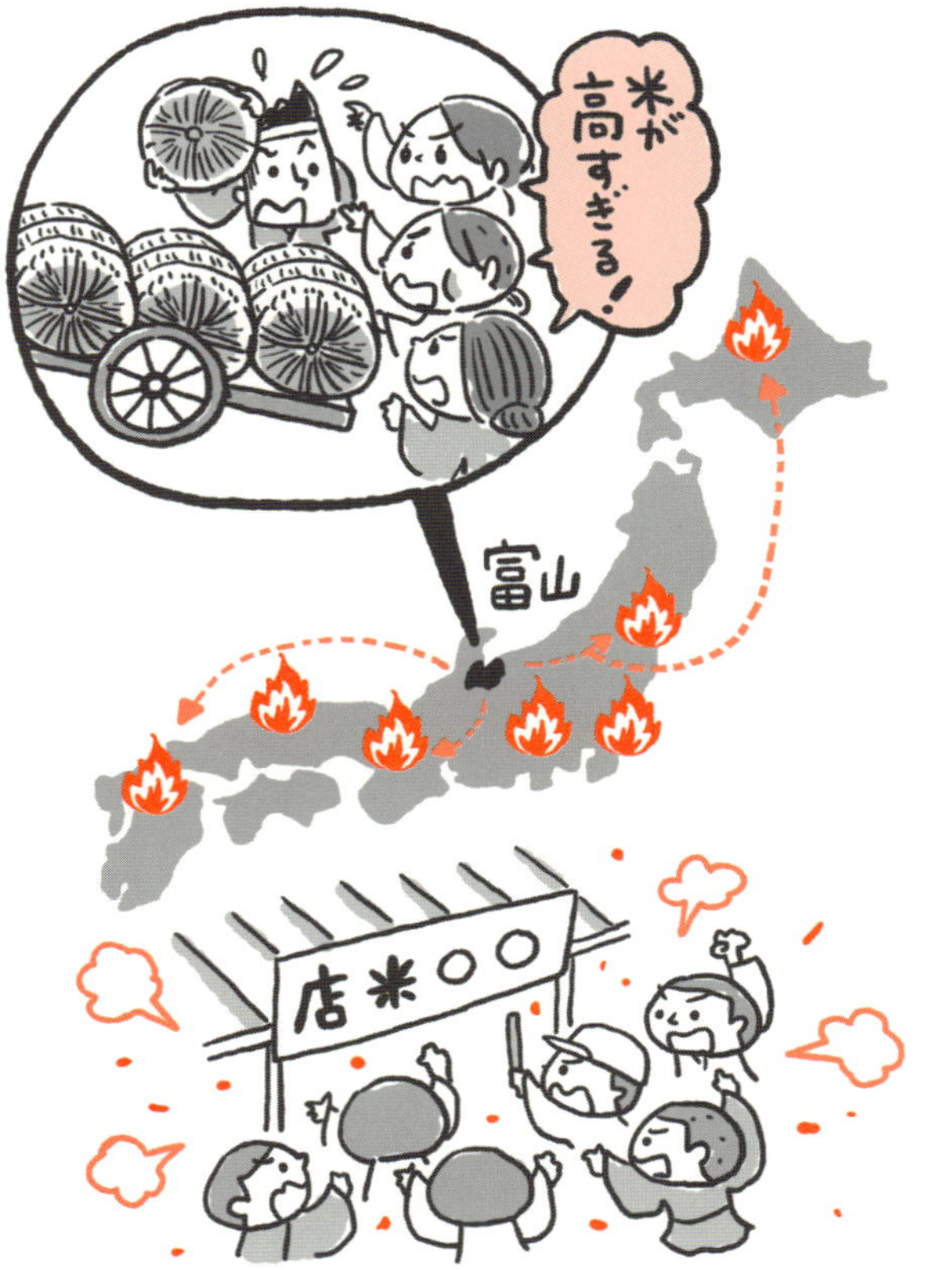

使い方

つながって起こるとき

授業中《じゅぎょうちゅう》、酒井《さかい》さんが急に何かを思い出して笑《わら》ったら、**連鎖反《れんさはん》応《のう》**で、みんなもわけもわからず笑《わら》い出《だ》した。

意味

一つの出来事がきっかけとなり、次々と同じようなことが起こること。または、ある反応《はんのう》によって別《べつ》の反応《はんのう》が起こり、さらに別《べつ》の反応《はんのう》が起こっていくという化学反応《かがくはんのう》のこと。「連鎖《れんさ》」とは、物事がつながっていること。

7月24日

東京オリンピック開会式…二〇二〇年のこの日に、東京オリンピックの開会式が行われる予定だったが、二〇二一年七月二十三日に延期《えんき》。パラリンピックの開会式は八月二十六日の予定。

★★★ 老《ろう》若《にゃく》男《なん》女《にょ》

老若＋男女

使い方

すべての人を表すとき

夏休みになると、そのテーマパークには、全国から**老若男女《ろうにゃくなんにょ》**がやってきて、ショーやアトラクションを楽しんでいる。

意味

老人《ろうじん》、若者《わかもの》、男性《だんせい》、女性《じょせい》、すべての人ということ。年齢《ねんれい》や性別《せいべつ》に関係《かんけい》なくあらゆる人のこと。「老若」を「ろうにゃく」、「男女」を「なんにょ」と読むのは、仏教用語《ぶっきょうようご》からきている。

7月
25日

★★
千載一遇《せんざいいちぐう》

千載＋一遇

土用《どよう》の丑《うし》の日…土用《どよう》というのは春夏秋冬にある暦《こよみ》の呼《よ》び名《な》だが、夏の土用《どよう》の丑《うし》の日をさすことが多い。七月の終わりか八月の始めに一度か二度、うなぎを食べて暑さを乗りきろうという風習がある。

使い方

絶好《ぜっこう》のチャンスのとき

学校の帰りに、図鑑《ずかん》で見た、めずらしいチョウのサナギを見つけた。**千載一遇《せんざいいちぐう》**のチャンスなので、毎日観察《かんさつ》していると、ある日、羽化して美しいチョウが出てくるところを見ることができた。

「千載一遇《せんざいいちぐう》のチャンス」という使い方をすることが多いよ。

意味

またとないような、絶好《ぜっこう》の機会《きかい》のこと。「載《ざい》」は「年」と同じ意味、「遇《ぐう》」は出会うという意味で、千年に一度あるかないかのような、偶然《ぐうぜん》に起こったよい機会《きかい》という意味。

由来

中国の古い書物にある「千載一遇《せんざいいちぐう》は賢智《けんち》の嘉《か》会《かい》なり（千年に一度でも賢人《けんじん》に会えるなら、幸せな出会いである）」という言葉から。ほかの書物からという説《せつ》もある。

類義語

・**好機到来《こうきとうらい》**⬇37ページを見てね!

言葉ノート

一口メモ
土用の丑の日のうなぎ

夏の土用《どよう》の丑《うし》の日にうなぎを食べる習慣《しゅうかん》は、いつから始まったんだろう？　よく知られているのは、江戸《えど》時代に平賀源内《ひらがげんない》が考えたというもの。平賀源内《ひらがげんない》はエレキテルという電気を発生させる装置《そうち》を作ったことで有名だが、画家や学者でもあるなど多才な人だった。

夏にうなぎが売れず、困《こま》ったうなぎ屋に相談された源内《げんない》は、昔からこの日に「う」で始まる物を食べると夏バテしないといわれていたことから、「土用《どよう》の丑《うし》の日、うなぎの日」と店にはり紙をした。するとうなぎ屋は大繁盛《だいはんじょう》した。それから他の店もまねるようになり、この日にうなぎを食べる習慣《しゅうかん》ができたといわれている。

7月 26日

幽霊《ゆうれい》の日…一八二五年、江戸《えど》で「東海道四谷怪談《とうかいどうよつやかいだん》」というお芝居《しばい》が初《はじ》めて上演《じょうえん》された日。四谷怪談《よつやかいだん》とは、夫《おっと》に毒殺《どくさつ》されたお岩《いわ》さんが、幽霊《ゆうれい》になって復讐《ふくしゅう》する話。

★★

支離滅裂《しりめつれつ》

支離＋滅裂

使い方

めちゃくちゃなとき

ぼくの書いた作文を読んだ先生に、「**支離滅裂《しりめつれつ》**なので何を書きたいか決めてから書こうね」と言われた。

文章や言動などに使われることが多いよ。

意味

物事に筋《すじ》が通っていなくて、ばらばらでまとまりがないこと。「支離《しり》」も「滅裂《めつれつ》」もばらばらなことをいう。

反対語

- **首尾一貫《しゅびいっかん》**➡194ページを見てね!
- **理路整然《りろせいぜん》**➡105ページを見てね!

7月 27日

政治《せいじ》を考える日…一九七六年、田中角栄《たなかかくえい》元首相がロッキード事件《じけん》という収賄事件《しゅうわいじけん》で逮捕《たいほ》された日にちなむ。

★★

朝令暮改《ちょうれいぼかい》

朝令＋暮改

使い方

ころころ変《か》わるとき

母は、朝、部屋の掃除《そうじ》をしてから宿題をしなさいと言ったのに、今は、宿題を先にしなさいと言う。**朝令暮改《ちょうれいぼかい》**だ。

一度出した命令《めいれい》や決まりがすぐに変《か》わってしまうこと。あてにならないこと。

意味

朝出した命令《めいれい》を夕暮《ゆうぐ》れ時《どき》には改《あらた》めるという意味。

由来

中国の書物の中で、「租税《そぜい》の取り立てをいいかげんにして、朝に出した命令《めいれい》を夕方に改《あらた》める」と、農民《のうみん》の苦しさを伝《つた》えている言葉から。

7月
28日

菜《な》っ葉《ぱ》の日…七・二八（な・ツー・ぱ）のごろ合わせ。葉物野菜《はものやさい》を食べて、夏バテを防《ふせ》ごうという日。

★★
一汁一菜《いちじゅういっさい》

一汁＋一菜

使い方

食事が質素《しっそ》なとき
祖母《そぼ》は「食べ過《た》ぎ《す》は体によくない」と言って、夕食を一汁一《いちじゅういっ》菜《さい》にしている。

意味

ごはんに、汁《しる》もの一つとおかず一つの食事のこと。質素《しっそ》な食事のことをいう。
「汁《じゅう》」はみそ汁《しる》やお吸《す》い物《もの》のこと、「菜《さい》」はおかずのこと。もともとは貧《まず》しい食事を表していたが、近年は、健康《けんこう》によいとされ、よい意味で使われることも多い。

関連語
- **一汁三菜《いちじゅうさんさい》**／おかずが三品の、一般的《いっぱんてき》な和食の献立《こんだて》。
- **一汁五菜《いちじゅうごさい》**／おかずが五品の和食の献立《こんだて》。

7月
29日

世界トラの日…二〇一〇年、世界トラ保護会議《ほごかいぎ》「トラサミット」で決められた。トラは密猟《みつりょう》などで絶滅《ぜつめつ》の危機《きき》にあるが、その問題を世界に知らせ、トラの保護《ほご》を考える日。

★★
虎《こ》視《し》眈《たん》眈《たん》

虎視＋眈眈

使い方

機会《きかい》をうかがうとき
ぼくは、林間学校のとき、ミキちゃんに話しかける機会《きかい》を虎《こ》視眈眈《したんたん》とねらっていたのだが、最終日《さいしゅうび》に、ついに二人だけで話をすることができた。うれしい。

意味

何かの機会《きかい》をねらってじっと様子をうかがっていること。トラが、するどい目つきで獲物《えもの》をねらっている様子のこと。「虎視《こし》」はトラが獲物《えもの》をねらう目、「眈眈《たんたん》」はするどい目でじっと見おろしている様子。

7月30日

花火大会…この時期、日本各地《かくち》で花火大会が行われる。有名な東京の隅田川《すみだがわ》の花火大会は、毎年七月最後《さいご》の土曜日に開かれる。一七三三年に両国《りょうごく》の川開きで花火が打ち上げられたのが始まりとされる。

★ 百花繚乱《ひゃっかりょうらん》

百花＋繚乱

使い方

すぐれた人が多いとき

今年《ことし》の六年生は、いろいろな大会で優秀《ゆうしゅう》な成績《せいせき》をあげた人がたくさんいて、**百花繚乱《ひゃっかりょうらん》**だ。

意味

すぐれた人材《じんざい》や業績《ぎょうせき》などがいっぺんにたくさん現《あらわ》れること。または、すぐれた人や美しい人がたくさん集まっていること。「百花《ひゃっか》」はいろいろな種類《しゅるい》のたくさんの花、「繚乱《りょうらん》」は花などがたくさん混《ま》じり合《あ》ってさくことをいう。

類義語

・**千紫万紅《せんしばんこう》**
↓125ページを見てね！

7月31日

蓄音機《ちくおんき》の日…一八七七年、エジソンが蓄音機《ちくおんき》の特許《とっきょ》をとった日。蓄《ちく》音機《おんき》というのは、今のCD《シーディー》プレーヤーのようなもの。

★★★ 同工異曲《どうこういきょく》

同工＋異曲

使い方

似《に》たようなとき

夏休みのイベントのゲームショーに行ったけれど、どのゲームも**同工異曲《どうこういきょく》**であまり目新しいものはなかった。

意味

方法《ほうほう》は同じでも、趣《おもむき》などがちがっていること。または、見た目はちがっていても、中身は似《に》たり寄《よ》ったりであること。「工《こう》」は手法《しゅほう》や技量《ぎりょう》という意味。もとは、詩や音楽などについて使われた言葉なので、「曲《きょく》」が使われている。

類義語

・**大同小異《だいどうしょうい》**
↓205ページを見てね！

四字熟語ものしり館

色の四字熟語

色がつく四字熟語《よじじゅくご》はいろいろあるよ。風景《ふうけい》を表すものが多いが、色のイメージが意味をつくっているね。この本の中にもたくさんあるので、さがしてみてね。

★★
青《せい》天《てん》霹《へき》靂《れき》

使い方 なかよしだったミキちゃんが転校するなんて、**青天霹靂《せいてんへきれき》**だ。

意味 「霹靂《へきれき》」とは、突然雷《とつぜんかみなり》が鳴ること。青空だったのに急に雷《かみなり》が鳴るという意味で、予想もしていない出来事のこと。急に起こる大事件《だいじけん》。「青天《せいてん》の霹靂《へきれき》」ともいう。

★
千《せん》紫《し》万《ばん》紅《こう》

意味 色とりどりにさいている花のこと。

類義語 ・**百花繚乱《ひゃっかりょうらん》**

⬇124ページを見てね！

★
金《きん》石《せき》之《の》交《まじわり》

意味 金属《きんぞく》や石のように、かたく結《むす》ばれた友情《ゆうじょう》のこと。

★★
暗《あん》黒《こく》時《じ》代《だい》

意味 戦乱《せんらん》が続《つづ》くなどして、世の中が乱《みだ》れ、悪事がはびこるような時代のこと。

反対語 ・**黄金時代《おうごんじだい》**

⬇31ページを見てね！

★
柳《りゅう》緑《りょく》花《か》紅《こう》

意味 自然《しぜん》の美しい風景《ふうけい》のこと。「柳《やなぎ》は緑《みどり》、花《はな》は紅《くれない》」ともいい、とくに春の景色《けしき》のことをさす。

★★
白《はく》紙《し》撤《てっ》回《かい》

使い方 近所にショッピングセンターができる計画が**白紙撤回《はくしてっかい》**されて、みんな残念《ざんねん》がっている。

意味 一度決まったことを、何もなかったことのように元にもどすこと。

★
暮《ぼ》色《しょく》蒼《そう》然《ぜん》

意味 夕暮《ゆうぐ》れで、だんだんあたりが暗くなっていく様子のこと。

水の日…水の大切さや水資源《みずしげん》の開発の重要性《じゅうようせい》について考える日。この日から一週間は「水の週間」。

★★
明鏡止水《めいきょうしすい》

明鏡➕止水

使い方

気持ちがおだやかなとき
夏休みにお寺の修行体験《しゅぎょうたいけん》で座禅《ざぜん》をしたら、**明鏡《めいきょう》止水《しすい》**の心境《しんきょう》になって、とてもすなおになれた。

意味

わだかまりや、やましいことがなく、とても澄《す》みきって静《しず》かで安らかな心のこと。「明鏡《めいきょう》」は一点のくもりもないきれいな鏡《かがみ》のこと、「止水《しすい》」は流れがなく、静《しず》かに止まっているきれいな水面のこと。

由来

昔の中国の書物の中にある二つの言葉を組み合わせたもの。「明鏡《めいきょう》」は「鏡《かがみ》明らかなれば即《すなわ》ち塵垢《じんこう》止まらざればなり（鏡《かがみ》がよくみがかれていればちりはつかない。立派《りっぱ》な人といっしょにいると、みがかれて過《あやま》ちをおかさなくなる）」から。「止水《しすい》」は「人は流水に鑑《かんが》みること莫《な》く、止水に鑑《かんが》みる（人は流れる水を鏡《かがみ》にすることはなく、止まっている水面を鏡《かがみ》にする。心がおだやかな者が人をひきつける）」から。

類義語

- **虚心坦懐《きょしんたんかい》**／心にひっかかるところがないこと。
- **心頭滅却《しんとうめっきゃく》**／心を動かさず、何も考えないこと。
- **無念無想《むねんむそう》**／何も考えないこと。

言葉ノート

一口メモ **水の四字熟語**

「明鏡止水《めいきょうしすい》」のように、水がつく四字熟語《よじじゅくご》はほかにもいろいろあるよ。

●**水清無魚《すいせいむぎょ》**…「水清《みずきよ》ければ魚無《うおな》し」とも読む。きれいすぎる水に魚はすまないことから、正しくてもきびしすぎるより、少しの失敗《しっぱい》は大目に見る思いやりが大切ということ。

●**遠水近火《えんすいきんか》**…遠くの水で近くの火事は消せないことから、遠くにあるものは急なことの役には立たないということ。

●**鏡花水月《きょうかすいげつ》**…鏡《かがみ》にうつる花や水にうつる月のように、目に見えるが、手に取ることができないもの。

8月2日

パンツの日…下着メーカーが「八・二（パン・ツー）」のごろ合わせにちなんで決めた。

★ 必要不可欠《ひつようふかけつ》

必要＋不可＋欠

使い方

ないと困《こま》るとき

サッカーチームでレギュラーになるためには、毎日の地道な練習が**必要不可欠《ひつようふかけつ》**だ。

必要《ひつよう》でないという意味ではないので注意しよう。

意味

絶対《ぜったい》になくてはならないこと。必《かなら》ずいるもので、欠《か》くことができないということ。「必要《ひつよう》」は必《かなら》ずいること、「不可欠《ふかけつ》」も必要《ひつよう》と同じ意味。

反対語・不必要《ふひつよう》

8月3日

ハサミの日…八・三（は・さ（み））のごろ合わせ。使えなくなったはさみを供養《くよう》する、美容師《びようし》さんが考えた日。

★★★ 一刀両断《いっとうりょうだん》

一刀＋両断

使い方

きっぱりと決めるとき

ぼくと弟がファミレスで料理《りょうり》が決められなくてぐずぐずしていると、母が「二人ともオムライス！」と**一刀両断《いっとうりょうだん》**にした。

意味

ためらわないで、すっきりと物事を決めて処理《しょり》すること。

由来

「一刀《いっとう》」は刀で一度切ること、「両断《りょうだん》」は二つに切ることで、刀の一振《ひとふ》りで物をまっ二つに切ることから。

類義語・快刀乱麻《かいとうらんま》➡151ページを見てね！

8月 4日

ゆかたの日…兵庫県豊岡市《ひょうごけんとよおかし》の城崎温泉観光協会《きのさきおんせんかんこうきょうかい》が制定《せいてい》した。「城崎《きのさき》温泉《おんせん》ふるさと祭り」の日でもある。ちなみに、七月七日の七夕《たなばた》も「ゆかたの日」で、これは「日本ゆかた連合会《れんごうかい》」が制定《せいてい》した。

★

一張羅《いっちょうら》

一張＋羅

みんな
ゆかたすがた
かわいいね!
一張羅 着て来て
よかった〜

使い方

よそ行きの服を着たとき

今日《きょう》は、友達《ともだち》の誕生会《たんじょうかい》によばれたので、**一張羅《いっちょうら》**のワンピースを着ておしゃれをした。

自分がいちばん上等だと思う服のことをいうよ。

意味

一つしかない、高級な衣服《いふく》のこと。または、一つしか持っていない服のこと。

「羅《ら》」は「うすぎぬ」という意味で絹織物《きぬおりもの》のこと。

由来

「一挺蠟《いっちょうろう》（一本しかないロウソクのこと）」がなまってできた言葉。昔はロウソクが高価《こうか》だったことから。

8月 5日

タクシーの日…一九一二年のこの日、日本で初《はじ》めてのタクシー会社、東京の「タクシー自動車株式会社《かぶしきがいしゃ》」ができた日。

★★

東奔西走《とうほんせいそう》

東奔＋西走

お客さん いないかな〜
TAXI
タクシー
だれか
乗って〜
TAXI
タクシー
・・・・・
TAXI
タクシー
TAXI
タクシー
ガソリン
なくなった…

使い方

走り回るとき

夏休みに、自治会《じちかい》の人たちが**東奔西走《とうほんせいそう》**して夏祭りとキャンプの準備《じゅんび》をしてくれたので、楽しく過《す》ごすことができた。

本当に走っているのでなく、いそがしくかけ回ることだよ。

意味

目的《もくてき》を果《は》たすために、あちこちといそがしく走り回ること。「奔《ほん》」は走るという意味で、東に西に走るということ。「奔《ほん》走《そう》」という言葉もある。

類義語

・南船北馬《なんせんほくば》

⬇159ページを見てね!

8月6日

広島平和記念日《ひろしまへいわきねんび》…一九四五年、第二次世界大戦中《だいにじせかいたいせんちゅう》、広島市に原爆《げんばく》が落とされた日。その年の十二月までに、十四万人もの人が犠牲《ぎせい》になった。

★恒久平和《こうきゅうへいわ》

恒久＋平和

使い方

ずっと平和なとき

戦争《せんそう》のない、**恒久平和《こうきゅうへいわ》**の世の中のために、自分たちにできることを考えていこう。

おもに世界の平和について使われることが多いよ。

意味

世の中が、ずっと変《か》わらず平和であること。「恒久《こうきゅう》」とは、永久《えいきゅう》に変《か》わらないという意味。

一口メモ

日本国憲法《にほんこくけんぽう》の前文に、「日本国民《こくみん》は、恒久《こうきゅう》の平和を念願《ねんがん》し～」という文章がある。

8月7日

立秋…夏至《げし》と秋分の中間の日。暦《こよみ》の上では、この日から立冬の前日までが秋。立秋の翌日《よくじつ》からは、暑中見舞《しょちゅうみま》いでなく残暑見舞《ざんしょみま》いになる。

★秋霜烈日《しゅうそうれつじつ》

秋霜＋烈日

使い方

きびしいとき

裁判官《さいばんかん》の父は、仕事では**秋霜烈日《しゅうそうれつじつ》**のきびしさで裁判《さいばん》にのぞんでいるけれど、家ではとてもおだやかでやさしい。

意味

刑罰《けいばつ》や権威《けんい》、意志《いし》などがきびしくて威厳《いげん》があること。「秋霜《しゅうそう》」は秋の冷《つめ》たい霜《しも》、「烈日《れつじつ》」は真夏の日差《ひざ》しで、どちらもとてもきびしいことから。

一口メモ

日本の検察官《けんさつかん》のバッジは、デザインが霜《しも》と日差《ひざ》しのように見えるため、「秋霜烈日《しゅうそうれつじつ》のバッジ」とよばれる。

8月
8日

そろばんの日…そろばんをはじく音「八・八（パチ・パチ）」のごろ合わせ。そろばんを広める日。

★

加減乗除《かげんじょうじょ》

加＋減＋乗＋除

使い方

計算をするとき
加減乗除《かげんじょうじょ》は、大人《おとな》になってからも生活の中でとても役に立つので、ちゃんとできるように算数の勉強をしっかりしよう。

意味

加法《かほう》（たし算）、減法《げんぽう》（ひき算）、乗法《じょうほう》（かけ算）、除法《じょほう》（わり算）のこと。

類義語

・**四則演算《しそくえんざん》**／たし算、ひき算、かけ算、わり算の四つを使って行う計算のこと。

一口メモ

たし算、ひき算、かけ算、わり算のそれぞれの答えを「和《わ》」「差《さ》」「積《せき》」「商《しょう》」といい、まとめて「和差積商《わさせきしょう》」という。

8月
9日

ながさき平和の日…一九四五年、広島に続《つづ》いて、アメリカ軍《ぐん》によって長崎市《ながさきし》に原爆《げんばく》が落とされた日。七万人もの死者が出た。その後も犠牲者《ぎせいしゃ》は増《ふ》えつづけ、現在《げんざい》まで十七万人もの方が亡《な》くなった。

★★

茫然自失《ぼうぜんじしつ》

茫然＋自失

使い方

ショックを受けたとき
お母さんが入院することになったとき、私《わたし》も父も**茫然自失《ぼうぜんじしつ》**の状態《じょうたい》になった。

意味

あっけにとられて我《われ》を忘《わす》れ、何も考えられず、ぽかんとしてしまうこと。
「茫然《ぼうぜん》」はぼんやりしてしまうこと、「自失《じしつ》」は我《われ》を忘《わす》れること。「呆然《ぼうぜん》」とも書く。

8月

10日

★★

獅子奮迅《ししふんじん》

獅子＋奮迅

世界ライオンの日…すむ場所がなくなったり人間に違法《いほう》に殺《ころ》されたりして絶滅《ぜつめつ》の危機《きき》にあるライオンの保護《ほご》を目的《もくてき》に決められた日。

使い方

とても活躍《かつやく》するとき

夏休みの水泳大会では、いろいろな種目《しゅもく》に出た山田《やまだ》くんの**獅子奮迅《ししふんじん》**の活躍《かつやく》で、私《わたし》たちのクラスが優勝《ゆうしょう》した。

「獅子奮迅《ししふんじん》の働《はたら》き」という言い方もするよ。

意味

はげしく、猛烈《もうれつ》な勢《いきお》いで行動すること。また は、勇敢《ゆうかん》に戦《たたか》うこと。

「獅子《しし》」とはライオンのことで、ライオンがあばれまわるようにはげしいという意味。

由来

もとは仏教《ぶっきょう》で使われる言葉で、「獅子奮迅三昧《ししふんじんざんまい》」という言葉から。

「三昧《さんまい》」というのは、心を一つのことに集中して雑念《ざつねん》を捨《す》てたおだやかな状態《じょうたい》のこと。仏様《ほとけさま》が三昧《さんまい》の状態《じょうたい》に入ると、人々を救《すく》うためにふるい立ち、仏教以外《ぶっきょういがい》を信《しん》じる人々を圧倒《あっとう》させるということから。仏様《ほとけさま》を百獣《ひゃくじゅう》の王の獅子《しし》にたとえている。

類義語

・**奮闘努力《ふんとうどりょく》**／気持ちをふるい立たせ、力をつくして戦《たたか》ったりはげんだりすること。

言葉ノート

一口メモ　動物を漢字で書くと？

ライオンを「獅子《しし》」と書くように、カタカナで書く動物の名前も漢字で表せるんだよ。

- **イルカ**→海豚（豚＝ブタ）
- **アザラシ**→海豹（豹＝ヒョウ）
- **クラゲ**→海月　・ヒトデ→海星
- **カバ**→河馬（河＝川）
- **リス**→栗鼠（栗＝クリ、鼠＝ネズミ）
- **モグラ**→土竜（竜＝リュウ）
- **ジャイアントパンダ**→大熊猫（熊＝クマ、猫＝ネコ）
- **レッサーパンダ**→小熊猫
- **コアラ**→子守熊

8月11日

山の日…二〇一六年に施行《しこう》された、国民《こくみん》の祝日《しゅくじつ》。山に親しむ日。

★★ 山紫水明《さんしすいめい》

山紫＋水明

使い方

景色《けしき》がきれいなとき

夏休みに田舎《いなか》の祖父《そふ》の家に遊びに行った。自然《しぜん》がいっぱいの**山紫水明《さんしすいめい》**の地で、気分が一新した。

意味

自然《しぜん》の風景《ふうけい》が美しいこと。日の光のもとで山が紫色《むらさきいろ》に見え、川の水が澄《す》みきって明るい様子。

由来

江戸《えど》時代の学者、頼山陽《らいさんよう》が、自分の書斎《しょさい》から見える京都の山と鴨川《かもがわ》が夕日を受けてとても美しく見える様子から、書斎《しょさい》を「山紫水明處《さんしすいめいしょ》」と名づけたことで、有名になった言葉。

8月12日

クレオパトラ死去…クレオパトラは古代エジプトの女王。絶世《ぜっせい》の美女だったといわれる。紀元前《きげんぜん》三〇年のこの日、自分を毒《どく》ヘビにかませて自殺《じさつ》したといわれている（→92ページも見てね！）。

★ 佳人薄命《かじんはくめい》

佳人＋薄命

使い方

美人について話すとき

とても美人だった近所のお姉さんは、**佳人薄命《かじんはくめい》**の言葉どおり、病気で早くに亡《な》くなってしまった。

意味

美人は、病弱であったり、美人であるために運命にほんろうされたりして、早死にしたり不幸《ふこう》になったりするということ。「佳人《かじん》」は美人のこと。「美人薄命《びじんはくめい》」ともいう。

由来

昔の中国の「薄明佳人《はくめいかじん》」という詩から。

8月 13日

国際左利《こくさいひだりき》きデー…左利《ひだりき》きの人の生活をしやすくするために、だれもが安全に使える道具の開発をメーカーによびかけた日で、イギリスで始まった。日本では二月十日が左利《ひだりき》きの日。

★ 器用貧乏《きようびんぼう》

器用＋貧乏

使い方

いろいろできるとき

川田《かわだ》くんは、いろいろなスポーツクラブに入っているけれど、**器用貧乏《きようびんぼう》**で、どのクラブでも選手《せんしゅ》として大会に出たことはないらしい。何か一つだけやればいいのになあ。

あまりよい意味では使わないよ。

意味

器用《きよう》で何でもうまくできるために、すべてが中途半端《ちゅうとはんぱ》になってしまって、何か一つのことで大成《たいせい》できないこと。また、何でもできるので他人から便利《べんり》に使われてしまうこと。

8月 14日

水泳の日…昭和《しょうわ》時代にあった「国民皆泳《こくみんかいえい》の日」を復活《ふっかつ》させて、水泳の普及《ふきゅう》や水難事故《すいなんじこ》を防《ふせ》ぐなどの目的《もくてき》で、二〇一二年に日本水泳連盟《すいえいれんめい》が決めた。

★★ 孤軍奮闘《こぐんふんとう》

孤軍＋奮闘

使い方

一人でがんばるとき

新聞係の原田《はらだ》くんが**孤軍奮闘《こぐんふんとう》**して作った学級新聞が、校内のコンクールで金賞《きんしょう》をとった。原田《はらだ》くん、すごいなあ。

意味

助けがこない状態《じょうたい》で、孤立《こりつ》してたたかうこと。また、だれの助けもかりずに、一人で努力《どりょく》すること。「孤軍《こぐん》」は孤立《こりつ》した少人数の軍隊《ぐんたい》、「奮闘《ふんとう》」はがんばってたたかうこと。

類義語

- **孤立無援《こりつむえん》**⬇57ページを見てね！
- **四面楚歌《しめんそか》**⬇30ページを見てね！

8月15日

終戦記念日《しゅうせんきねんび》…一九四五年、第二次世界大戦《だいにじせかいたいせん》が終わった日。天皇陛下《てんのうへいか》の玉音《ぎょくおん》放送によって、日本が降伏《こうふく》したことが国民《こくみん》に伝《つた》えられた。

★戦争放棄《せんそうほうき》

戦争＋放棄

わが国は戦争しません
戦争は終わった～
ばんざ～い
やった～

使い方

戦争《せんそう》をしないとき

日本のいちばん重要《じゅうよう》な決まりである日本国憲法《にほんこくけんぽう》は、第九条《じょう》で**戦争放棄《せんそうほうき》**を定めている。

意味

国どうしの紛争《ふんそう》を解決《かいけつ》するために戦争《せんそう》をすることを、法律《ほうりつ》で禁止《きんし》すること。「放棄《ほうき》」は、捨《す》てる、投げ出すという意味。

類義語

・**国際平和《こくさいへいわ》**⬇69ページを見てね！

・**武装解除《ぶそうかいじょ》**／武器《ぶき》を取り上げること。戦《たたか》いの装備《そうび》を取り去ること。

8月16日

お盆《ぼん》…先祖《せんぞ》の霊《れい》を供養《くよう》する行事。迎《むか》え火《び》をたいて先祖《せんぞ》の霊《れい》を家に迎《むか》え、送り火をたいて送り出す。八月十三日～十六日あたりをさすことが多いが、地域《ちいき》によってちがう。

★走馬灯《そうまとう》

走馬＋灯

使い方

頭の中をかけめぐるとき

田舎《いなか》のおばあちゃんの家に一か月いて帰るとき、みんなで遊んだ楽しかった思い出が、**走馬灯《そうまとう》**のように頭にうかんだ。

「走馬灯《そうまとう》のように」という使い方をするよ。

意味

火をともすと回転していろいろな影絵《かげえ》がうつる灯籠《とうろう》のことで、お盆《ぼん》にかざられるもの。「回《まわ》り灯籠《どうろう》」ともいう。そこから、人生のいろいろな場面が次々と頭に思いうかぶことのたとえに使われる。とくに、死を目前にしたときや、これで最後《さいご》だと思ったときなどにうかぶといわれる。

8月17日

パイナップルの日…八・一・七（パ・イ・ナ〈ップル〉）のごろ合わせ。ちなみに、八月一日は「パインの日」。

★★ 内柔外剛《ないじゅうがいごう》

内柔＋外剛

使い方

強がっているとき

内田《うちだ》くんは体が大きくて強そうに見えるけれど、じつは人に言われたことをとても気にする。**内柔外剛《ないじゅうがいごう》**の人だ。

意味

内面は弱いのに、見た目は強そうに見えること。または、本当は気が弱いのに強そうな態度《たいど》をとること。「内柔《ないじゅう》」は内面が柔《やわ》らかい（弱い）、「外剛《がいごう》」は外面がかたい（強い）という意味。

反対語

・**外柔内剛《がいじゅうないごう》**／表面上はおだやかそうだが、内面は強くてしっかりしていること。

8月18日

高校野球記念日《きねんび》…一九一五年、「全国中等学校優勝《ゆうしょう》野球大会」（今の全国高校野球選手権《せんしゅけん》大会）の第一回大会が開催《かいさい》された日。

★★★ 起死回生《きしかいせい》

起死＋回生

使い方

大逆転《だいぎゃくてん》のとき

テストの点数が悪くて、母に見せられないと思っていたら、最後《さいご》の算数のテストが**起死回生《きしかいせい》**の百点だったので、しかられずにすんだ。

意味

死にそうになったものを生き返らせること。そこから、もう絶対《ぜったい》にだめな危機的《ききてき》な状況《じょうきょう》を立て直して、一気にもり返すこと。

類義語

・**捲土重来《けんどちょうらい》**
⬇22ページを見てね!

8月19日

俳句《はいく》の日…八・一・九（は・い・く）のごろ合わせ。俳句《はいく》とは、五・七・五の文字数で、季語《きご》という季節《きせつ》の言葉を入れてよむもの。

★★★

花鳥風月《かちょうふうげつ》

花＋鳥＋風＋月

使い方

風流なとき

父は写真をとるのが趣味《しゅみ》で、季節《きせつ》ごとに**花鳥風月《かちょうふうげつ》**をもとめて旅に出かける。

景色《けしき》が美しいだけでなく、風流さを表すときに使われるよ。

意味

花・鳥・風・月などの自然《しぜん》の美しいもののこと。それらを鑑賞《かんしょう》したり、題材《だいざい》にして歌をよんだり絵や詩をかいたりするような風流なこともいう。

類義語

・**雪月風花《せつげつふうか》**➡179ページを見てね!

8月20日

交通信号設置記念日《こうつうしんごうせっちきねんび》…一九三一年、東京の銀座《ぎんざ》に初《はじ》めて、三色の信《しん》号機《ごうき》が置《お》かれた日。

★★

厚顔無恥《こうがんむち》

厚顔＋無恥

使い方

あつかましいとき

給食《きゅうしょく》のカレーを大盛《おおも》りにして、ほかの人のことを考えずに何度もおかわりする西岡《にしおか》くんは、**厚顔無恥《こうがんむち》**だと思う。

意味

ほかの人の迷惑《めいわく》などを考えないで、自分の都合《つごう》だけで行動するような、ずうずうしくて恥知《はじし》らずなこと。

「厚顔《こうがん》」は面《つら》の皮が厚《あつ》いということで、ずうずうしいこと。

「無恥《むち》」は恥《はじ》がないということで、恥知《はじし》らずの意味。

「厚顔無知《こうがんむち》」ではないので注意。

類義語

・**鉄面皮《てつめんぴ》**／鉄のような面《つら》の皮で、恥《はじ》を恥《はじ》とも感じないこと。

・**傍若無人《ぼうじゃくぶじん》**➡178ページを見てね!

8月 21日

献血記念日《けんけつきねんび》…一九六四年、輸血用《ゆけつよう》の血液《けつえき》を献血《けんけつ》（ただで血を提供《ていきょう》すること）でまかなうことが決まった日。

★ 相互扶助《そうごふじょ》

相互＋扶助

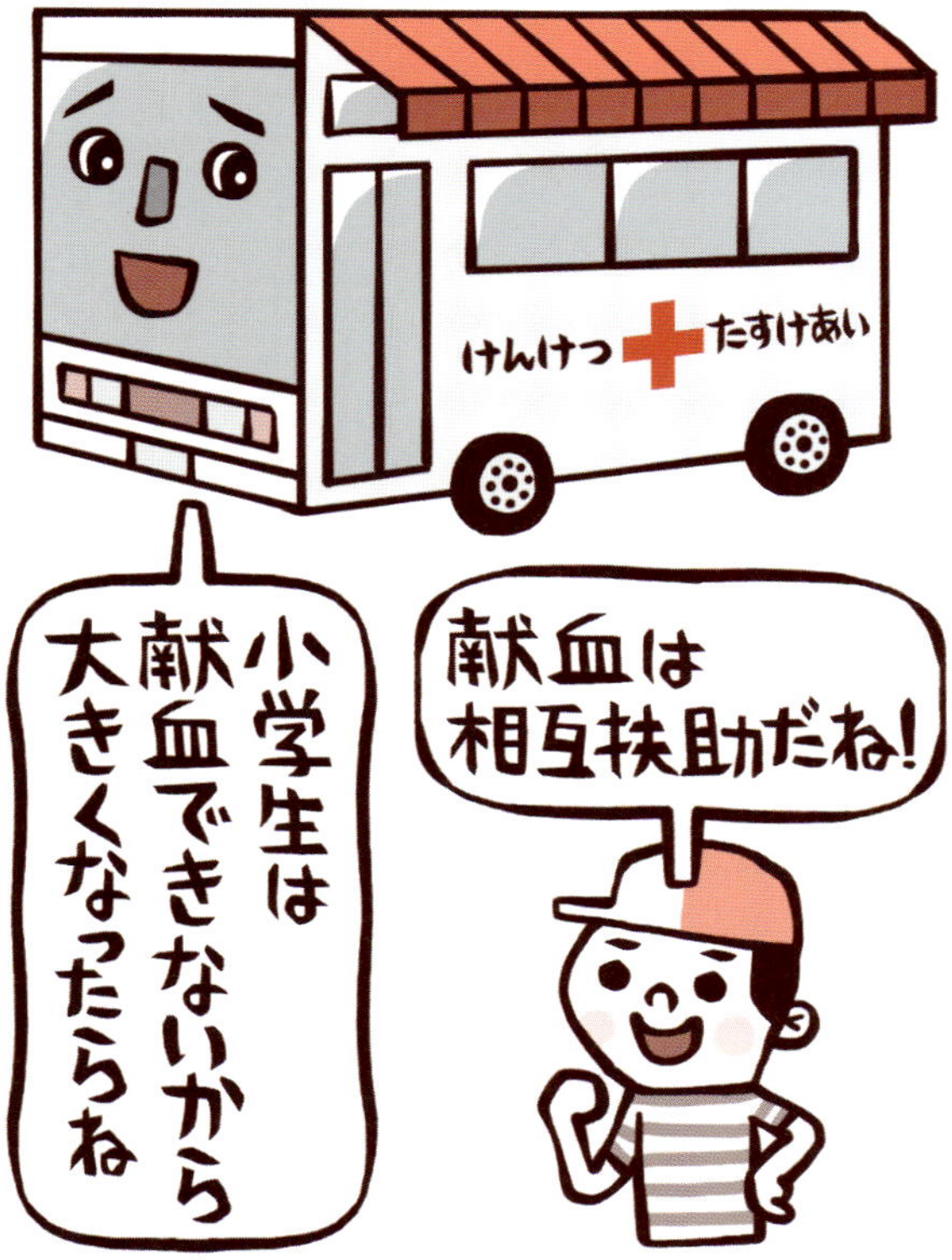

けんけつ たすけあい
献血は相互扶助だね！
小学生は献血できないから大きくなったらね

使い方

助け合うとき

大震災《だいしんさい》のとき、**相互扶助《そうごふじょ》**の精神《せいしん》で、全国からボランティアが集まった。

意味

社会や集団《しゅうだん》の中で、お互《たが》いに助け合うこと。「相互《そうご》」はお互《たが》いに、「扶助《ふじょ》」は力を貸《か》して助けるという意味。

由来

ロシアのクロポトキンという人が、ダーウィンの唱《とな》えた生物の生存競争《せいぞんきょうそう》による進化を批判《ひはん》して、生物の進化には相互《そうご》扶助《ふじょ》の助け合いこそ大切だといった『相互扶助論《そうごふじょろん》』から。

8月 22日

チンチン電車の日…一九〇三年、東京で初《はじ》めて路面電車（チンチン電車）が走った日。ちなみに、日本で初《はじ》めての路面電車は、一八九五年に京都で開業した。

★★ 旧態依然《きゅうたいいぜん》

旧態＋依然

チンチン
ガタン
ゴトン
ガタン
この旧態依然とした感じがいいね〜

使い方

昔と変《か》わらないこと

うちの学校のパソコン室には、**旧態依然《きゅうたいいぜん》**としたパソコンがいくつかあって、使われなくなっている。

意味

物事が昔のままで、進歩や変化《へんか》がない様子のこと。物だけでなく、ものの考え方などにも使われる。「旧態《きゅうたい》」は昔のまま、「依然《いぜん》」はもとのままという意味。

反対語

・**日進月歩《にっしんげっぽ》**↓87ページを見てね！

・**面目一新《めんもくいっしん》**／外見などが新しくなって、これまでとちがう高い評価《ひょうか》を得《え》ること。

★★★

油《ゆ》断《だん》大《たい》敵《てき》

油断＋大敵

油の日…八五九年、九州にあった離宮八幡宮《りきゅうはちまんぐう》が、京都に遷《うつ》された日。この神社で、日本で初《はじ》めて荏胡麻《えごま》という植物から油が作られ、長い間、油の製造《せいぞう》と販売《はんばい》の中心となった。

使い方

気を引きしめるとき

通学路は毎日通っているから安全だと思っていたら、車にひかれそうになった。**油断大敵《ゆだんたいてき》**だよ。

意味

少しの気のゆるみが、大きな失敗《しっぱい》につながることがあるので、気をつけようということ。「油断《ゆだん》」は気をゆるめて、きちんと注意をはらわないこと。「大敵《たいてき》」は大きな敵《てき》という意味。

由来

「油断大敵《ゆだんたいてき》」の「油断《ゆだん》」の由来には、いろいろな説《せつ》がある。ここでは、二つの説《せつ》を紹介《しょうかい》するよ。

・昔のインドの王様が、家来《けらい》に油がいっぱい入った鉢《はち》を持って繁華街《はんかがい》を歩かせ、一滴《いってき》でもこぼしたら命を断《た》つと言ったという話から。

・延暦寺《えんりゃくじ》（滋賀県《しがけん》・京都府《きょうとふ》）に千二百年以上《いじょう》ともりつづけている「不滅《ふめつ》の法灯《ほうとう》」があるが、油を注ぐことを忘《わす》れたら（断《た》ったら）この火が消えてしまうことから。

類義語

・**油断強敵《ゆだんきょうてき》**／「強敵《きょうてき》」は「大敵《たいてき》」と同じ意味。

・**油断禁物《ゆだんきんもつ》**／「禁物《きんもつ》」は、してはいけないこと。

言葉ノート

一口メモ **気を引きしめる四字熟語**

「油断大敵《ゆだんたいてき》」のように、気を引きしめるときに使う四《よ》字熟語《じじゅくご》はほかにもあるよ。

●**緊褌一番《きんこんいちばん》**…大勝負の前の心がまえ。気を引きしめて物事に取り組むこと。「緊褌《きんこん》」はふんどしを固《かた》くしめるという意味。

●**脚下照顧《きゃっかしょうこ》**…自分の足元をよく見なさいということ。ほかのことに文句《もんく》を言う前に、まず自分のことを見て反省《はんせい》しなさいという意味。または、身近なことに気をつけること。

●**胆大心小《たんだいしんしょう》**…大胆《だいたん》だけど、注意深いこと。「胆大《たんだい》」は度胸《どきょう》という意味。

8月24日

大噴火《だいふんか》の日…七九年、イタリアのベスビオ火山が大噴火《だいふんか》を起こし、古代ローマのポンペイとその周辺《しゅうへん》の町が火山灰《かざんばい》で埋《う》まった日。一七四八年に噴火《ふんか》したときのままの遺跡《いせき》が発見され、発掘《はっくつ》が進められた。

★★ 竜頭蛇尾《りゅうとうだび》

竜頭＋蛇尾

使い方

最初《さいしょ》はすごいが、最後《さいご》はだめになるとき

運動会のリレーは、第一走者ではトップだったが、最終的《さいしゅうてき》にはビリという、**竜頭蛇尾《りゅうとうだび》**な結果《けっか》となった。

意味

始めはとても勢《いきお》いがあるが、最後《さいご》は勢《いきお》いがなくなること。頭でっかち尻《しり》すぼみということ。「竜頭《りゅうとう》」は竜《りゅう》の頭、「蛇尾《だび》」は蛇《へび》のしっぽ。頭は竜《りゅう》のように勇《いさ》ましいが、しっぽは蛇《へび》のように細いという意味。

類義語

・**虎頭蛇尾《ことうだび》**／「虎頭《ことう》」は虎《とら》の頭のように立派《りっぱ》なこと。
・**大山鳴動《たいざんめいどう》**／大騒《おおさわ》ぎをしたが、結果《けっか》が意外に小さいこと。

8月25日

即席《そくせき》ラーメンの日…一九五八年、世界初《せかいはつ》のインスタントラーメンの「チキンラーメン」が発売された日。

★ 天下一品《てんかいっぴん》

天下＋一品

使い方

とてもすばらしいとき

やよいちゃんの絵の腕前《うでまえ》は、小学生としては**天下一品《てんかいっぴん》**だよ。

食べ物や人の技《わざ》などをほめるときに使われるよ。

意味

この世で、ほかに比《くら》べるものがないほど、すぐれている人や物のこと。「天下《てんか》」は全世界、「一品《いっぴん》」はいちばんすぐれている物。

類義語

・**国士無双《こくしむそう》**／国の中にかなう人がいないほどすばらしい人のこと。
・**天下無敵《てんかむてき》**／「無敵《むてき》」は相手になる者がいないこと。

8月
26日

レインボーブリッジの日…一九九三年、東京に東日本最大《さいだい》のつり橋、レインボーブリッジが開通した日。

★ 八百八橋《はっぴゃくやばし》

八百八＋橋

使い方

たくさんあるとき

昔から、大阪《おおさか》は「浪華《なにわ》の**八百八橋**《はっぴゃくやばし》」とよばれる水の都《みやこ》で、船でたくさんの荷物が運ばれ、「天下の台所」とよばれた。

意味

大阪《おおさか》が、河川《かせん》や運河《うんが》に囲《かこ》まれた地形で、橋がたくさんあることをいう。「八百八《はっぴゃくや》」は正確《せいかく》な橋の数ではなく、数が多いことをさす。

関連語

・**八百八町**《はっぴゃくやちょう》↓55ページを見てね！
・**八百八寺**《はっぴゃくやでら》／京都に寺社がたくさんあること。

8月
27日

交番の日…毎月二十七日は神奈川県警《かながわけんけい》の交番の日。ちなみに、警視庁《けいしちょう》（東京都）の交番の日は、八月二十五日。

★★★ 公明正大《こうめいせいだい》

公明＋正大

使い方

公平なとき

担任《たんにん》の先生は**公明正大**《こうめいせいだい》な人で、どの児童《じどう》にも同じようにきびしく接《せっ》しているので、みんなから好《す》かれている。

意味

公平で自分の利益《りえき》を考えずに正しく物事を行うこと。「公明《こうめい》」は公平でかくし事がないこと、「正大《せいだい》」は正しく堂々《どうどう》としていること。「公明盛大《こうめいせいだい》」ではないので注意。

類義語

・**公平無私**《こうへいむし》↓170ページを見てね！

8月28日

バイオリンの日…一八八〇年、日本で初《はじ》めて、国産《こくさん》のバイオリンが完成《かんせい》した日。

★★ 一念発起《いちねんほっき》

一念＋発起

使い方

心に決めて何かをするとき

ぼくは自転車に乗れなかったけれど、夏休みに**一念発起《いちねんほっき》**して、毎日練習をし、乗れるようになった。

意味

今までの気持ちを改《あらた》めて、あることを成《な》しとげようと強く決心すること。

由来

仏教《ぶっきょう》に身をささげて悟《さと》りを開こうと決心するという、「一《いち》念発起菩提心《ねんほっきぼだいしん》」という仏教《ぶっきょう》の言葉から。

類義語
・**緊褌一番《きんこんいちばん》**↓138ページを見てね！

8月29日

焼《や》き肉《にく》の日…八・二・九（や（き）・に・く）のごろ合わせ。

★★ 牛飲馬食《ぎゅういんばしょく》

牛飲＋馬食

使い方

おなかいっぱい食べたとき

食べ放題のレストランに連《つ》れていってもらい、**牛飲馬食《ぎゅういんばしょく》**して苦しくなってしまった。

意味

とてもたくさん飲んだり食べたりすること。牛が水を飲むようにお酒などをたくさん飲み、馬がえさを食べるように物をたくさん食べるという意味。

類義語
・**鯨飲馬食《げいいんばしょく》**↓76ページを見てね！

8月30日

冒険家《ぼうけんか》の日…一九六五年に同志社大学《どうししゃだいがく》の探検隊《たんけんたい》が世界で初《はじ》めてアマゾン川をボートで下るなど、日本の冒険家《ぼうけんか》が偉業《いぎょう》を達成《たっせい》した日。

★ 破天荒《はてんこう》

破＋天荒

いってきまーす!
ヨットで世界一周!!!!!
破天荒な挑戦《ちょうせん》だ!

使い方

今までになかったとき

石井《いしい》くんの**破天荒《はてんこう》**な自由研究には、先生方もおどろいた。

本来は豪快《ごうかい》なことをさすのではないが、今では豪快《ごうかい》・大胆《だいたん》というまちがった意味で使う人が多い。

意味

今までほかの人ができなかったことを行うこと。

由来

中国のある地域《ちいき》では、科挙《かきょ》という役人の試験《しけん》に合格者《ごうかくしゃ》が出なかった。これを「天荒《てんこう》」とよんだが、ようやく合格者《ごうかくしゃ》が出て、「天荒《てんこう》を破《やぶ》った」といわれたことから。

8月31日

夏休み最《さい》後《ご》の日…翌日《よくじつ》から二学期のところが多い。でも、夏休み最後の日は地域《ちいき》によってちがい、とくに寒い地域《ちいき》では夏休みは短い。

★★★ 四苦八苦《しくはっく》

四苦＋八苦

あしたから学校よ!
もう寝《ね》なさい!
ヒ〜〜
まだ宿題が
終わらないよ〜

使い方

とても苦しむとき

ぼくは計算が苦手なので、いつも算数の宿題には**四苦八苦《しくはっく》**している。

意味

とても苦労《くろう》すること。大変《たいへん》な苦しみのこと。

由来

仏教《ぶっきょう》の言葉で、あらゆる苦しみのこと。「四苦《しく》」とは、生・老《ろう》・病・死の四つの苦しみで、「八苦《はっく》」とはさらに人としての四つの苦しみを加《くわ》えたもののこと。

類義語

- **悪戦苦闘《あくせんくとう》**↓100ページを見てね!
- **七難八苦《しちなんはっく》**／「七難《しちなん》」は仏教《ぶっきょう》の言葉で、七つの苦難《くなん》のこと（↓16ページ）。

四字熟語ものしり館

季節の四字熟語

季節《きせつ》を表す四字熟語《よじじゅくご》を集めてみたよ。この本の中にもいろいろあるよ。さがしてみよう。

春

★
桜《おう》花《か》爛《らん》漫《まん》

意味

桜《さくら》の花が満開《まんかい》でさきみだれている様子。

★★
春《しゅん》宵《しょう》一《いっ》刻《こく》

意味

「春宵一刻値千金《しゅんしょういっこくあたいせんきん》」の略《りゃく》。花が満開《まんかい》で気候《きこう》がよい春の夜は、大金に値《あたい》する価値《かち》があるということ。

夏

★
灼《しゃく》熱《ねつ》地《じ》獄《ごく》

意味

まるで地獄《じごく》のように暑いこと。やけるように暑いことを表す「灼熱《しゃくねつ》」と「地獄《じごく》」を組み合わせた新しい言葉。

★
夏《か》雲《うん》奇《き》峰《ほう》

意味

夏の入道雲がめずらしい形になってつくる峰《みね》のこと。峰《みね》というのは山の頂上《ちょうじょう》という意味。

秋

★
秋《しゅう》風《ふう》落《らく》莫《ばく》

意味

夏が過《す》ぎて秋風がふき、ものさびしい風景《ふうけい》になることから、勢《いきお》いがあったものがおとろえ、さびしくなる様子。

★★
中《ちゅう》秋《しゅう》名《めい》月《げつ》

意味

お月見の日の満月《まんげつ》のこと。「十五夜」ともいう。お月見は、旧暦《きゅうれき》八月十五日（今の九月半ば～十月初《はじ》め）に行われる。

冬

★
雪《せっ》中《ちゅう》松《しょう》柏《はく》

意味

松《まつ》や柏《かしわ》の木は、雪の中でも緑色のままの葉をつけていることから、志《こころざし》や主義《しゅぎ》を曲げないこと。時代が変《か》わっても自分の信《しん》じることを守り通すこと。

★
枯《こ》木《ぼく》寒《かん》巌《がん》

意味

枯《か》れた木と冷《つめ》たい岩という意味で、冷《つめ》たくて情《じょう》がない態度《たいど》のこと。

9月1日

★★ 用意周到《よういしゅうとう》

用意＋周到

防災《ぼうさい》の日…一九二三年に関東大震災《かんとうだいしんさい》が起こった日。また、暦《こよみ》の上では台風がよく来る時期であることから。

使い方

きちんと準備《じゅんび》ができているとき

洋介《ようすけ》くんは**用意周到《よういしゅうとう》**なたちで、どんな小雨《こさめ》でも必《かなら》ずかさを持ってきている。

意味

準備《じゅんび》や段取《だんど》りがきちんと整っていて、手ぬかりがないこと。「周到《しゅうとう》」とは、行《い》き届《とど》いていることをいう。

類義語

・**用意万端《よういばんたん》**／「万端《ばんたん》」とはすべてという意味。

9月

9月2日

★★ 一攫千金《いっかくせんきん》

一攫＋千金

宝《たから》くじの日…「九・二（く・じ）」のごろ合わせから。この日、はずれた宝《たから》くじのお楽しみ抽選《ちゅうせん》が行われる。

使い方

大もうけしたいとき

私《わたし》の父は、**一攫千金《いっかくせんきん》**を夢見《ゆめみ》て、毎年宝《たから》くじを買っている。

地道にお金をためるのでなく、いっぺんにもうけるときに使うよ。

意味

かんたんに、一度にたくさんの利益《りえき》を得《え》ること。「一攫《いっかく》」はひとつかみということ。「千金《せんきん》」は昔のお金で千両で、とてもたくさんのお金という意味。「一獲千金《いっかくせんきん》」とも書く。

9月 3日

ホームラン記念日《きねんび》…一九七七年、巨人軍《きょじんぐん》の王貞治選手《おうさだはるせんしゅ》が通算七五六号のホームランを打ち、世界最高記録《せかいさいこうきろく》をつくった日。

★一発逆転《いっぱつぎゃくてん》

一発＋逆転

使い方

一気にもり返すとき

九回の裏《うら》、ツーアウト満塁《まんるい》、もう後がないので、ホームランで**一発逆転《いっぱつぎゃくてん》**をねらいたい。

少しずつ積《つ》み重《かさ》ねて逆転《ぎゃくてん》した場合には使わないよ。

意味

一度の行動で、かなり不利《ふり》だった立場を一気にひっくり返すこと。どんでん返しのこと。

類義語

・**起死回生《きしかいせい》**

↓135ページを見てね！

9月 4日

クラシック音楽の日…九・四〔く（ら）・シック〕のごろ合わせ。クラシックコンサートなどが行われる。

★白河夜船《しらかわよふね》

白河＋夜船

使い方

よく眠《ねむ》るとき

授業中《じゅぎょうちゅう》、**白河夜船《しらかわよふね》**だった三井《みつい》くんは、授業《じゅぎょう》が終わったのにも気づかず、休み時間も寝《ね》つづけている。

意味

とてもぐっすり眠《ねむ》っていて、何も気づかないこと。または、知ったかぶりをすること。

由来

京都見物をしたとうそを言った人が、白河《しらかわ》のことを聞かれて、川の名前だと思い、夜に船で通ったからわからないと言ったために、うそがばれたという話から。「白河《しらかわ》」は京都の地名だ。

国民栄誉賞《こくみんえいよしょう》の日…一九七七年、ホームランの世界記録《せかいきろく》をつくった王貞治《おうさだはる》さんが、日本初《はつ》の国民栄誉賞《こくみんえいよしょう》を受賞《じゅしょう》した日。

★★

鶏口牛後《けいこうぎゅうご》

鶏口＋牛後

牛のおしりより
ニワトリのくちばし…
どっちも
いやだなあ

使い方

小さな集団《しゅうだん》でがんばるとき

父は大企業《だいきぎょう》につとめていたけれど、辞《や》めて自分で小さな会社をつくった。「**鶏口牛後《けいこうぎゅうご》**だよ」と言っている。

意味

大きな集団《しゅうだん》の中で下の立場でいるより、小さな集団《しゅうだん》の中でトップになるほうがよいということ。

「鶏口《けいこう》」はにわとりのくちばしという意味で弱小なものの長《ちょう》ということ、「牛後《ぎゅうご》」は牛のおしりという意味で大きなものにしたがう者《もの》ということ。

由来

昔、中国の秦《しん》という国が勢力《せいりょく》をもってきたとき、他の小さな六つの国が、秦《しん》にしたがうか、みんなで協力《きょうりょく》して秦《しん》に対抗《たいこう》するか、考えた。そのとき、小国のうちの韓《かん》の国の王様に、蘇秦《そしん》という思想家が「鶏口《けいこう》となるも牛後《ぎゅうご》となるなかれ」と、小国の王として秦《しん》に対抗《たいこう》することをすすめた、という話から。

似た意味の言葉

鶏口牛後《けいこうぎゅうご》と似《に》た意味のことわざがあるよ。

・**鯛《たい》の尾《お》より鰯《いわし》の頭《あたま》**

「鯛《たい》の尾《お》」が「牛後《ぎゅうご》」、「鰯《いわし》の頭」が「鶏口《けいこう》」にあたる。

言葉ノート

一口メモ **国民栄誉賞受賞者**

1977年…王貞治《おうさだはる》（野球選手《やきゅうせんしゅ》）、1978年…古賀政男《こがまさお》（作曲家）、1984年…長谷川一夫《はせがわかずお》（俳優《はいゆう》）・植村直己《うえむらなおみ》（登山家）・山下泰裕《やましたやすひろ》（柔道家《じゅうどうか》）、1987年…衣笠祥雄《きぬがささちお》（野球選《やきゅうせん》手《しゅ》）、1989年…美空《みそら》ひばり（歌手）・千代《ちよ》の富士《ふじ》（横綱《よこづな》）、1992年…藤山一郎《ふじやまいちろう》（歌手）・長谷川町子《はせがわまちこ》（漫画家《まんがか》）、1993年…服部良一《はっとりりょういち》（作曲家）、1996年…渥美清《あつみきよし》（俳《はい》優《ゆう》）、1998年…吉田正《よしだただし》（作曲家）・黒澤明《くろさわあきら》（映画監督《えいがかんとく》）、2000年…高橋尚子《たかはしなおこ》（マラソン選手《せんしゅ》）、2009年…遠藤《えんどう》実《みのる》（作曲家）・森光子《もりみつこ》（女優《じょゆう》）・森繁久彌《もりしげひさや》（俳優《はいゆう》）、2011年…ワールドカップ日本女子代表サッカーチーム、2012年…吉田沙保里《よしださおり》（レスリング選手《せんしゅ》）、2013年…大鵬《たいほう》（横綱《よこづな》）・長嶋茂雄《ながしましげお》（野球選手《やきゅうせんしゅ》）・松井秀喜《まついひでき》（野球《やきゅう》選手《せんしゅ》）、2016年…伊調馨《いちょうかおり》（レスリング選手《せんしゅ》）

（2017年1月現在）

9月6日

黒の日…九・六（く・ろ）のごろ合わせ。「黒染《くろぞ》めの日」で、黒い着物の伝統的《でんとうてき》な染《そ》め付けをPR《ピーアール》する日。最近《さいきん》では、黒豆、黒酢《くろず》などの黒い食べ物を食べる日にもなっている。

★冠婚葬祭《かんこんそうさい》

冠＋婚＋葬＋祭

使い方

大事な儀式《ぎしき》のとき

いとこの結婚式《けっこんしき》に出ることになり、母が、**冠婚葬祭用《かんこんそうさいよう》**の洋服を買ってくれた。

意味

人が生まれてから死ぬまでの行事をさす言葉。「冠《かん》」は成人式《せいじんしき》、「婚《こん》」は結婚式《けっこんしき》、「葬《そう》」は葬式《そうしき》、「祭《さい》」はお盆《ぼん》など先祖《せんぞ》の霊《れい》をまつる行事をさす。おもに結婚式《けっこんしき》と葬式《そうしき》をさして使われることが多い。

9月7日

CM《シーエム》ソングの日…一九五一年、日本で初《はじ》めてのCM《シーエム》ソングが、ラジオで流された日。フィルム会社の宣伝《せんでん》だった。

★★巧言令色《こうげんれいしょく》

巧言＋令色

使い方

口先だけのとき

巧言令色《こうげんれいしょく》を並《なら》べ立《た》てても、あの先生には通用しない。

あまりよい意味では使われないよ。

意味

口がうまくて、愛想《あいそ》のいい顔つきのこと。人にこびへつらうこと。

由来

孔子《こうし》の書いた『論語《ろんご》』の中の、「巧言令色鮮《こうげんれいしょくすくな》し仁《じん》」という言葉から。巧言令色《こうげんれいしょく》の人は仁《じん》の心（誠実《せいじつ》さや思いやり）が少ないという意味。

類義語

・**美辞麗句《びじれいく》**⬇50ページを見てね！

9月 8日

サンフランシスコ平和条約締結《へいわじょうやくていけつ》…一九五一年、第二次世界大戦時《だいにじせかいたいせんじ》の連合国《れんごうこく》と日本の間で平和条約《へいわじょうやく》が結《むす》ばれた日。これをもって、戦争《せんそう》が完全《かんぜん》に終結《しゅうけつ》したといわれる。

★ 主権回復《しゅけんかいふく》

主権＋回復

使い方

権利《けんり》を取りもどすとき

サンフランシスコ平和条約《へいわじょうやく》によって、戦後《せんご》アメリカに占領《せんりょう》されていた日本の**主権回復《しゅけんかいふく》**がなされた。

意味

国の権利《けんり》を取りもどすこと。「主権《しゅけん》」とは他の国の支配《しはい》を受けないで独立《どくりつ》していること。

一口メモ

サンフランシスコ平和条約《へいわじょうやく》が発効《はっこう》した四月二十八日を、「主権回復《しゅけんかいふく》の日」という（⬇70ページも見てね！）。

9月 9日

救急《きゅうきゅう》の日…九・九（きゅう・きゅう）のごろ合わせ。救急医療《きゅうきゅういりょう》についての理解《りかい》を深める日。

★★ 九死一生《きゅうしいっしょう》

九死＋一生

使い方

命びろいしたとき

車にひかれて、救急車《きゅうきゅうしゃ》で病院に運ばれた。**九死一生《きゅうしいっしょう》**の思いをした。

とても危険《きけん》な目にあったときに使うよ。

意味

とてもあぶないところで、奇跡的《きせきてき》に助かること。「九死《きゅうし》」とは十のうち九の割合《わりあい》で死ぬ可能性《かのうせい》があるという意味で、「一生《いっしょう》」とは十のうち一の割合《わりあい》で生きる可能性《かのうせい》があるという意味。「九死《きゅうし》に一生《いっしょう》を得《え》る」ともいうよ。

類義語

・**万死一生《ばんしいっしょう》**／「万死《ばんし》」は命が助かるみこみがないという意味。

9月10日

弓道の日…九・十（きゅう・どう）のごろ合わせ。日本の武道《ぶどう》である弓道を広め、弓道の魅力《みりょく》を伝《つた》える日。

★★★ 百発百中《ひゃっぱつひゃくちゅう》

百発＋百中

使い方

絶対《ぜったい》当たるとき

竹内《たけうち》くんが、この問題がテストに出ると言ったら**百発百中《ひゃっぱつひゃくちゅう》**なので、テスト前にはいつもみんなに囲《かこ》まれている。

意味

ねらった的《まと》に、矢やピストルの玉がすべて命中すること。または、予想などがすべて当たることをいう。「百発《ひゃっぱつ》」は矢やピストルを百回うつこと。「百中《ひゃくちゅう》」は百回当たること。

9月11日

アメリカ同時多発テロが起こった日…二〇〇一年、アメリカで航空《こうくう》機《き》がハイジャックされて、世界貿易《せかいぼうえき》センタービルへの突入《とつにゅう》など四つのテロ事件《じけん》が同時に起こった日。三千人以上《いじょう》の犠牲者《ぎせいしゃ》が出た。

★★★ 言語道断《ごんごどうだん》

言語＋道断

使い方

とんでもないとき

友達《ともだち》を苦しめるいじめをするのも、見ておもしろがっているのも、**言語道断《ごんごどうだん》**だ。

意味

言葉では言い表せないほどひどいこと。「道断《どうだん》」の「道《どう》」は、口で言うという意味。言うことを断《た》たれる（言い表せない）ということ。

由来

もとは仏教《ぶっきょう》で使われる言葉。仏教《ぶっきょう》の真理は、言葉では説明《せつめい》できないほど深いものだという意味から、言葉では言い表せないことに使われるようになった。

日本初《はつ》のテレビゲーム発売…一九七五年、日本で初《はじ》めての家庭用テレビゲーム機《き》「テレビテニス」がエポック社から発売された日。

★★★

無《む》我《が》夢《む》中《ちゅう》

無我＋夢中

使い方

集中しすぎるとき

写生の時間に、**無我夢中《むがむちゅう》**で絵をかいていたら、授業《じゅぎょう》が終わるチャイムの音に気づかないで、次の授業《じゅぎょう》におくれてしまった。

意味

何かに心をうばわれて、自分のことさえも忘《わす》れてしまうこと。何かに集中して、ほかのことが考えられなくなること。「無我《むが》」は我《われ》を忘《わす》れるという意味。「夢中《むちゅう》」は物事に熱中《ねっちゅう》してまわりが見えなくなるという意味。

「無我無中《むがむちゅう》」ではないので注意しよう。

由来

「無我《むが》」は、もとは仏教《ぶっきょう》で使われる言葉で、自分に執着《しゅうちゃく》しないということ。

「無我《むが》の境地《きょうち》」という言葉もあり、これは、物事にとらわれず、無心《むしん》になるという意味で使われる。

類義語

・**一心不乱《いっしんふらん》**

↓5ページを見てね!

言葉ノート

一口メモ **仏教由来の四字熟語**

「無我夢中《むがむちゅう》」のように、仏教《ぶっきょう》からきた四字熟語《よじじゅくご》はほかにもたくさんあるんだよ。

●**一言居士《いちげんこじ》**…何かにつけて、ひとこと言わないと気がすまない人のこと。「居士《こじ》」は、男性《だんせい》の戒名《かいみょう》（死者につける名前）の下につける称号《しょうごう》のこと。

●**有為転変《ういてんぺん》**…この世はいつも変化《へんか》していて、はかないものだということ。「有為《うい》」とは世の中のすべてのものという意味。

●**善男善女《ぜんなんぜんにょ》**…仏教《ぶっきょう》の信仰《しんこう》が厚《あつ》い人たちのこと。

●**以心伝心《いしんでんしん》**…35ページを見てね！

●**言語道断《ごんごどうだん》**…149ページを見てね！

9月13日

★★

快刀乱麻《かいとうらんま》

快刀＋乱麻

世界法《せかいほう》の日…一九六五年、「法《ほう》による世界平和《せかいへいわ》第二回《だいにかい》世界会議《せかいかいぎ》」で決められた。ちなみに日本の「法《ほう》の日」は十月一日。

わたしは怪盗《かいとう》ルパン
快刀乱麻の盗《ぬす》みをお見せするよ!
かっこよくても法をおかしているぞ!

使い方

あざやかに解決《かいけつ》したとき

遠足のグループ分けをどうするかでもめていたとき、学級委員の加藤《かとう》さんが、**快刀乱麻《かいとうらんま》**を断《た》つように決めてしまった。

意味

ものごとなどを、見事に解決《かいけつ》すること。「快刀《かいとう》」はよく切れる刀、「乱麻《らんま》」はもつれた麻《あさ》の糸のこと。

よく切れる刀で麻《あさ》の糸をすぱっと切るというたとえ。正確《せいかく》には、「快刀乱麻《かいとうらんま》を断《た》つ」というよ。

類義語

・**一刀両断《いっとうりょうだん》**⬇

127ページを見てね!

9月14日

★★

自問自答《じもんじとう》

自問＋自答

コスモスの日…ホワイトデー（三月十四日）から半年目のこの日、プレゼントにコスモスをそえて贈《おく》り、愛《あい》をたしかめる日。また、大切な人に思いを伝《つた》える日。

すき…
きらい…
すき…
本当にわたしはあの子が好きなのかしら

使い方

自分で自分に聞くとき

物を買うときは、本当にそれがほしくて必要《ひつよう》なのかと、一度**自問自答《じもんじとう》**してから買うと、後悔《こうかい》しないよ。

ただ考えるのではなく、確認《かくにん》したり悩《なや》んだりするときに使うことが多い。

意味

自分が自分に問いかけて、自分で答えること。または、あれこれと悩《なや》むこと。

9月 15日

★天王山《てんのうざん》

関ケ原《せきがはら》の戦《たたか》いが起《お》こった日…一六〇〇年、徳川家康軍《とくがわいえやすぐん》と、石田三成《いしだみつなり》軍《ぐん》の戦《たたか》いが起こった。その結果《けっか》、勝った徳川家康《とくがわいえやす》が天下をとることになる。「天下分け目の戦《たたか》い」といわれる。

天王＋山

使い方

勝負を決めるとき

プロ野球で、今日《きょう》から始まる上位《じょうい》二チームの三連戦《れんせん》は、優勝《ゆうしょう》を決める**天王山《てんのうざん》**といえるだろう。

意味

勝敗《しょうはい》の分かれ目となる、とても大事な場面のこと。

由来

天王山《てんのうざん》は京都にある山の名前。一五八二年に豊臣秀吉《とよとみひでよし》が明《あけ》智光秀《ちみつひで》をやぶった「山崎《やまざき》の戦《たたか》い」で、この天王山《てんのうざん》を秀吉《ひでよし》が占領《せんりょう》して有利《ゆうり》に戦《たたか》ったことから。

9月 16日

★博学多才《はくがくたさい》

大森貝塚発見《おおもりかいづかはっけん》…一八七七年、アメリカ人の動物学者モースが、縄文《じょうもん》時代の遺跡《いせき》である大森貝塚《おおもりかいづか》（東京都）を発見した日。貝塚《かいづか》は、大昔の人のごみ捨《す》て場で、貝がらや骨《ほね》、土器《どき》などの道具が見つかる。

博学＋多才

使い方

物知りなとき

転校生の野口《のぐち》くんは**博学多才《はくがくたさい》**で、勉強もスポーツもよくできるうえに、小学生のクイズ大会で優勝《ゆうしょう》した。

意味

いろいろなことをよく知っていて、さまざまな分野の才能《さいのう》があること。

反対語

・**浅学非才《せんがくひさい》**／学問や知識《ちしき》が浅《あさ》く、才能《さいのう》に欠《か》けていること。「非」は「菲《ひ》」とも書く。

9月
17日

イタリア料理《りょうり》の日…九・一七（ク・チーナ）のごろ合わせ。「クチーナ」とは、イタリア語で「料理《りょうり》」という意味。

★ 無芸大食《むげいたいしょく》

無芸＋大食

使い方

大食いのとき

ぼくのいとこはご飯《はん》を何ばいもおかわりするので、おばさんは、いつも**無芸大食《むげいたいしょく》**だとあきれている。

人をばかにするときに使うが、自分や家族のことを謙遜《けんそん》する使い方もあるよ。

意味

とくに何かすぐれた才能《さいのう》などもなく、人並《ひとな》み以上《いじょう》にたくさん食べること。

反対語

・**多芸多才《たげいたさい》**／いろいろな芸《げい》や才能《さいのう》をもっていること。

9月
18日

敬老《けいろう》の日…九月の第三月曜日。国民《こくみん》の祝日《しゅくじつ》。以前《いぜん》は九月十五日だった。お年寄《としよ》りを敬《うやま》う日。

★★ 悠悠自適《ゆうゆうじてき》

悠悠＋自適

使い方

ゆったりと暮《く》らすとき

おじいちゃんは会社を定年退職《ていねんたいしょく》して、**悠悠自適《ゆうゆうじてき》**の生活を送っている。

仕事を辞《や》めた後のお年寄《としよ》りなどに使うことが多い。

意味

ゆっくりのんびりと、自分の思うままに暮《く》らすこと。「自適《じてき》」は自分の思い通りにするということ。

反対語

・**多事多端《たじたたん》**／仕事が多く、とてもいそがしいこと。

シュークリームの日…毎月十九日。十九（じゅうく）と「シューク」をかけたごろ合わせ。

★ 後生大事《ごしょうだいじ》

後生＋大事

使い方

とても大事なとき

後藤《ごとう》くんはバレンタインデーにもらったチョコレートの包《つつ》み紙《がみ》を、**後生大事**《ごしょうだいじ》にかばんに入れている。

少しからかいの気持ちをこめて使われることが多い。

意味

とても大切にすること。今、目の前にある物を大切に持っておくこと。

「後生《ごしょう》」とは、来世《らいせ》（死んだ後に生《う》まれ変《か》わった世）のこと、「大事《だいじ》」は大切にすること。

由来

もとは仏教《ぶっきょう》の言葉で、来世《らいせ》の幸せを願《ねが》い、今、仏教《ぶっきょう》の教えにしたがって正しく生きることが大事だということ。

空の日…一九一〇年十二月に徳川好敏《とくがわよしとし》、日野熊蔵大尉《ひのくまぞうたいい》による日本初《はつ》の動力飛行《どうりょくひこう》が成功《せいこう》した。それから三十年たったとき、九月二十日が「航空《こうくう》の日」となり、一九九二年に「空の日」となった。

★★ 青天白日《せいてんはくじつ》

青天＋白日

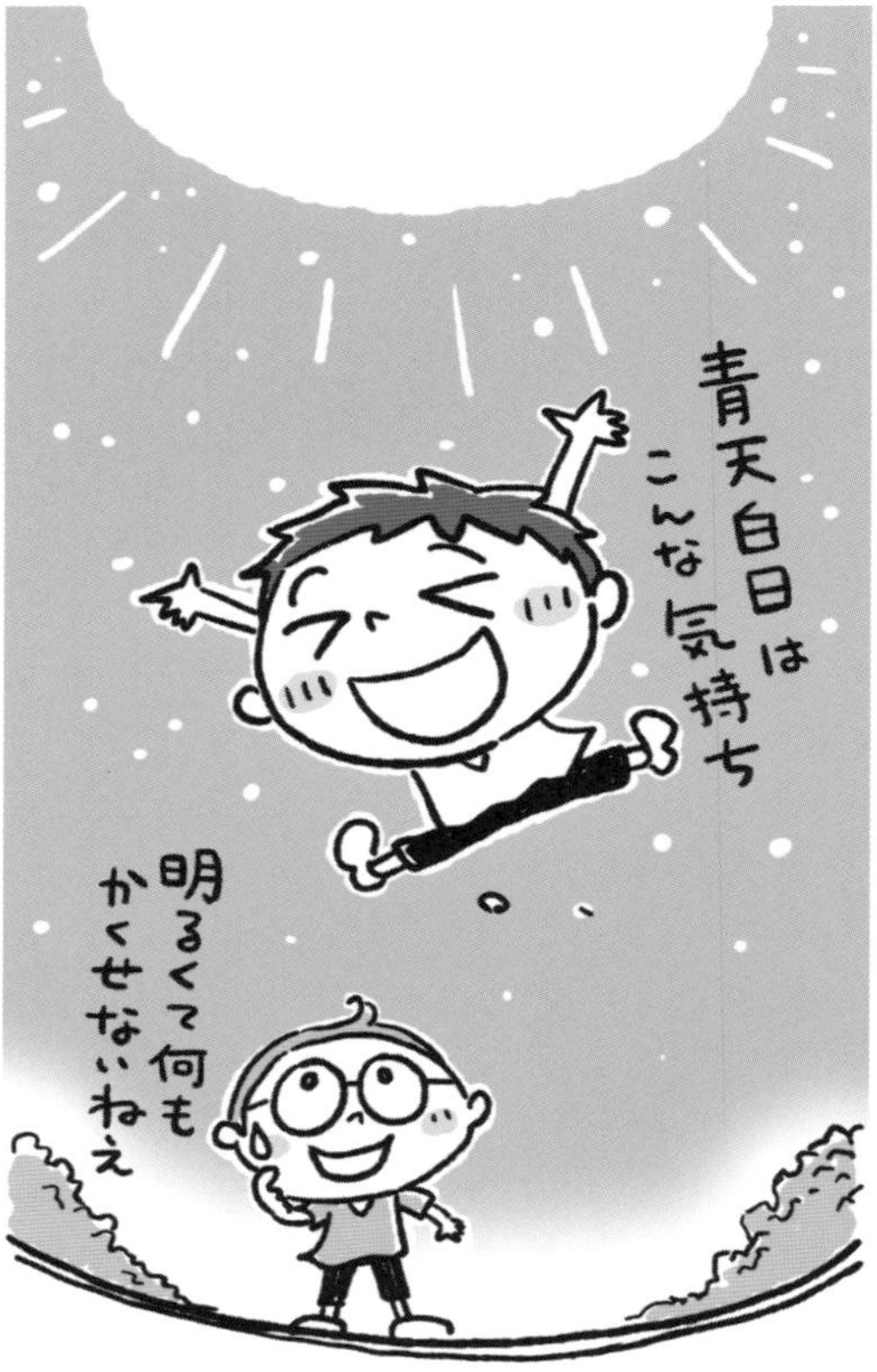

使い方

疑《うたが》いが晴れるとき

冷蔵庫《れいぞうこ》のケーキを食べた真犯人《しんはんにん》は妹で、疑《うたが》われていた弟は**青天白日**《せいてんはくじつ》の身となった。

意味

まったくやましいところがなく、潔白《けっぱく》であること。また、無実《むじつ》が明らかになること。

「青天《せいてん》」は青い空、「白日《はくじつ》」はお日様の光という意味。

「晴天白日《せいてんはくじつ》」ではないので注意。

類義語

・**清廉潔白**《せいれんけっぱく》／心が清《きよ》らかで、うしろめたいことがないこと。

ファッションショーの日…一九二七年、日本初《はつ》のファッションショーが行われた日。三越呉服店《みつこしごふくてん》（今の日本橋三越《にほんばしみつこし》）で、着物のファッションショーだった。

★五十歩百歩《ごじっぽひゃっぽ》

五十歩＋百歩

使い方

たいしてちがわないとき

学級会で二つの意見が出たけれど、どちらも**五十歩百歩《ごじっぽひゃっぽ》**で、なかなか決まらなかった。

とても立派《りっぱ》なものどうしには使われないよ。

意味

少しのちがいはあっても、本質《ほんしつ》は変《か》わらないということ。

由来

昔の中国の話で、孟子《もうし》が、「戦争《せんそう》のとき、五十歩にげた人と百歩にげた人がいて、五十歩にげた人が百歩にげた人を臆病者《おくびょうもの》と笑《わら》ったらどう思うか」と王様にたずねたら、王様が、「どちらもにげたことにはかわりないのでそれはおかしい」と答えたということから。

このたとえで、孟子《もうし》は王様に、「自分が他国の王様よりよい政治《せいじ》をしているつもりでも、国民《こくみん》にとっては五十歩百歩《ごじっぽひゃっぽ》で、大差《たいさ》がない」ということを教えた。

類義語

・**大同小異《だいどうしょうい》**

➡205ページを見てね！

言葉ノート

一口メモ **五字熟語**

「五十歩百歩《ごじっぽひゃっぽ》」のような五字熟語《ごじじゅくご》は、意外と少ない。きみたちもさがしてみてね。

●**井戸端会議《いどばたかいぎ》**…主婦《しゅふ》が家事の合間に集まってするおしゃべりのこと。昔は、女性《じょせい》が共同《きょうどう》の井戸《いど》のまわりで、洗《せん》たくや水くみをしながらうわさ話をしていたことから。

●**一姫二太郎《いちひめにたろう》**…子どもが生まれるとき、最初《さいしょ》が女の子で、次に男の子が生まれるのがよいとされる、昔からの言《い》い伝《つた》え。

●**喧嘩両成敗《けんかりょうせいばい》**…喧嘩《けんか》をした者は、両方とも悪いとして罰《ばっ》せられること。

●**摩訶不思議《まかふしぎ》**…ひじょうに不思議《ふしぎ》なこと。

9月
22日

国際《こくさい》ビーチクリーンアップデー…アメリカで始まった、海岸のごみをみんなで拾う「国際《こくさい》ビーチクリーンアップ」キャンペーンの日。自然《しぜん》を保護《ほご》する活動だ。

★★★ 不言実行《ふげんじっこう》

不言＋実行

使い方

だまって行動するとき

父は無口《むくち》だけれど、**不言実行《ふげんじっこう》**の人で、ぼくも母もとても尊敬《そんけい》している。

よい意味やほめ言葉で使われることが多い。

意味

あれこれと目標《もくひょう》や理屈《りくつ》などを言わずに、やるべきことをだまって実際《じっさい》にやること。

反対語

- **有言実行《ゆうげんじっこう》**／自分で言ったことを実行すること。
- **有口無行《ゆうこうむこう》**／口先だけで、実行がともなわないこと。

9月
23日

秋分の日…九月二十二日か二十三日ごろ。昼と夜の長さがほとんど同じになる。国民《こくみん》の祝日《しゅくじつ》で、祖先《そせん》を敬《うやま》い、亡《な》くなった人をしのぶ日。この日の前後三日間を秋のお彼岸《ひがん》という。

★ 祖先崇拝《そせんすうはい》

祖先＋崇拝

使い方

ご先祖様《せんぞさま》をお参《まい》りするとき

うちは**祖先崇拝《そせんすうはい》**を大事にしていて、お彼岸《ひがん》にはいつも家族でお墓参《はかまい》りに行くよ。

意味

亡《な》くなった先祖《せんぞ》が、生きている者たちに影響《えいきょう》をあたえると信《しん》じ、先祖《せんぞ》の霊《れい》を敬《うやま》い、おまつりすること。

類義語

- **先祖供養《せんぞくよう》**／仏壇《ぶつだん》やお墓《はか》などに花やくだものなどをそなえて、先祖《せんぞ》の霊《れい》をまつること。

★断捨離《だんしゃり》

断＋捨＋離

清掃《せいそう》の日…一九七一年、「廃棄物処理法《はいきぶつしょりほう》」が施行《しこう》された日。廃棄物《はいきぶつ》とは、いらなくなったごみのこと。ごみを減《へ》らして、できるものはリサイクルしようという日。この日から一週間は「環境衛生週間《かんきょうえいせいしゅうかん》」。

使い方

物を捨《す》てるとき

部屋の大掃除《おおそうじ》をして、思い切って**断捨離《だんしゃり》**をしたら、気分もすっきりしたよ。

ただ捨《す》てるのではなく、本当に必要《ひつよう》なものだけを残《のこ》すことだよ。

意味

いらないものは思い切って捨《す》てて、物に執着《しゅうちゃく》しないで身軽になり、生活を快適《かいてき》にしようという考え方。

「断《だん》」はいらない物を断《た》つ（買わない）、「捨《しゃ》」はいらない物を捨《す》てる、「離《り》」は物への執着《しゅうちゃく》から離《はな》れる（ほしがらない）という意味。

由来

「断行《だんぎょう》・捨行《しゃぎょう》・離行《りぎょう》」の最初《さいしょ》の文字をつなげたもの。ヨガには、この三つの考え方があるといわれる。二〇〇九年に発行された、やましたひでこさんが監修《かんしゅう》した本から生まれたもので、新しく作られた言葉だ。

類義語

・**整理整頓《せいりせいとん》**→88ページを見てね！

言葉ノート

一口メモ　三字熟語

三字熟語《さんじじゅくご》はとてもたくさんある。よく耳にするが、意味がわかりにくい言葉を集めたよ。

●**江戸前《えどまえ》**…東京湾《とうきょうわん》でとれた魚介類《ぎょかいるい》のこと。また、東京風の料理《りょうり》のこともいう。

●**閑古鳥《かんこどり》**…鳥のカッコウのこと。お店などで、人が来なくてさびれている様子を「閑古鳥《かんこどり》が鳴《な》く」という。

●**千秋楽《せんしゅうらく》**…芝居《しばい》や相撲《すもう》などの興行《こうぎょう》の最後《さいご》の日のこと。大《おお》相撲《ずもう》なら15日目。

●**二枚舌《にまいじた》**…うそつきのこと。「二枚舌《にまいじた》を使《つか》う」ともいう。

●**摩天楼《まてんろう》**…天に届《とど》くほどの高い建物《たてもの》のこと。超高層《ちょうこうそう》ビル。

●**水菓子《みずがし》**…くだもののこと。

9月
25日

主婦休《しゅふやす》みの日…主婦《しゅふ》が家事を休んでリフレッシュし、夫《おっと》や子どもが家事に挑戦《ちょうせん》しようという日。ほかに、一月二十五日、五月二十五日も主婦《しゅふ》が休む日。

★ 手持無沙汰《てもちぶさた》

手持＋無沙汰

使い方

することがないとき

作文の授業《じゅぎょう》のとき、私《わたし》はとても早く作文を書き終えてしまい、**手持無沙汰《てもちぶさた》**になって、窓《まど》の外を見ていた。

困《こま》っているときに使う。

意味

何もすることがなくて、時間をもてあましてしまうこと。

何をすればよいかわからない様子。

「手持《ても ち》」は手元にあること、「無沙汰《ぶさた》」は長い間。

9月
26日

台風襲来《たいふうしゅうらい》の特異日《とくいび》…「特異日《とくいび》」とは、とても高い確率《かくりつ》で同じような天候《てんこう》になる日のこと。九月十七日も台風襲来《たいふうしゅうらい》の特異日《とくいび》とされる。

★★ 小心翼翼《しょうしんよくよく》

小心＋翼翼

使い方

小心者のとき

ぼくは、気の強い相手と話をするときに、おこらせないように**小心翼翼《しょうしんよくよく》**としてしまう。

意味

気が小さくてびくびくしていること。

「小心《しょうしん》」は小さなことに心を配ること、「翼翼《よくよく》」は敬《うやま》うということから、本来は、つつしみ深いという意味だった。

類義語

・**戦戦恐恐《せんせんきょうきょう》**

びくびくすること。

反対語

・**豪放磊落《ごうほうらいらく》**／こだわらないこと。

・**大胆不敵《だいたんふてき》**
→203ページを見てね！

9月

9月 27日

世界観光の日《せかいかんこうのひ》…一九七〇年に「世界観光機関憲章《せかいかんこうきかんけんしょう》」が採択《さいたく》された日。国際的《こくさいてき》な観光《かんこう》の意識《いしき》を高めようという日。

★★ 南船北馬《なんせんほくば》

南船＋北馬

使い方

全国をかけまわるとき

私《わたし》の父は仕事で出張《しゅっちょう》することが多く、**南船北馬《なんせんほくば》**しているので、あまり家にいない。

意味

全国各地《ぜんこくかくち》をいそがしく旅していること。いつも旅行をしていること。「南船《なんせん》」は船で南を旅する、「北馬《ほくば》」は馬で北を旅すること。どちらも中国の旅のやり方で、南部は川が多いので船、北部は山や平原が多いので馬を使った。

類義語

・**東奔西走《とうほんせいそう》**

⬇128ページを見てね！

9月 28日

結核予防週間《けっかくよぼうしゅうかん》…九月二十四日〜三十日。結核《けっかく》について正しく知り、予防《よぼう》の大切さを考える。

★ 予防接種《よぼうせっしゅ》

予防＋接種

使い方

病気の予防《よぼう》をするとき

寒くなってきたら、毎年、インフルエンザの**予防接種《よぼうせっしゅ》**をしているよ。

意味

感染症《かんせんしょう》を予防《よぼう》し、流行をおさえるために、ワクチンを注射《ちゅうしゃ》などで体内に入れること。インフルエンザの予防接種《よぼうせっしゅ》などが有名。感染症《かんせんしょう》とは、ウイルスや細菌《さいきん》などの病原体が体に入ることによって起こる病気のこと。

類義語

・**予防注射《よぼうちゅうしゃ》**／予防接種《よぼうせっしゅ》を注射《ちゅうしゃ》で行うもの。

9月 29日

招き猫《まねねこ》の日…九・二九〔く（る）・ふく＝来る・福〕のごろ合わせ。招き猫《まねねこ》とは、前足で人を招くような形をしている猫《ねこ》の人形で、お店の前などに置《お》かれていることが多い。

★★ 千客万来《せんきゃくばんらい》

千客＋万来

招き猫は
左手を上げていると
お客を招き
右手を上げていると
お金を招く
といわれています
千万両
千万両
どっちを買おうかまよう…

使い方

お客さんが多いとき

うちの学校の文化祭には名物の焼《や》きそばがあって、今年《ことし》も**千《せん》客万来《きゃくばんらい》**のにぎわいだった。

意味

たくさんの客が、ひっきりなしにやって来ること。お店がはやっているときに使われることが多い。「千《せん》」も「万《まん》」も、とても数が多いという意味。

類義語

・**商売繁盛《しょうばいはんじょう》**／商売がうまくいってにぎわうこと。
・**満員御礼《まんいんおんれい》**／相撲《すもう》で客席《きゃくせき》が満員《まんいん》に近くなること。

9月 30日

クレーンの日…一九七二年に「クレーン等安全規則《とうあんぜんきそく》」が公布《こうふ》された日。クレーンなどでの災害《さいがい》の防止《ぼうし》をよびかける日。

★★★ 自由自在《じゆうじざい》

自由＋自在

自由自在に動かせるよ
かっこいい…

使い方

好《す》きなようにできるとき

新しく開発されたロボットの腕《うで》は、**自由自在《じゆうじざい》**に動かすことができる。

意味

自分の思い通りにできること。また、思い通りにふるまう様子。「自由《じゆう》」も「自在《じざい》」も、ほかからおさえつけられることなく自分の思うままということ。

類義語

・**縦横無尽《じゅうおうむじん》**➡10ページを見てね！

9月

四字熟語ものしり館

体の四字熟語

体の部分を使った四字熟語《よじじゅくご》はたくさんある。この本の中にもいろいろあるよ。意味を考えながら覚《おぼ》えてね。

★★

面《めん》目《もく》躍《やく》如《じょ》

使い方 陸上部《りくじょうぶ》の小坂《こさか》くんは、運動会のリレーで三人抜《ぬ》きをして、**面目躍如《めんもくやくじょ》**だった。

意味 世間の評判通《ひょうばんどお》り、その人本来の活躍《かつやく》をして生き生きとしていること。また、世間の評価《ひょうか》がよくなること。

★

飛《ひ》耳《じ》長《ちょう》目《もく》

意味 物事の観察力《かんさつりょく》や情報《じょうほう》を集める力があり、いろいろなことをよく知っていることのたとえ。「飛耳《ひじ》」は遠くの音を聞くことができる耳、「長目《ちょうもく》」は遠くがよく見える目のこと。

由来 吉田松陰《よしだしょういん》が大切にした言葉。吉田松《よしだしょう》陰《いん》は「松下村塾《しょうかそんじゅく》」を開き、江戸《えど》時代末期《まっき》に多くの重要《じゅうよう》人物に影響《えいきょう》をあたえた。

★★

開《かい》口《こう》一《いち》番《ばん》

使い方 久《ひさ》しぶりに会った友達《ともだち》が、**開口一番《かいこういちばん》**、「おなかがすいた」と言った。

意味 話し始めるとき、いちばん最初《さいしょ》に。口を開くとすぐに、という意味。

★

舌《した》先《さき》三《さん》寸《ずん》

意味 心のこもっていない、口先だけで言っている言葉。

★

手《て》練《れん》手《て》管《くだ》

意味 自分の思うままに、人をたくみにだます手段《しゅだん》のこと。「手練《てれん》」はたくみな技《わざ》、「手管《くだ》」は自由に操《あやつ》ること。

★★

中《ちゅう》肉《にく》中《ちゅう》背《ぜい》

意味 体つきが太ってもやせてもいなくて、身長が高くも低《ひく》くもない人のこと。標準的《ひょうじゅんてき》な体形という意味。

10月1日

コーヒーの日…コーヒーの新年度と定められた日。コーヒーがおいしくなる季節《きせつ》であることから。「国際《こくさい》コーヒーの日」にもなっている。

★ 忙中有閑《ぼうちゅうゆうかん》

忙中＋有閑

使い方

忙《いそが》しくても楽しむとき

お店をやっている父は一年中忙《いそが》しいけれど、**忙中有閑《ぼうちゅうゆうかん》**で、ときどき趣味《しゅみ》のつりにぼくを連《つ》れていってくれる。

意味

忙《いそが》しいときでも、ちょっとしたひまはあるものだということ。または、どんなときでも心にゆとりがあること。「忙中《ぼうちゅう》」は忙《いそが》しい真っただ中ということで、「有閑《ゆうかん》」は時間にゆとりがあるということ。「忙中閑《ぼうちゅうかん》有《あ》り」ともいうよ。

10月

10月2日

豆腐《とうふ》の日…十・二（とう・ふ）のごろ合わせ。たんぱく質《しつ》を豊富《ほうふ》にふくむ豆腐《とうふ》のよさを広める日。

★ 四角四面《しかくしめん》

四角＋四面

使い方

頭が固《かた》いとき

クラスの担任《たんにん》の先生は、**四角四面《しかくしめん》**でじょうだんが通じない。

あまりよい意味では使わないよ。

意味

真四角であること。また、まじめすぎて物事をかた苦しく考え、融通《ゆうずう》がきかないこと。四つの角と四つの面がまっすぐで、はっきりしていることから。

類義語

・**謹厳実直《きんげんじっちょく》**／きわめてまじめで正直なこと。

・**杓子定規《しゃくしじょうぎ》**↓90ページを見てね！

10月 3日

ドイツ統一《とういつ》の日…一九九〇年、東西に分かれていたドイツが一つになった日。ドイツ連邦共和国《れんぽうきょうわこく》の建国記念日《けんこくきねんび》。

★★

表裏一体《ひょうりいったい》

表裏＋一体

使い方

切っても切れない関係《かんけい》のとき

ぼくの祖父《そふ》は、子どものころの遊びと勉強は**表裏一体《ひょうりいったい》**だから、どちらも大事にしなさいと言っている。

意味

正反対のように見える二つのものが、大もとでは一つであること。また、二つのものがとても深い関係《かんけい》にあって、切りはなせないこと。

「表裏《ひょうり》」は表と裏《うら》、紙の表と裏《うら》のような関係《かんけい》ということ。

類義語

・**相即不離《そうそくふり》**／たがいに深いつながりがあって、はなれられないこと。

10月 4日

古書の日…古書とは古本のこと。10を縦《たて》に並《なら》べて十〇とすると「古」の字に見え、四（し）を「書」とかけたもの。

★★

時代錯誤《じだいさくご》

時代＋錯誤

使い方

時代おくれのとき

お母さんは小学生にスマホは必要《ひつよう》ないと言って買ってくれないけれど、**時代錯誤《じだいさくご》**だと思う。

人を批判《ひはん》するときに使うことが多いよ。

意味

時代に合っていないような考え方や言動のこと。おもに、考え方が古いことを表す。

「錯誤《さくご》」とは、考えちがいをすること。

10月 5日

★★ 七転八起《しちてんはっき》

七転＋八起

達磨忌《だるまき》…だるまが百五十歳《さい》で亡《な》くなったといわれる日。だるまは、達磨大師《だるまだいし》というインドのお坊《ぼう》さんのことで、中国に禅宗《ぜんしゅう》を伝《つた》えた人。

使い方

あきらめないとき

うまくいかないことは多いけれど、どんなときも**七転八起《しちてんはっき》**でがんばろう。

意味

何度失敗《しっぱい》しても、あきらめずに立ち上がって努力《どりょく》すること。七回転んでも八回起き上がるという意味。「七転《ななころ》び八起《やお》き」ともいうよ。

関連語

・**七転八倒《しちてんばっとう》**⬇200ページを見てね！

※よく似《に》ているけどまったくちがう意味なので注意しよう。

10月 6日

★★ 共存共栄《きょうそんきょうえい》

共存＋共栄

国際協力《こくさいきょうりょく》の日…一九五四年、日本が開発途上国《かいはつとじょうこく》を援助《えんじょ》するための「コロンボ・プラン」に参加《さんか》した日。

使い方

助け合って生きているとき

ぼくの住んでいるところは、新しい住宅《じゅうたく》やお店と、古くからある農家や商店が**共存共栄《きょうそんきょうえい》**していて、活気がある。

生き物だけでなく、いろいろなものに使うよ。

意味

二つ以上《いじょう》のものが争《あらそ》わないで、おたがいに存在《そんざい》し、おたがいに栄《さか》えること。「共存《きょうそん》」は、ともに生存《せいぞん》する（生きている）という意味。

反対語

・**弱肉強食《じゃくにくきょうしょく》**⬇85ページを見てね！

10月7日

ミステリー記念日《きねんび》…一八四九年、アメリカのミステリー作家のエドガー・アラン・ポーが亡《な》くなった日。著作《ちょさく》の『モルグ街《がい》の殺人《さつじん》』は世界初《せかいはつ》の推理小説《すいりしょうせつ》といわれている。

★★★

五里霧中《ごりむちゅう》

五里霧＋中

使い方

何もわからないとき

学級会の話し合いで、いろいろな意見が出すぎて、**五里霧中《ごりむちゅう》**の状態《じょうたい》だ。

意味

どうすればいいか、まったくわからなくて、困《こま》っていること。また、よくわからないまま、何かを行うこと。

由来

昔、中国の張楷《ちょうかい》という人が「五里霧《ごりむ》」という五里《ごり》*（二キロぐらい）にわたって霧《きり》を起こす術《じゅつ》を使って姿《すがた》をかくしたことから。五里霧《ごりむ》の中では何もわからないという意味。

＊五里《ごり》＝古代中国では一里《り》は約四百メートルだったという。

10月8日

足袋《たび》の日…この時期から、七五三・お正月・成人式《せいじんしき》と、足袋《たび》をはく機会《きかい》がふえることから。また、「八」という漢字が末広《すえひろ》がり（下の方が広がっている）で縁起《えんぎ》がいいことから定められた。

★★

不即不離《ふそくふり》

不即＋不離

使い方

ちょうどよい関係《かんけい》のとき

わたしのおばあちゃんの家は、同じ町内だけれど、歩くと少し遠い。**不即不離《ふそくふり》**の関係《かんけい》だと母は言っている。

よい意味で使うことが多いよ。

意味

二つのものが、くっつきすぎず、はなれすぎないということ。いつも一定の距離《きょり》をとっていること。「即《そく》」とはくっつくという意味。「即《つ》かず離《はな》れず」ともいうよ。

スポーツの日…十月の第二月曜日で、国民《こくみん》の祝日《しゅくじつ》。もとは十月十日で、一九六四年の東京オリンピックの開会式の日だった。スポーツに親しみ健康《けんこう》になろうという日。

★ 二人三脚《ににんさんきゃく》

二人＋三脚

使い方

協力《きょうりょく》するとき

新聞係のぼくと山本《やまもと》くんは、毎月、**二人三脚《ににんさんきゃく》**で学級新聞を作っている。

二人で協力《きょうりょく》するときに使うよ。

意味

二人が力を合わせて物事を行うこと。運動会などで、二人一組で並《なら》び、たがいの内側《うちがわ》の足をひもで結《むす》んで走る競技《きょうぎ》から、こういう意味で使われるようになった。

「脚《きゃく》」は足のことで、二人で三本の足という意味。

目の愛護《あいご》デー…10・10を横にして二つ並《なら》べると、目とまゆげに見えるため。目の健康《けんこう》を考える日。

★★ 一目瞭然《いちもくりょうぜん》

一目＋瞭然

使い方

すぐわかるとき

どんなにごまかしても、きみが宿題を忘《わす》れたことは、**一目瞭然《いちもくりょうぜん》**だよ。

意味

ひとめ見ただけで、はっきりわかること。

「瞭然《りょうぜん》」ははっきりしている様子のこと。

「一目了然《いちもくりょうぜん》」と書くこともあるよ。

類義語

・**明明白白《めいめいはくはく》**／はっきりしていて、少しも疑《うたが》われるところがないこと。

反対語

・**曖昧模糊《あいまいもこ》**／はっきりせず、ぼんやりしている様子。

・**有耶無耶《うやむや》**／あいまいではっきりしないこと。

ウインクの日…10と11を横にして二つ並《なら》べると、ウインクをしているように見えることから。この日の朝起きたとき、好《す》きな相手の名前の文字数だけウインクをすると思いが伝《つた》わるそうだ。

★★★

意《い》味《み》深《しん》長《ちょう》

意味＋深長

使い方 1

何か意味がかくれているとき

深田《ふかだ》さんに好《す》きだと告白《こくはく》したら、**意味深長**《いみしんちょう》な笑顔《えがお》を返された。

使い方 2

奥《おく》が深いとき

ぼくがいたずらをしたとき、先生がぼくをしかりながら言った言葉は、**意味深長**《いみしんちょう》だった。

意味

1 裏《うら》に別《べつ》の意味がかくされていること。
2 言動や文章などが、奥深《おくぶか》くて趣《おもむき》があること。

「意味慎重《いみしんちょう》」ではないので注意。

由来

中国の昔の学者が、十七、八歳《さい》という若《わか》いころから『論語《ろんご》』を読み、文章の意味を理解《りかい》していたという話の中で、「これを読むことといよいよ久《ひさ》しくして、ただ意味深長《いみしんちょう》なることを覚《おぼ》ゆ（読めば読むほど、深い味わいを覚《おぼ》えた）」とあることから。

知っ得情報

「意味深《いみしん》」という少しくだけた言葉も使われている。これは、「意味深長《いみしんちょう》」からきた言葉だが、1の意味だけで使われる。2の意味では使わない。

言葉ノート

一口メモ

『論語』って何？

中国の物語の中でよく出てくる『論語《ろんご》』とは、孔子《こうし》の言葉を弟子《でし》が書き記した書物だ。孔子《こうし》は、紀元前《きげんぜん》6～5世紀《せいき》の中国の思想家で、儒教《じゅきょう》の祖《そ》であり、3000人の弟《で》子《し》がいたといわれ、今も役立つ多くの格言《かくげん》を残《のこ》している。

ことわざでも「犬《いぬ》に論語《ろんご》」「論語読《ろんごよ》みの論語知《ろんごし》らず」など立派《りっぱ》な本の代表のように使われることも多いが、それほどむずかしいものではなく、わかりやすい教えも多い。子ども向けの『論語《ろんご》』の本もあるので、読んでみてはどうだろう。

『論語《ろんご》』から生まれた四字熟語《よじじゅくご》には、「温故知新《おんこちしん》」（→19ページ）、「巧言令色《こうげんれいしょく》」（→147ページ）など、いろいろあるよ。

10月12日

新大陸発見の日《しんたいりくはっけんのひ》…一四九二年、スペインを出発したコロンブスがアメリカ大陸《たいりく》を発見した日。アメリカでは十月の第二月曜日がコロンブス・デーという祝日《しゅくじつ》になっている。

★ 新天地《しんてんち》

新＋天地

使い方

新しいところへ行くとき

お父さんの転勤《てんきん》で、転校することになった。今まで行ったことがない県だけれど、**新天地**《しんてんち》で友達《ともだち》をたくさんつくりたいな。

近いところに行くときや、旅行のときなどには使わないよ。

意味

新しい土地という意味から、新しく活躍《かつやく》する場所。生活環《せいかつかん》境《きょう》や仕事場などが変《か》わって新しくなること。

「天地《てんち》」は天と地で、世界という意味。

10月13日

サツマイモの日…昔、焼《や》きいもが栗《くり》よりおいしいということで、「栗《くり》より（九里・四里）うまい十三里（九＋四＝十三）」といわれただじゃれから、焼《や》きいもの旬《しゅん》の十月の十三日になった。

★★★ 自給自足《じきゅうじそく》

自給＋自足

使い方

自分でまかなうとき

おじいちゃんは、田畑で米や野菜《やさい》を作ったり、海で釣《つ》りをしたりするなど、**自給自足**《じきゅうじそく》の生活をしている。

意味

自分の生活のために、必要《ひつよう》なものを自分の手で作るなどしてまかなうこと。おもに、食べ物を自分でまかなっているときに使われることが多い。

「自給《じきゅう》」は自分で供給《きょうきゅう》すること、「自足《じそく》」は自分が足りるという意味。

10月
14日

大政奉還《たいせいほうかん》…一八六七年、江戸幕府《えどばくふ》の十五代将軍徳川慶喜《しょうぐんとくがわよしのぶ》が、政権《せいけん》を天皇《てんのう》に返したいと申《もう》し出《で》た日。翌日《よくじつ》、天皇《てんのう》がこれを受け入れた。

★★

栄枯盛衰《えいこせいすい》

栄枯＋盛衰

使い方

よかったり悪かったりするとき

兄の高校の野球部は昔とても強かったが、今は部員の数すら足りなくて、**栄枯盛衰《えいこせいすい》**だ。

意味

栄《さか》えたり衰《おとろ》えたりすること。いいことはずっと続《つづ》かないという、人生のはかなさなどを表す。「栄枯《えいこ》」は植物がしげったり枯《か》れたりするという意味。

類義語

・**盛者必衰《じょうしゃひっすい》**／勢《いきお》いの盛《さか》んな者でも、必《かなら》ず衰《おとろ》えるということ。

10月
15日

きのこの日…十月はきのこがたくさんとれ、きのこがよく料理《りょうり》に使われる月なので、その月の中日《なかび》の十五日がきのこの日とされた。きのこのよさをアピールする日。

★★

正真正銘《しょうしんしょうめい》

正真＋正銘

使い方

本物のとき

となりのクラスの白鳥《しらとり》さんは、運転手さんが高級車で学校にむかえに来る、**正真正銘《しょうしんしょうめい》**のおじょうさまだ。

物だけでなく、人に対しても使うよ。

意味

うそがまったくなくて、本当に本物であること。「正真《しょうしん》」は真実であること、「正銘《しょうめい》」は正しい銘《めい》（作品に記された作者の名前）がある本物という意味。

10月16日

ボスの日…アメリカで始まった、会社の上司《じょうし》に感謝《かんしゃ》を表す日。

★★★ 公平無私《こうへいむし》

公平＋無私

使い方

公平にするとき

クラスの意見をまとめるとき、クラス委員は、**公平無私《こうへいむし》**でなければならない。

意味

自分の個人的《こじんてき》な感情《かんじょう》や利害《りがい》をはさまないで、物事を平等にあつかうこと。「無私《むし》」は私《わたし》（自分）の利害《りがい》を考えないという意味。

類義語
・**公明正大《こうめいせいだい》**⬇140ページを見てね！

反対語
・**依怙贔屓《えこひいき》**／自分の気に入っている者だけをかわいがったり、応援《おうえん》したりすること。

10月17日

貯蓄《ちょちく》の日…伊勢神宮《いせじんぐう》で行われる神嘗祭《かんなめさい》（神様に、作物の豊作《ほうさく》を祈《いの》るお祭り）の日にちなんで、一九五二年に日本銀行が決めた。お金を大切にしようという日。

★★ 利害得失《りがいとくしつ》

利害＋得失

使い方

損《そん》と得《とく》を考えるとき

おこづかいをもらえないとお手伝《てつだ》いしないなんて、**利害得失《りがいとくしつ》**ばかり考えてはいけない。

意味

得《とく》することと損《そん》すること。「利害《りがい》」は利益《りえき》と損害《そんがい》、「得失《とくしつ》」は得《とく》と損《そん》のこと。

類義語
・**一利一害《いちりいちがい》**⬇181ページを見てね！
・**一得一失《いっとくいっしつ》**⬇181ページを見てね！

10月18日

フラフープの日…一九五八年のこの日、フラフープが日本で初《はじ》めて発売された。当時はとても流行した。

★輪廻転生《りんねてんしょう》

輪廻＋転生

使い方

生《う》まれ変《か》わるとき

人間は**輪廻転生《りんねてんしょう》**をくり返すといわれているけれど、本当なのかなあ。

意味

人が死んで生《う》まれ変《か》わり、さらに死んでまた生《う》まれ変《か》わるという、生死を何度もくり返すこと。

「輪廻《りんね》」は車輪《しゃりん》がぐるぐる回るように何度も生《う》まれ変《か》わること。「転生《てんしょう》」は生《う》まれ変《か》わること。「てんせい」とも読む。

由来

仏教《ぶっきょう》の言葉で、車輪《しゃりん》が回転するように、天道《てんどう》、人間道《にんげんどう》、修《しゅ》羅道《らどう》、畜生道《ちくしょうどう》、餓鬼道《がきどう》、地獄道《じごくどう》という六つの苦しい世界をぐるぐる回るということから。

10月19日

バーゲンの日…一八九五年、東京の大丸呉服店《だいまるごふくてん》（今の大丸東京店《だいまるとうきょうてん》）が初《はじ》めて、大売り出しをしたといわれている日。

★薄利多売《はくりたばい》

薄利＋多売

使い方

物をたくさん売るとき

学校のそばの駄菓子屋《だがしや》は、いつもたくさんの小学生が買いに行くので、**薄利多売《はくりたばい》**でもうかっているらしいよ。

意味

一つ一つのもうけを減《へ》らし、数をたくさん売って利益《りえき》を出すこと。

「薄利《はくり》」はもうけが少ないこと、「多売《たばい》」は数多く売ること。

10月20日

リサイクルの日…一〇・二〇（ひと回り・ふた回り）のごろ合わせ。また、十月は「3R《アール》（リデュース・リユース・リサイクル）推進《すいしん》月間」だ。

★ 思慮分別《しりょふんべつ》

思慮＋分別

使い方

正しく考えられるとき

テストだから学校に行きたくないけれど、ぼくは**思慮分別《しりょふんべつ》**があるから、必《かなら》ず学校へ行くんだ。

意味

物事がよいか悪いか、正しいかまちがっているかなどを、深く考えて判断《はんだん》すること。

「思慮《しりょ》」とは注意深く考えること、「分別《ふんべつ》」は物事の道理をしっかりと判断《はんだん》すること。

「ぶんべつ」とは読まないので注意。

10月21日

あかりの日…一八七九年、エジソンが作った白熱電球《はくねつでんきゅう》が四十時間光りつづけて、実用化できることがわかった日。

★ 風前之灯《ふうぜんのともしび》

風前＋之＋灯

使い方

あぶないとき

ドッジボールで、コートには私《わたし》一人しか残《のこ》っていない。勝利《しょうり》は**風前之灯《ふうぜんのともしび》**となった。

意味

ひじょうに危険《きけん》な状況《じょうきょう》のこと。また、人の命がとてもあぶないこと。

「風前《ふうぜん》」は風のふくところということで、風の中にあるろうそくのように、今にも火が消えそうなことから。

「風前の灯火《ともしび》」とも書くよ。

10月

10月
22日

平安遷都《へいあんせんと》の日…七九四年、都《みやこ》が、長岡京《ながおかきょう》から平安京《へいあんきょう》に移《うつ》された日。京都《きょうと》三大祭《さんだいまつり》の一つ、時代祭《じだいまつり》が行われる。

★

四神相応《しじんそうおう》

四神＋相応

北
東
西
南
平安京

使い方

理想的《りそうてき》な場所のとき

平安京《へいあんきょう》が置《お》かれた京都は、**四神相応《しじんそうおう》**の土地で、千年以上《いじょう》も都《みやこ》として栄《さか》えた。

意味

東西南北の四つの方向に守り神がいる、地理的《ちりてき》にひじょうによいとされる場所のこと。「四神《しじん》」とは、東の青龍《せいりゅう》、西の白虎《びゃっこ》、南の朱雀《すざく》、北の玄武《げんぶ》のこと。

一口メモ

昔は、都《みやこ》や重要《じゅうよう》な建物《たてもの》をつくるときに、四神相応《しじんそうおう》の場所を選《えら》んだ。平《へい》城京《じょうきょう》（奈良《なら》時代の都《みやこ》）や平安京《へいあんきょう》（平安《へいあん》時代の都《みやこ》）があったのは四神相《しじんそう》応《おう》の地といわれる。

10月
23日

電信電話記念日《でんしんでんわきねんび》…一八六九年、東京—横浜《よこはま》間で、日本で初《はじ》めて電信《でんしん》線《せん》を作る工事が始まった日。これによって、電報《でんぽう》による通信《つうしん》ができるようになった。

★★

音信不通《おんしんふつう》

音信＋不通

パパのケータイ音信不通だよ
だって…ここに忘《わす》れてるもん
ブブ～
ブブ～

使い方

連絡《れんらく》がないとき

転校した友達《ともだち》に手紙を書いたけれど返事がこなくて、電話番号もわからない。ついに**音信不通《おんしんふつう》**になってしまった。

意味

会えないうえに、電話やメール、手紙などでの連絡《れんらく》もまったくなくて、相手の状況《じょうきょう》などがわからないこと。「音信《おんしん》」は手紙などによる連絡《れんらく》のこと、「不通《ふつう》」は通じないという意味。「いんしんふつう」とも読む。

10月

24日

国際連合《こくさいれんごう》デー…一九四五年、国際連合《こくさいれんごう》が設立《せつりつ》された日。国際連合《こくさいれんごう》とは、第二次世界大戦後《だいにじせかいたいせんご》の、世界の平和と安全を守るためにつくられた国際組織《こくさいそしき》。

★ 平和共存《へいわきょうぞん》

平和＋共存

使い方

国どうしがなかよくするとき

世界中の国が**平和共存《へいわきょうぞん》**を大事にすれば、戦争《せんそう》は起こらないと思う。

意味

制度《せいど》や考え方のちがう国々が、おたがいに認《みと》めあって、おだやかに過《す》ごすこと。

由来

第二次世界大戦後《だいにじせかいたいせんご》、世界はアメリカを中心とした資本主義《しほんしゅぎ》国家と、ソ連《れん》を中心とした共産《きょうさん》・社会主義《しゃかいしゅぎ》国家に大きく分かれて対立していた。その冷戦《れいせん》時代に生まれた考え方。

10月

25日

島原《しまばら》・天草一揆《あまくさいっき》始まる…一六三七年、九州の島原《しまばら》地方と天草諸島《あまくさしょとう》のキリシタン（キリスト教信者《しんじゃ》）が、幕府《ばくふ》に反抗《はんこう》して反乱《はんらん》を起こした日。十六歳《さい》の少年、天草四郎《あまくさしろう》が指導者《しどうしゃ》といわれる。

★★ 面従腹背《めんじゅうふくはい》

面従＋腹背

使い方

心の中ではうらぎっているとき

兄にさからうとあとで面倒《めんどう》なことになるので、**面従腹背《めんじゅうふくはい》**でがまんしている。

意味

言うことを聞くふりをしているが、心の中では反抗《はんこう》していること。「面従《めんじゅう》」は人の前では従《したが》うこと、「腹背《ふくはい》」はおなかの中（心）では背《そむ》いているという意味。

柿《かき》の日…一八九五年のこの日からの旅行で、正岡子規《まさおかしき》が「柿食《かきく》えば鐘《かね》が鳴るなり法隆寺《ほうりゅうじ》」という有名な俳句《はいく》をよんだことから。

★★★

自業自得《じごうじとく》

自業＋自得

使い方

悪いことが起こったとき

勉強しないでテストの点が悪くてしかられても、それは**自業自得《じごうじとく》**でしょう。

人のせいでなく、自分のせいのときに使うよ。

意味

自分のしたことの結果《けっか》が自分にふりかかること。悪い結果《けっか》になるときに使われることが多い。

「業《ごう》」は行いという意味で、「自業《じごう》」は自分の行い、「自得《じとく》」は自分が受けるということ。

由来

もとは仏教《ぶっきょう》の言葉で、よい行いをするとよいことがあり、悪い行いをすると悪いことがあるという意味。自分のやったことは必《かなら》ず自分に返ってくるというのが、仏教《ぶっきょう》の考え方だ。

「自業《じごう》」には、「口業《くごう》（言葉に出すこと）」、「身業《しんごう》（体を動かすこと）」、「意業《いごう》（考えること）」の三つがある。

類義語

- **因果応報《いんがおうほう》** ➡51ページを見てね！
- **自縄自縛《じじょうじばく》**／自分の言動で自由に動けなくなること。
- **天罰覿面《てんばつてきめん》**／悪いことをすると、その報《むく》いがすぐにふりかかること。

言葉ノート

一口メモ **秋の俳句**

正岡子規《まさおかしき》の「柿食《かきく》えば鐘《かね》が鳴《な》るなり法隆寺《ほうりゅうじ》」は、奈良《なら》の法隆寺《ほうりゅうじ》の前の茶店で柿《かき》を食べていると、寺の鐘《かね》が聞こえてきたという様子をよんだもので、秋の気配が伝《つた》わってくる。

ほかにも、秋についての有名な俳句《はいく》はたくさんあるよ。味わってみよう。

・秋深《あきふか》し隣《となり》は何《なに》をする人ぞ（松尾芭蕉《まつおばしょう》）
・名月《めいげつ》を取《と》ってくれろと泣《な》く子《こ》かな（小林一茶《こばやしいっさ》）
・朝顔《あさがお》につるべ取《と》られてもらい水《みず》（加賀千代女《かがのちよじょ》）
・白露《しらつゆ》や茨《いばら》の刺《はり》にひとつづつ（与謝蕪村《よさぶそん》）
・肩《かた》に来《き》て人懐《ひとなつ》かしや赤蜻蛉《あかとんぼ》（夏目漱石《なつめそうせき》）

文字・活字文化の日…十月二十七日〜十一月九日は、読書週間。読書週間が始まる日。

★★★

一部始終《いちぶしじゅう》

一部＋始終

使い方

すべてを話すとき

二人がどうしてけんかをしたのか、先生から**一部始終**《いちぶしじゅう》を説明《せつめい》するように言われた。

見たことを話すときなどに使うよ。

意味

物事の始めから終わりまで。または、書物の始めから終わりまで。「一部《いちぶ》」とは、一冊《さつ》の本のこと。

類義語

・**一伍一什**《いちごいちじゅう》／一から十までのすべてということから、始めから終わりまでという意味。「伍《ご》」は五、「什《じゅう》」は十のこと。

速記記念日《そっききねんび》…一八八二年、東京で初《はじ》めての速記講習会《そっきこうしゅうかい》が開催《かいさい》された日。速記《そっき》とは、人の言うことを記号にして書き取るもの。

★★★

電光石火《でんこうせっか》

電光＋石火

使い方

とても速いとき

高木《たかぎ》くんは、給食《きゅうしょく》の時間、いただきますのあと、**電光石火**《でんこうせっか》のスピードでおかわりをした。

意味

とても動きが素早《すばや》いこと。または、とても短い時間のこと。「電光《でんこう》」とは稲妻《いなずま》の光、「石火《せっか》」は火打石《ひうちいし》などを打つときに出る火の意味。火打石《ひうちいし》とは、石を打ち合わせて火花を出して火をつける道具。どちらもすぐに消えることから。

類義語

・**疾風迅雷**《しっぷうじんらい》

→179ページを見てね！

10月
29日

★★★
四六時中《しろくじちゅう》

四六時＋中

ホームビデオ記念日《きねんび》…一九六九年、日本の三つのメーカーが、世《せ》界初《かいはつ》の家庭用ビデオを発表した日。

使い方

いつもしているとき

きみは、授業中《じゅぎょうちゅう》でも**四六時中《しろくじちゅう》**、しゃべっているね。

いつもということを、極端《きょくたん》に言うときに使うよ。

意味

一日中、いつもという意味。

由来

もともとは「二六時中《にろくじちゅう》」という言葉だった。昔の時刻《じこく》は、「子《ね》の刻《こく》（夜中の〇時ごろ）」「丑《うし》の刻《こく》（夜中の二時ごろ）」などと干支《えと》の十二支《じゅうにし》で表していたので、一日を十二に分けていた。「二×六＝十二」ということで「二六時中《にろくじちゅう》」で一日を表していたのだ。今は、一日二十四時間なので、「四×六＝二十四」で「四六時中《しろくじちゅう》」となった。かけ算のだじゃれだね。

類義語

- **常住坐臥《じょうじゅうざが》**／座《すわ》っているときも寝《ね》ているときもいつでも。
- **年百年中《ねんびゃくねんじゅう》**／一年中いつも。年がら年中。

知っ得情報

十二支《じゅうにし》とは、子《ね》（ねずみ）、丑《うし》、寅《とら》、卯《う》（うさぎ）、辰《たつ》（りゅう）、巳《み》（へび）、午《うま》、未《ひつじ》、申《さる》、酉《とり》（にわとり）、戌《いぬ》、亥《い》（いのしし）のこと。

言葉ノート

一口メモ　英語で言ってみよう

「四六時中《しろくじちゅう》」と似《に》た意味の言葉を、英語《えいご》で言ってみよう。

all《オール》 the《ザ》 time《タイム》
（ずっと）

day《デイ》 and《アンド》 night《ナイト》
（昼も夜も１日中）

一口メモ　漢数字が２つ以上並ぶ四字熟語

● **一六勝負《いちろくしょうぶ》**…運を天に任《まか》せてする勝負のこと。

● **三十六計《さんじゅうろっけい》**…中国の兵法《へいほう》の36通りの戦術《せんじゅつ》のこと。「三十六計逃《さんじゅうろっけいに》げるにしかず」ということわざで使われることが多い。

● **三三九度《さんさんくど》**…神前の結婚式《けっこんしき》で行われる儀式《ぎしき》で、新郎新婦《しんろうしんぷ》が夫婦《ふうふ》の誓《ちか》いのためにさかずきをかわすこと。

10月 30日

★★

傍若無人《ぼうじゃくぶじん》

マナーの日…マナーについて見直して、生活に役立てる日。

傍若＋無人

使い方

めいわくなとき

石橋《いしばし》くんは、掃除《そうじ》の時間なのに一人で勉強をしていて、その**傍若無人《ぼうじゃくぶじん》**ぶりに、みんなおこっている。

意味

まわりの人の目を気にせずに、好《す》き勝手《かって》にふるまうこと。まわりに人がいないかのように騒《さわ》ぐという意味。

由来

中国の古い話で、毎日友達《ともだち》と酒を飲み、街《まち》を歩いて歌ったり泣《な》きわめいたりして騒《さわ》いでいた人の様子を表して、「傍《かたわ》らに人《ひと》無《な》きが若《ごと》し」とあることから。

類義語

・**得手勝手《えてかって》**／人のことを考えずに、自分の都合《つごう》で行動すること。

・**我田引水《がでんいんすい》**⬇41ページを見てね！

10月 31日

★

百鬼夜行《ひゃっきやこう》

ハロウィン…もとは、ヨーロッパのお祭りで、収穫《しゅうかく》を祝《いわ》い、悪霊《あくりょう》をはらうもの。子どもたちが仮装《かそう》して近所を回っておかしをもらう習慣《しゅうかん》がある。仮装《かそう》パーティーなども行われる。

百鬼＋夜行

使い方

あやしい人がたくさんいるとき

世の中は**百鬼夜行《ひゃっきやこう》**だから、夜、子どもだけで出かけたら怖《こわ》い目《め》にあうよ。

意味

たくさんの悪い人たちが勝手気ままにふるまうこと。また、大勢《おおぜい》の人が、あやしい動きをすること。「百鬼《ひゃっき》」は多くの鬼《おに》（妖怪《ようかい》）、「夜行《やこう》」は夜に歩くこと。「やぎょう」とも読む。

由来

日本の古い物語や絵巻《えまき》などに、たくさんの妖怪《ようかい》たちが夜歩いている様子が見られ、「百鬼夜行《ひゃっきやこう》」と表されることから。

四字熟語ものしり館

気象・自然の四字熟語

気象《きしょう》など、自然《しぜん》の状態《じょうたい》に関係《かんけい》する四字熟語《よじじゅくご》はいろいろある。この本の中にもたくさんあるよ。さがしてね。

★★
雪月風花《せつげつふうか》

意味
冬の「雪」、秋の「月」、夏の「風」、春の「花」という意味で、四季折々《しきおりおり》の美しい自然《しぜん》のことをいう。

★★
疾風迅雷《しっぷうじんらい》

意味
行動や勢《いきお》いがとてもすばやくてはげしい様子。「疾風《しっぷう》」は急にはげしくふく風、「迅雷《じんらい》」ははげしい雷《かみなり》のこと。

★★
台風一過《たいふういっか》

使い方
今日《きょう》は**台風一過《たいふういっか》**の青空が広がり、とても気持ちがよい。

意味
台風が過《す》ぎたあとに、空がよく晴れてとてもよい天気になることから、騒《さわ》ぎがおさまってすっきりするという意味もある。

★
旱天慈雨《かんてんじう》

意味
日照《ひで》りが続《つづ》いたあとに降《ふ》るめぐみの雨のように、ずっと待っていたもの。「旱天《かんてん》」は雨が降《ふ》らないこと。

★
五穀豊穣《ごこくほうじょう》

意味
農作物が豊《ゆた》かに実ること。五穀《ごこく》とは、米・麦・粟《あわ》・豆・稗《ひえ》または黍《きび》の五つの穀物《こくもつ》のこと。

★★
断崖絶壁《だんがいぜっぺき》

意味
ひじょうに切り立ったがけのこと。とても危険《きけん》な状態《じょうたい》を表すたとえとして使われることもある。

★★
風林火山《ふうりんかざん》

意味
戦争《せんそう》における四つの兵法《へいほう》のこと。「速きこと風のごとく、静《しず》かなること林のごとく、侵略《しんりゃく》すること火のごとく、動かざること山のごとし」の略《りゃく》で、物事に対応《たいおう》するときの理《り》想的《そうてき》な態度《たいど》ともいわれる。戦国武将《せんごくぶしょう》の武田信玄《たけだしんげん》の軍《ぐん》の旗印《はたじるし》として有名。

11月
1日

犬の日…犬の鳴き声の一一・一（ワンワン・ワン）のごろ合わせ。犬をかわいがろうという日。

★★ 羊頭狗肉《ようとうくにく》

羊頭＋狗肉

使い方

見かけ倒《だお》しのとき

レストランでメニューの写真を見てデザートをたのんだら、出てきたものが写真とまったくちがっていた。**羊頭狗肉《ようとうくにく》**だ。

意味

見かけと実際《じっさい》の内容《ないよう》がちがうこと。立派《りっぱ》に見せかけて、実質《じっしつ》はちがうもので、ごまかすこと。「羊頭《ようとう》を掲《かか》げて狗肉《くにく》を売る」ともいう。

由来

店の看板《かんばん》に「羊の頭」をかかげておきながら、実際《じっさい》には「狗《く》（犬）の肉」を売っていたという話から。

類義語

・**羊質虎皮《ようしつこひ》**／羊が虎《とら》の皮をかぶっているということから、外見は立派《りっぱ》だが実質《じっしつ》がともなわないこと。

11月

11月
2日

習字の日…一一・〇二（いい・もじ）のごろ合わせ。美しい文字を広め、手書きで文字を書くことの大切さを考える日。

★★ 画竜点睛《がりょうてんせい》

画竜＋点睛

使い方

肝心《かんじん》なことがだめなとき

せっかくここまでやったんだから、最後《さいご》までやらないと、**画竜点睛《がりょうてんせい》**を欠《か》くことになるよ。

「画竜点睛《がりょうてんせい》を欠《か》く」という使い方をすることが多いよ。

意味

物事の最後《さいご》の大事な仕上げのこと。または、物事のもっとも大事なところのこと。

由来

中国の絵の名人が、竜《りゅう》の絵をかいたとき、最後《さいご》に瞳《ひとみ》（睛《せい》）をかき入れると、竜《りゅう》が天にのぼったという話から。

11月 3日

★★★

一長一短《いっちょういったん》

一長＋一短

文具の日…文化の日だが、「文具と文化は歴史的《れきしてき》に同じ意味をもってきた」ということから、文化の日が文具の日とされた。

かっこいいんだけど使いにくいペンだな〜
どこがかっこいいの…

使い方

よいところと悪いところがあるとき

お出かけのとき、おしゃれをしようと思ったけれど、どの洋服も**一長一短《いっちょういったん》**で、なかなか決められなくて困《こま》ってしまった。

意味

よいところと同時に、悪いところもあるということ。完全《かんぜん》ではないということ。「長《ちょう》」は長所（いいところ）、「短《たん》」は短所（悪いところ）という意味。「一〜一〜」という言葉は、「〜もあれば、〜もある」という意味を表す。

由来

『凌雲集《りょううんしゅう》』という、平安《へいあん》時代に天皇《てんのう》の命令《めいれい》で作られた書物の中で、藤原冬嗣《ふじわらのふゆつぐ》という人が書いた漢詩（中国の詩のように漢字で書かれた詩）の中にある言葉。笛の音を聞き、「一長一短悩人情（一長一短《いっちょういったん》人の情《じょう》を悩《なや》ましむ）」から。

類義語

- **一利一害《いちりいちがい》**⬇下を見てね！
- **一得一失《いっとくいっしつ》**⬇下を見てね！
- **利害得失《りがいとくしつ》**⬇170ページを見てね！

言葉ノート

一口メモ **「一」が2つの四字熟語**

「一長一短《いっちょういったん》」のように「一」が2つある四字熟語《よじじゅくご》はいろいろあるよ。この本にもあるから、さがしてみよう。

- **一芸一能《いちげいいちのう》**…一つの芸《げい》と一つの才能《さいのう》のことで、何かの能《のう》力《りょく》にひいでていること。
- **一問一答《いちもんいっとう》**…一つの質問《しつもん》に対して一つの答えをすることから、質問《しつもん》と答えをくり返すこと。
- **一利一害《いちりいちがい》**…一つの利益《りえき》と一つの害《がい》。よいこともあれば悪いこともあるということ。
- **一得一失《いっとくいっしつ》**…一つの得《とく》と一つの損《そん》。得《とく》なこともあれば損《そん》なこともあるということ。「一利一害《いちりいちがい》」と同じ意味。
- **一分一厘《いちぶいちりん》**…ほんのわずかなこと。

11月 4日

★万国共通《ばんこくきょうつう》

万国＋共通

ユネスコ憲章記念日《けんしょうきねんび》…一九四六年、ユネスコ（国際連合教育科学文化機関《こくさいれんごうきょういくかがくぶんかきかん》）が発足した日。ユネスコは、教育や文化を通じての国際平和《こくさいへいわ》を目的《もくてき》とした国連《こくれん》の機関《きかん》で、世界遺産《せかいいさん》の認定《にんてい》も行っている。

使い方

世界中で同じとき

お母さんが私《わたし》を大切にしてくれるように、親の子どもに対する愛情《あいじょう》は、**万国共通《ばんこくきょうつう》**だよ。

意味

世界中のどこの国でも同じで変《か》わらないこと。「万国《ばんこく》」は世界中の国のこと。

関連語

- **万国旗《ばんこくき》**／世界各国《せかいかっこく》の旗《はた》。
- **万国博覧会《ばんこくはくらんかい》**／いろいろな国が参加《さんか》する博覧会《はくらんかい》。国際博覧会《こくさいはくらんかい》ともいう。

11月 5日

★合縁奇縁《あいえんきえん》

合縁＋奇縁

縁結《えんむす》びの日…一一・五〔いい・ご（えん）〕のごろ合わせと、十一月（旧暦《きゅうれき》十月）には出雲大社《いずもたいしゃ》（島根県）に全国の神様が集まって、縁結《えんむす》びの会議《かいぎ》をするといわれていることから。

使い方

ふしぎな縁《えん》のとき

父と母がめぐり合って結婚《けっこん》したのも、**合縁奇縁《あいえんきえん》**というものだ。

結婚式《けっこんしき》のスピーチなどでよく使われる言葉だよ。

意味

人の気心が通じ合うのも合わないのも、因縁《いんねん》というふしぎな力によるものだということ。人の縁《えん》はふしぎなめぐり合わせだということ。とくに、男女の仲《なか》についていうことが多い。「合縁《あいえん》」は人の結《むす》びつき、「奇縁《きえん》」はふしぎな縁《えん》のこと。

11月

6日

★ 月下氷人《げっかひょうじん》

月下＋氷人

お見合い記念日《きねんび》…一九四七年、東京の多摩川《たまがわ》で集団《しゅうだん》お見合いが開かれた日。戦争《せんそう》のために結婚《けっこん》できなかった人たちを集めて行われた。

使い方

男女の仲《なか》をとりもつとき

私《わたし》の両親は、いとこのお兄さんの**月下氷人《げっかひょうじん》**なので、お兄さん夫婦《ふうふ》がよく遊びにくる。

意味

縁結《えんむす》びの神様のこと。転じて、仲人《なこうど》（結婚《けっこん》の仲立《なかだ》ちをする人のこと）をいう。

由来

月夜に会った老人《ろうじん》に将来《しょうらい》の妻《つま》を予言されたという話（月下《げっか》老人《ろうじん》）と、氷の上で氷の下にいる人と話した夢《ゆめ》を見て、夢《ゆめ》占《うらな》いをしてもらったら、結婚《けっこん》の仲立《なかだ》ちをする前ぶれだといわれたという話（氷人《ひょうじん》）が合わさってできた言葉。

11月

7日

★ 冬将軍《ふゆしょうぐん》

冬＋将軍

立冬…冬の始まりのこと。秋分と冬至《とうじ》の中間で、十一月七日ごろ。この日から立春の前日（節分《せつぶん》）までが冬。

使い方

冬のとても寒いとき

十一月だというのに、早くも**冬将軍《ふゆしょうぐん》**がやってきて、日本列島に大雪を降《ふ》らせている。

意味

冬のきびしい寒さのこと。冬を人にたとえた言葉。シベリア寒気団《かんきだん》のことをさす場合もある。

由来

一八一二年、ナポレオン率《ひき》いるフランス軍《ぐん》がロシアを攻《せ》めたときに、きびしい冬の気候《きこう》に勝てずに敗退《はいたい》した。それをイギリスの新聞記者が「ナポレオンはジェネラル・フロスト（冬の将軍《しょうぐん》）に負けたのだ」と表現《ひょうげん》したことから。

11月
8日

★★★
単刀直入《たんとうちょくにゅう》

単刀＋直入

刃物《はもの》の日…一一・八（いい・刃《は》）のごろ合わせと、旧暦《きゅうれき》のころから、十一月八日に、かじやなどの「ふいご祭り」が開かれることから。「ふいご」とは、風を送って火力を強める装置《そうち》。

使い方

大事なことを言うとき

そんなうわさは信《しん》じられないので、**単刀直入《たんとうちょくにゅう》**に、本人に聞いてみるよ。

意味

前置《まえお》きなどをしないで、すぐに本題に入ること。また、遠回しな表現《ひょうげん》をせず、直接《ちょくせつ》、要点《ようてん》をつくこと。「短刀直入《たんとうちょくにゅう》」ではないので注意しよう。

由来

中国の昔の書物の中にある言葉で、一人で刀を持って（単《たん》刀《とう》）、まっすぐ敵《てき》に向かって切りこむ（直入《ちょくにゅう》）という意味から。

11月
9日

★
迅速果敢《じんそくかかん》

迅速＋果敢

一一九番の日…消防《しょうぼう》・救急《きゅうきゅう》の緊急通報用《きんきゅうつうほうよう》電話番号の一一九（一一・九）のごろ合わせ。秋の全国火災予防運動《ぜんこくかさいよぼううんどう》の最初《さいしょ》の日。

使い方

すばやいとき

ひなん訓練《くんれん》のとき、先生方の**迅速果敢《じんそくかかん》**な指示《しじ》で、みんなスムーズにひなんできた。

意味

決断《けつだん》が速くて、迷《まよ》わずにすぐ行動すること。「迅速《じんそく》」はとても速いこと、「果敢《かかん》」は思い切って行動すること。

類義語

・**即断即決《そくだんそっけつ》**→96ページを見てね！

反対語

・**遅疑逡巡《ちぎしゅんじゅん》**／あれこれ迷《まよ》ってぐずぐずすること。
・**優柔不断《ゆうじゅうふだん》**→93ページを見てね！

11月
10日

★★★
絶体絶命《ぜったいぜつめい》

絶体＋絶命

トイレの日…一一・一〇（いい・トイレ）のごろ合わせ。日本トイレ協会《きょうかい》が決めた記念日《きねんび》で、日本トイレ協会《きょうかい》は毎年、全国トイレシンポジウムを開催《かいさい》して、グッドトイレを選《えら》んでいる。

使い方

ピンチのとき

○点のテストをかくしている机《つくえ》の引き出しを、母が開けようとしている。**絶体絶命《ぜったいぜつめい》**の大ピンチだ。

意味

とても困難《こんなん》な状態《じょうたい》から、のがれられない様子。追いつめられている様子。

「絶対絶命《ぜったいぜつめい》」ではないので注意しよう。

由来

「絶体《ぜったい》」も「絶命《ぜつめい》」も、中国に昔から伝《つた》わる九星術《きゅうせいじゅつ》という占《うらな》いの中で、凶《きょう》（いちばん悪いこと）を示《しめ》す星の名前からきている言葉。この星が現《あらわ》れると、とても悪いことが起こるという。

類義語

・**危機一髪《ききいっぱつ》**→63ページを見てね！
・**風前之灯《ふうぜんのともしび》**→172ページを見てね！

知っ得情報

「絶体《ぜったい》」という言葉は、「絶体絶命《ぜったいぜつめい》」というときにだけ使う。それだけでは使わないよ。

言葉ノート

一口メモ **まちがえやすい四字熟語**

「絶体絶命《ぜったいぜつめい》」を「絶対絶命《ぜったいぜつめい》」と書いてしまう人が多いように、まちがえやすい四字熟語《よじじゅくご》はたくさんあるよ。ほかにも、この本の中で「意味」のところに注意書きがあるから見てね。

- **以心伝心《いしんでんしん》**…「意心伝心《いしんでんしん》」ではない（→35ページ）。
- **温故知新《おんこちしん》**…「温古知新《おんこちしん》」ではない（→19ページ）。
- **快刀乱麻《かいとうらんま》**…「怪盗乱麻《かいとうらんま》」ではない（→151ページ）。
- **五里霧中《ごりむちゅう》**…「五里夢中《ごりむちゅう》」ではない（→165ページ）。
- **三位一体《さんみいったい》**…「三身一体《さんみいったい》」ではない（→109ページ）。
- **心機一転《しんきいってん》**…「心気一転《しんきいってん》」ではない（→6ページ）。
- **意志薄弱《いしはくじゃく》**…「意思薄弱《いしはくじゃく》」ではない（→12ページ）。

11月
11日

ジュエリーデー…一九〇九年、日本で正式に、宝石《ほうせき》の単位《たんい》であるカラットが採用《さいよう》された日。二百ミリグラムが一カラットと決められた。

★★ 玉石混交《ぎょくせきこんこう》

玉石＋混交

使い方

よいものとだめなものがまじっているとき

フリーマーケットに行った。おもしろいものもいろいろあったけれど、**玉石混交《ぎょくせきこんこう》**だ。

意味

価値《かち》のあるものと価値《かち》のないもの、優《すぐ》れたものと劣《おと》ったものが入りまじっていること。「玉《ぎょく》」は高価《こうか》な宝石《ほうせき》、「石《せき》」はただの石ころという意味。「玉石混淆《ぎょくせきこんこう》」とも書くよ。

由来

昔の中国の書物の「真偽顛倒《しんぎてんとう》し、玉石混淆《ぎょくせきこんこう》す（本物とにせ物が逆転《ぎゃくてん》して、宝石《ほうせき》と石がまじっている）」から。

11月
12日

洋服記念日《きねんび》…一八七二年のこの日、礼服を洋服にするという法令《ほうれい》が出され、儀式《ぎしき》のときなどに着物ではなく洋服を着るようになった。

★ 夏炉冬扇《かろとうせん》

夏炉＋冬扇

使い方

役に立たないとき

もう寒くなってきたのに、今ごろ扇風機《せんぷうき》を出すなんて、**夏炉《かろ》冬扇《とうせん》**だよ。

役に立たないだけでなく、時期がずれているときに使うよ。

意味

季節外《きせつはず》れで、役に立たないこと。

由来

中国の昔の書物に「（無能《むのう》で役に立たない意見を言うのは）以夏進炉《いかしんろ》、以冬奏扇《いとうそうせん》（夏に囲炉裏《いろり》をすすめて、冬に扇《おうぎ》をすすめるようなものだ）」とあることから。

11月13日

漆《うるし》の日…平安《へいあん》時代に、天皇《てんのう》の子である惟喬親王《これたかしんのう》が、漆塗《うるしぬ》りの技術《ぎじゅつ》を、京都のお寺で菩薩様《ぼさつさま》から教えてもらったといわれる日。

★伝統工芸《でんとうこうげい》

伝統＋工芸

使い方

技術《ぎじゅつ》を受《う》けついでいるとき

社会科の授業《じゅぎょう》で、町の**伝統工芸《でんとうこうげい》**の焼《や》き物《もの》について調べることになった。

意味

古くから受《う》けつがれてきた技術《ぎじゅつ》を使って、美術品《びじゅつひん》や工芸品《こうげいひん》を作ること。織物《おりもの》、染《そ》め物《もの》、陶磁器《とうじき》、木工品、和紙などが熟練《じゅくれん》した職人《しょくにん》さんによって作られる。

一口メモ

きみの住む都道府県《とどうふけん》や市区町村には、どんな伝統工芸品《でんとうこうげいひん》があるかな。調べてみよう。

11月14日

アンチエイジングの日…アンチエイジングとは、老化《ろうか》を防《ふせ》いで、見た目を若々《わかわか》しくすること。一一・十・四（いい・と・し）のごろ合わせ。

★元気溌剌《げんきはつらつ》

元気＋溌剌

使い方

すごく元気なとき

ぼくのおじいさんは**元気溌剌《げんきはつらつ》**で、毎日ジョギングをかかさない。

意味

元気いっぱいで、生き生きとしていること。「溌剌《はつらつ》」とは、魚がピチピチと飛《と》びはねる様子という意味。

反対語

・**疲労困憊《ひろうこんぱい》**／とてもつかれはてていること。

11月
15日

★★ 文武両道《ぶんぶりょうどう》

文武＋両道

近江屋事件《おうみやじけん》…一八六七年、京都の近江屋《おうみや》という店に滞在《たいざい》していた坂《さか》本竜馬《もとりょうま》が暗殺《あんさつ》された日。坂本竜馬《さかもとりょうま》は、薩長同盟《さっちょうどうめい》に手を貸《か》すなどして、幕府《ばくふ》を支持《しじ》する人達《ひとたち》からねらわれていた。

使い方

頭がよくて強いとき

テストでいつも百点をとっている山田《やまだ》くんは、サッカーチームでも主力選手《しゅりょくせんしゅ》で、**文武両道《ぶんぶりょうどう》**だ。女の子に人気があるよ。

意味

学問も武道《ぶどう》も両方ができる、理想的《りそうてき》な人のこと。今は、勉強とスポーツの両方ができる人のことをいう。「文《ぶん》」は学問、「武《ぶ》」は剣道《けんどう》などの武道《ぶどう》、「両道《りょうどう》」は二つの道という意味。

類義語

・**好学尚武《こうがくしょうぶ》**／学問と武術《ぶじゅつ》の両方を好《この》んで大事にすること。

11月
16日

★ 純真無垢《じゅんしんむく》

純真＋無垢

幼稚園記念日《ようちえんきねんび》…一八七六年、日本で初《はじ》めての官立《かんりつ》（公立）幼稚園《ようちえん》である、東京女子師範《とうきょうじょししはん》学校（今のお茶《ちゃ》の水《みず》女子大学）附属幼稚園《ふぞくようちえん》が開園した日。

使い方

かわいらしいとき

純真無垢《じゅんしんむく》な弟は、テレビの変身《へんしん》もののヒーローは本当にいると思っている。

意味

けがれがなく、清《きよ》らかなこと。心が純粋《じゅんすい》で、飾《かざ》り気《け》がまったくないこと。「純心《じゅんしん》無垢《むく》」ではないので注意しよう。

類義語

・**純情可憐《じゅんじょうかれん》**⬇74ページを見てね！

11月

11月
17日

将棋《しょうぎ》の日…江戸《えど》時代に「御城将棋《おしろしょうぎ》」という、江戸城《えどじょう》の将軍《しょうぐん》の前で将棋《しょうぎ》をさす儀式《ぎしき》が、毎年一回、この日に行われていたことから。

★先手必勝《せんてひっしょう》

先手＋必勝

使い方

先にしかけるとき

サッカーの試合《しあい》も**先手必勝《せんてひっしょう》**、先に得点《とくてん》をあげたほうが有利《ゆうり》だよ。

意味

戦《たたか》いで、相手より先に攻撃《こうげき》すれば、必《かなら》ず勝てるということ。出ばなをくじくという意味をもつ。

由来

「先手《せんて》」は、もとは囲碁《いご》や将棋《しょうぎ》の言葉。囲碁《いご》で相手より先に打ったり、将棋《しょうぎ》で相手より先にさしたりすることをいう。先攻《せんこう》のほうが有利《ゆうり》だといわれることから。

類義語

・**先制攻撃《せんせいこうげき》**／相手が攻《せ》めてくる前に、攻撃《こうげき》すること。

11月
18日

土木の日…「十一・十八」を組み合わせると、「土・木」になることから。この日から二十四日までは「くらしと土木の週間」。

★安全第一《あんぜんだいいち》

安全＋第一

使い方

気をつけるとき

安全第一《あんぜんだいいち》なので、遅刻《ちこく》しそうになってもあわてないようにしよう。

意味

工事現場《こうじげんば》や工場などで、何よりも安全をいちばんに考えようという標語《ひょうご》。

由来

アメリカで生まれた「safety《セーフティ》-first《ファースト》」という標語《ひょうご》から。一九〇〇年代初《はじ》めの「生産第一《せいさんだいいち》、品質第二《ひんしつだいに》、安全第三《あんぜんだいさん》」という考え方を「安全第一《あんぜんだいいち》、品質第二《ひんしつだいに》、生産第三《せいさんだいさん》」と改《あらた》めて、労働者《ろうどうしゃ》の安全を重視《じゅうし》したら、品質《ひんしつ》がよくなり生産量《せいさんりょう》も増《ふ》えたことから生まれた言葉。

11月19日

いい息の日…一一・一九（いい・いき）のごろ合わせ。ガムを作っている会社が制定《せいてい》した記念日《きねんび》。

★★

青息吐息《あおいきといき》

青息＋吐息

塾《じゅく》に行くのいやだなあ…
はぁ
でもきみの息はいいにおい

使い方

困《こま》ったとき

今日《きょう》は算数のテストがあるけれど、全然《ぜんぜん》勉強をしてこなかったので、**青息吐息《あおいきといき》**だ。

意味

とても困《こま》って苦しいときなどに出るため息のこと。または、そんなため息が出る状態《じょうたい》のこと。

「青息《あおいき》」は苦しいときにはく息、「吐息《といき》」はため息のこと。

由来

「青息《あおいき》」は、困《こま》って青ざめてはく息なのでこういわれるという説《せつ》がある。また、なげいて大きなため息をつくことを「大息《おおいき》」といい、これが転じた言葉ともいわれる。

11月20日

世界子どもの日…国際連合《こくさいれんごう》が定めた国際《こくさい》デー。一九八九年に「子どもの権利条約《けんりじょうやく》」が決められた日。

★★★

古今東西《ここんとうざい》

古今＋東西

古今東西の子ども
原始時代の子
江戸《えど》時代の子
西洋の子
東南アジアの子
現代《げんだい》の子
みんな中身は同じ

使い方

ありとあらゆる、というとき

うちの母は**古今東西《ここんとうざい》**の料理《りょうり》にくわしくて、いろいろな料理《りょうり》を作ってくれる。

意味

昔から今まで、いろいろなところで。あらゆる時代のあらゆる場所という意味。

「古今《ここん》」は昔と今、「東西《とうざい》」は東と西で、あちらこちらということ。

類義語

・**往古来今《おうこらいこん》**／過《す》ぎ去った昔から今まで。

★★★ 異口同音《いくどうおん》

異口＋同音

世界ハロー・デー…一九七三年に起こった第四次中東戦争《だいよじちゅうとうせんそう》がきっかけで、できた日。この日に十人の人にあいさつすることで、世界の指導者《しどうしゃ》たちに「紛争《ふんそう》より対話を」というメッセージを伝《つた》えようという日。「ハロー」は英語《えいご》で「こんにちは」という意味。

使い方

意見が同じとき

先生が、「そろそろ席《せき》がえをしましょう」と言ったとき、クラスのみんなは、**異口同音《いくどうおん》**に反対した。

意味

いろいろな人が、同じことを言うこと。また、たくさんの人の意見が同じであること。「異口《いく》」はちがう口という意味で、いろいろな人の言葉。「同音《どうおん》」は同じ音を発するという意味。「異句同音《いくどうおん》」ではないので注意。

由来

昔のさまざまな仏教《ぶっきょう》の本の中に、釈迦《しゃか》（仏教《ぶっきょう》を開いた人）の説法《せっぽう》を聞いて、信者《しんじゃ》が口々にほめたたえたり、それぞれが念仏《ねんぶつ》を唱《とな》え始《はじ》めたりしたことを表す言葉として出てくる。

類義語

- **異口同声《いくどうせい》**／みんなが同じことを言うこと。
- **衆口一致《しゅうこういっち》**／たくさんの人の意見がぴったり合うこと。

言葉ノート

一口メモ **世界の「こんにちは」**

上の絵にあるような、世界中の「こんにちは」を集めてみたよ。きみも言ってみよう。

- **アメリカ・イギリスなど**…「ハロー」
- **フランス**…「ボンジュール」
- **イタリア**…「ボンジョルノ」
- **ドイツ**…「グーテンターク」
- **ロシア**…「ズドラースヴィーチェ」
- **中国**…「ニイハオ」
- **韓国《かんこく》**…「アンニョンハセヨ」
- **インド**…「ナマステ」（ヒンドゥー教の地域《ちいき》）
- **ケニア・タンザニア・ウガンダ**…「ジャンボ」

11月22日

いい夫婦《ふうふ》の日…一一・二二（いい・ふうふ）のごろ合わせ。夫婦《ふうふ》の時間を大切にしようという日。

★ 夫唱婦随《ふしょうふずい》

夫唱＋婦随

使い方

夫婦仲《ふうふなか》がよいとき

私《わたし》の家では、母が父をとても立てていて、みんなに**夫唱婦随《ふしょうふずい》**だといわれる。

意味

夫婦《ふうふ》の仲《なか》がとてもよいこと。「夫唱《ふしょう》」とは、夫《おっと》が言い出すこと。「婦随《ふずい》」とは、妻《つま》がしたがうこと。夫《おっと》の言葉に妻《つま》がしたがうという意味。

由来

昔の中国の本に「天下の理《ことわり》は、夫《おっと》は唱《とな》え、婦《ふ》は随《したが》う（世の道理は、夫《おっと》が言って妻《つま》がしたがうこと）」とあることから。

類義語

・**偕老同穴《かいろうどうけつ》**／生きているときはいっしょに年を取り、死んでからは同じお墓《はか》に入るくらい、夫婦《ふうふ》の仲《なか》がよいこと。

11月23日

勤労感謝《きんろうかんしゃ》の日…昔から、農作物の収穫《しゅうかく》に感謝《かんしゃ》する「新嘗祭《にいなめさい》」という国の行事が行われていたが、それが第二次世界大戦後《だいにじせかいたいせんご》、改《あらた》められた。働《はたら》くことを尊重《そんちょう》して感謝《かんしゃ》しあう、国民《こくみん》の祝日《しゅくじつ》だ。

★★★ 不眠不休《ふみんふきゅう》

不眠＋不休

使い方

休まないとき

そのミステリー小説《しょうせつ》のシリーズはとてもおもしろくて、全巻《ぜんかん》を**不眠不休《ふみんふきゅう》**で読《よ》み続《つづ》けた。

意味

眠《ねむ》ったり休んだりしないこと。ずっと休まずに何かをし続《つづ》けること。たいへんな努力《どりょく》をすること。「不眠《ふみん》」は眠《ねむ》らない、「不休《ふきゅう》」は休まないという意味。

類義語

・**昼夜兼行《ちゅうやけんこう》**
→102ページを見てね！

11月

11月 24日

「和食」の日…一一・二四〔いい・日（本）食〕のごろ合わせ。和食文化の大切さを考える日。

★★ 創意工夫《そういくふう》

創意＋工夫

使い方

新しく考えるとき

図工の時間にねんどで好《す》きな物を作ったけれど、みんな**創意《そうい》工夫《くふう》**して、おもしろい作品がたくさんできた。

意味

これまでになかったようなことを考えて、そのことを行うためにいろいろ工夫《くふう》をすること。「創意《そうい》」は新しい思いつきのこと。

反対語

・**常套手段《じょうとうしゅだん》**／いつも通りのありふれたやり方。

11月 25日

ストーブの日…一八五六年、北海道で、日本で初《はじ》めて西洋式のストーブが作られて、火がつけられた日。

★★ 頭寒足熱《ずかんそくねつ》

頭寒＋足熱

使い方

健康《けんこう》を考えるとき

頭寒足熱《ずかんそくねつ》がよいというので、エアコンをつけないでこたつに入っていたけれど、こたつで寝《ね》てかぜをひいてしまった。

とくに冬に健康的《けんこうてき》に過《す》ごす言葉として使われることが多い。

意味

頭を冷《ひ》やして、足を温かくすること。よく眠《ねむ》れて健康《けんこう》によい方法《ほうほう》といわれている。「頭寒《ずかん》」は頭をすずしくする、「足熱《そくねつ》」は足を温めるという意味で、わざわざ頭を冷《ひ》やすということではない。

11月26日

ペンの日…一九三五年、日本ペンクラブができた日。ペンクラブとは、詩人や作家や編集者《へんしゅうしゃ》など、文章にかかわる人たちによる、表現《ひょうげん》の自由を守るための団体《だんたい》。

★★★

起《き》承《しょう》転《てん》結《けつ》

起＋承＋転＋結

使い方

文章を書くとき

スピーチをするときは、**起承転結**《きしょうてんけつ》を考えながら話すと、聞いている人がわかりやすいよ。

意味

文章を四つに分けたときの構成《こうせい》のこと。「起」はできごとが始まる、「承《しょう》」は起《き》で述《の》べたことをふくらませる、「転《てん》」は話題を変《か》える、「結《けつ》」は物語が終わるという意味。

由来

中国の絶句《ぜっく》とよばれる漢詩の構成《こうせい》のこと。一～四句《く》めをそれぞれ、「起句《きく》」「承句《しょうく》」「転句《てんく》」「結句《けっく》」という。

11月27日

ノーベル賞制定《しょうせいてい》の日…ノーベル賞《しょう》は、ダイナマイトを発明したノーベルの死後、その遺言《ゆいごん》によってつくられた賞《しょう》。その遺言状《ゆいごんじょう》が一八九五年のこの日に書かれたことから。

★★★

首《しゅ》尾《び》一《いっ》貫《かん》

首尾＋一貫

使い方

ずっと変《か》わらないとき

学校生活の決まりをやぶった人に対し、先生の注意のしかたは**首尾一貫**《しゅびいっかん》しているので、みんなから信頼《しんらい》されている。

意味

態度《たいど》や考え方などが、始めから終わりまで同じで変《か》わらないこと。筋《すじ》が通っているということ。「首尾《しゅび》」は頭としっぽという意味で、始めと終わりのこと。「一貫《いっかん》」はつらぬき通すという意味。

類義語

・**終始一貫**《しゅうしいっかん》➡45ページを見てね！
・**徹頭徹尾**《てっとうてつび》➡38ページを見てね！

11月
28日

太平洋記念日《たいへいようきねんび》…一五二〇年、ポルトガル人の探検家《たんけんか》マゼランが航海《こうかい》中《ちゅう》に太平洋《たいへいよう》を発見し、「穏《おだ》やかな海」という意味で太平洋《たいへいよう》と名づけた日。マゼラン隊《たい》は世界一周《せかいいっしゅう》して地球が丸いことを証明《しょうめい》した。

★★
泰《たい》然《ぜん》自《じ》若《じゃく》

泰然＋自若

使い方

ゆったりしているとき

母がおこっても妹が泣《な》いても、父はいつも**泰然自若《たいぜんじじゃく》**としているので、すごいと思う。

意味

落ち着いていて、何があってもあわてないで動じない様子。「泰然《たいぜん》」も「自若《じじゃく》」もあわてないで落ち着いているという意味。

反対語

・**右往左往《うおうさおう》**→34ページを見てね！
・**周章狼狽《しゅうしょうろうばい》**→107ページを見てね！

11月
29日

議会開設記念日《ぎかいかいせつきねんび》…一八九〇年、初《はじ》めての帝国議会《ていこくぎかい》（今の国会）が開設《かいせつ》された日。

★★
質《しつ》疑《ぎ》応《おう》答《とう》

質疑＋応答

使い方

質問《しつもん》して答えるとき

社会科の研究発表会のあとに**質疑応答《しつぎおうとう》**の時間がとられたが、するどい質問《しつもん》が出て、うまく答えられなかった。

意味

質問《しつもん》とそれに対する答えのこと。会議《かいぎ》などの場で行われるものをいう。授業《じゅぎょう》で出される問題に答えるときは使わない。「質疑《しつぎ》」とは、疑問点《ぎもんてん》について問いただすこと、「応答《おうとう》」は聞かれたことに答えること。

類義語

・**一問一答《いちもんいっとう》**→181ページを見てね！

11月
30日

鏡《かがみ》の日…一一・三〇（いい・ミラー）のごろ合わせ。英語《えいご》で鏡《かがみ》のことを「ミラー」という。鏡《かがみ》を大切にする日。なお、十一月十一日も「鏡《かがみ》の日」だ。

★★★

自《じ》画《が》自《じ》賛《さん》

自画＋自賛

使い方

自分でほめるとき

太田《おおた》くんは、百点のテストを見ながら、「おれって天才！」と**自画自賛《じがじさん》**していた。

あまりよい意味では使わないよ。

意味

自分で自分のやったことなどをほめること。「自画《じが》」は自分でえがいた絵のこと。「自画自讃《じがじさん》」と書くこともある。「自我自賛《じがじさん》」ではないので注意。

由来

東洋の絵画には、絵の中に、その絵に関係《かんけい》する詩や文章が書《か》き加《くわ》えられることがあり、それを「賛《さん》」という。賛《さん》はふつう、絵をかいた人とは別《べつ》の人がその絵をほめるために書くものだが、絵をかいた本人が自分で書くことがあった。自分で賛《さん》を書くことを「自画自賛《じがじさん》」ということから、この言葉が生まれた。

類義語

・**我田引水《がでんいんすい》**⬇41ページを見てね！
・**手前味噌《てまえみそ》**⬇54ページを見てね！

「自」が二つつく四字熟語を集めよう

・**自作自演《じさくじえん》**／計画から実行までのすべてを自分ですること。
・**自暴自棄《じぼうじき》**⬇119ページを見てね！
・**自問自答《じもんじとう》**⬇151ページを見てね！
・**自由自在《じゆうじざい》**⬇160ページを見てね！

言葉ノート

一口メモ　ほめる四字熟語

「自画自賛《じがじさん》」のように、ほめるときに使われる四字熟《よじじゅく》語《ご》を集めてみたよ。

●**拍手喝采《はくしゅかっさい》**…人の芸《げい》や行動などをほめるときに使う（→213ページ）。

●**聖人君子《せいじんくんし》**…人格《じんかく》をほめるときに使う。人徳《じんとく》と知識《ちしき》のある理想的《りそうてき》な人という意味。

●**博学多才《はくがくたさい》**…知識《ちしき》をほめるときに使う（→152ページ）。

●**才色兼備《さいしょくけんび》**…きれいでかしこい女性《じょせい》をほめるときに使う（→41ページ）。

●**智勇兼備《ちゆうけんび》**…知恵《ちえ》と勇気《ゆうき》をもつ男性《だんせい》をほめるときに使う。「知勇兼備《ちゆうけんび》」とも書く。

11月

四字熟語ものしり館

人間関係の四字熟語

人間関係《にんげんかんけい》を表す四字熟語《よじじゅくご》はいろいろある。この本の中にもたくさんあるよ。さがしてね。

★

益者三友《えきしゃさんゆう》

意味

つきあって自分のためになる友人は三種類《さんしゅるい》で、正直な人、誠実《せいじつ》な人、物知りな人だということ。『論語《ろんご》』の中の言葉。

反対語

・**損者三友《そんしゃさんゆう》**／つきあって損《そん》をする三種類《さんしゅるい》の友達《ともだち》は、とりつくろう人、うわべだけの人、口先ばかりの人だということ。

★

四海兄弟《しかいけいてい》

意味

世界中の人は、みんな兄弟であるということ。また、兄弟のようになかよくするべきだということ。「四海《しかい》」は四方の海という意味で、世界のこと。

由来

『論語《ろんご》』の中で、「自分には兄弟がいない」と悲しむ人に対して、「他の人に対して礼儀《れいぎ》正しくしていれば、世界中の人がみんな兄弟のようなものだ」とはげましたという話から。

★

一視同仁《いっしどうじん》

使い方

クラス全員に**一視同仁《いっしどうじん》**の心で接《せっ》してくれる先生が、みんな大好《だいす》きだ。

意味

すべての人を平等に愛《あい》して差別《さべつ》をせず、思いやりをもって接《せっ》すること。「一視《いっし》」は一つのものとして見ること。「同仁《どうじん》」は同じように愛《あい》すること。

★★

親類縁者《しんるいえんじゃ》

意味

血のつながりがある人や、結婚《けっこん》でつながった人たち。

★★

異体同心《いたいどうしん》

意味

肉体は別《べつ》のものでも、心は一つに結《むす》ばれているということ。とても親しい人や夫《ふう》婦《ふ》などの間で使われる。「異体《いたい》」は体がちがうこと、「同心《どうしん》」は心が同じこと。

類義語

・**一心同体《いっしんどうたい》**➡79ページを見てね！

映画《えいが》の日…一八九六年、日本で初《はじ》めて映画《えいが》が神戸市《こうべし》で有料《ゆうりょう》公開された週の最終日《さいしゅうび》。このときの映画《えいが》は、一人ずつ箱の中に映《うつ》る画面をのぞきこんで見るものだった。

★★
喜怒哀楽《きどあいらく》

喜＋怒＋哀＋楽

使い方

いろいろな感情《かんじょう》を表すとき

弟は、**喜怒哀楽《きどあいらく》**がはげしくて、思ったことがすぐに顔に出るのでわかりやすい。

感情《かんじょう》をはっきり表す人を「喜怒哀楽《きどあいらく》がはげしい」というよ。

意味

喜《よろこ》び、怒《いか》り、悲しみ（哀《かな》しみ）、楽しみという意味。人間のいろいろな感情《かんじょう》のことをいう。

由来

昔の中国の『中庸《ちゅうよう》』という書物の最初《さいしょ》の言葉。「喜怒哀楽《きどあいらく》の未《いま》だ発せざる、これを中《ちゅう》という。発してみな節《せつ》にあたる、これを和《わ》という。（喜怒哀楽《きどあいらく》の感情《かんじょう》がまだ起こらない、平静《へいせい》な精神状態《せいしんじょうたい》を、中《ちゅう》という。感情《かんじょう》が起こっても節《せつ》度《ど》がある状態《じょうたい》を、和《わ》という。）」とある。

そして、このような状態《じょうたい》を保《たも》っていれば、人も自然《しぜん》も安定して健全《けんぜん》に育つという。

つまり、感情《かんじょう》を表すときは、節度《せつど》をもつべきだと教えているのだ。喜怒哀楽《きどあいらく》のはげしい人は、気をつけよう。

類義語

・**悲喜憂苦《ひきゆうく》**／悲しみと喜《よろこ》び、不安《ふあん》や苦しみなどのさまざまな感情《かんじょう》。

言葉ノート

一口メモ **四書五経とは**

「喜怒哀楽《きどあいらく》」の由来の『中庸《ちゅうよう》』という書物は「四書五経《ししょごきょう》」といわれるものの一つだ。これは儒教《じゅきょう》の基本《きほん》とされる９つの古い経典《きょうてん》で、正しく生きるための教えが書かれている。

四書《ししょ》は『論語《ろんご》』（→167ページ）『大学《だいがく》』『中庸《ちゅうよう》』『孟子《もうし》』、五経《ごきょう》は『易経《えききょう》』『書経《しょきょう》』『詩経《しきょう》』『礼記《らいき》』『春秋《しゅんじゅう》』という書物をさす。

『易経《えききょう》』は占《うらな》いの本、『書経《しょきょう》』は昔の君主や家臣《かしん》の言葉を集めた本、『詩経《しきょう》』は詩集、『礼記《らいき》』は儀礼《ぎれい》や習慣《しゅうかん》の本、『春秋《しゅんじゅう》』は中国春秋《ちゅうごくしゅんじゅう》時代の歴史書《れきししょ》、『大学《だいがく》』と『中庸《ちゅうよう》』は『礼記《らいき》』から分かれたものだ。

12月
2日

日本人宇宙飛行記念日《にほんじんうちゅうひこうきねんび》…一九九〇年、テレビ局の記者、秋山豊寛《あきやまとよひろ》さんが、ソ連《れん》（今のロシア）の宇宙船《うちゅうせん》ソユーズに乗り、日本人で初《はじ》めて宇宙《うちゅう》に行った日。

★ 宇宙遊泳《うちゅうゆうえい》

宇宙＋遊泳

使い方

人が宇宙《うちゅう》をただようとき

テレビで、宇宙飛行士《うちゅうひこうし》の**宇宙遊泳《うちゅうゆうえい》**の様子が中継《ちゅうけい》され、ぼくも宇宙《うちゅう》へ行ってみたくなった。

意味

宇宙飛行士《うちゅうひこうし》が宇宙船《うちゅうせん》の外の宇宙空間《うちゅうくうかん》に出て、いろいろな活動を行うこと。「遊泳《ゆうえい》」とは、泳ぐという意味だ。泳いでいるように見えることから、このようにいう。

類義語

・**船外活動《せんがいかつどう》**／宇宙飛行士《うちゅうひこうし》が宇宙船《うちゅうせん》の外で行う活動。

12月
3日

奇術《きじゅつ》の日…マジックショーでの奇術師《きじゅつし》のかけ声、「ワン、ツー、スリー（一二・三）」のごろ合わせ。奇術《きじゅつ》を広めるため、いろいろなイベントが行われる。

★★ 荒唐無稽《こうとうむけい》

荒唐＋無稽

使い方

うそみたいな話のとき

学校の帰りに宇宙人《うちゅうじん》に会ったなんて、そんな**荒唐無稽《こうとうむけい》**な話は信《しん》じられない。

意味

言動がでたらめで、根拠《こんきょ》がなく、現実的《げんじつてき》でないこと。

由来

「荒唐《こうとう》の言《げん》」と「無稽《むけい》の言《げん》」という言葉が組み合わさってできた。どちらも昔の中国の書物にある言葉で、根拠《こんきょ》がない、でたらめな話という意味。

12月 4日

血清療法《けっせいりょうほう》の日…一八九〇年、ベーリングと北里柴三郎《きたさとしばさぶろう》が、破傷風《はしょうふう》の治療《ちりょう》に役立つ免疫抗体《めんえきこうたい》を発見し、血清療法《けっせいりょうほう》を確立《かくりつ》した日。破傷風《はしょうふう》は、死にいたることもある、こわい病気。

★★★

七転八倒《しちてんばっとう》

七転＋八倒

使い方

とても苦しむとき

たんすの角に足の指をぶつけてしまい、あまりの痛《いた》さに**七転《しちてん》八倒《ばっとう》**した。

意味

ひどい痛《いた》みなどで、転げ回ってもがき苦しむこと。七回転んで八回倒《たお》れるということから。

類義語

・**四苦八苦《しくはっく》**⬇142ページを見てね!

関連語

・**七転八起《しちてんはっき》**⬇164ページを見てね!

12月 5日

国際《こくさい》ボランティアの日…国連《こくれん》によって決められた国際《こくさい》デー。世界の平和のために、ボランティア活動の意義《いぎ》を知り、その活動を広めようという日。

★

勤労奉仕《きんろうほうし》

勤労＋奉仕

使い方

公共《こうきょう》のために働《はたら》くとき

日曜日の朝、母は**勤労奉仕《きんろうほうし》**として学校の草刈《くさか》りに出かけていった。

意味

お金をもらわないで、公共《こうきょう》の目的《もくてき》のために働《はたら》くこと。国の事業や災害《さいがい》のときの救助《きゅうじょ》などがある。ボランティア活動と似《に》ているが、ボランティアは自分から望《のぞ》んで自由に行うものであるのに対し、勤労奉仕《きんろうほうし》は自発的《じはってき》でない場合（学校で決められているなど）もある。

12月
6日

音の日…一八七七年、エジソンが世界で初《はじ》めて蓄音機《ちくおんき》（レコードから音を出す機械《きかい》）による録音《ろくおん》・再生《さいせい》を成功《せいこう》させた日。

★ 不協和音《ふきょうわおん》

不協和＋音

使い方

仲《なか》が悪いとき

クラスの中で、男子と女子の間に**不協和音《ふきょうわおん》**が生じているので、学級会で話し合うことにした。

意味

調和がとれていないこと。人間関係《にんげんかんけい》などが、ぎくしゃくしているときなどにも使われる。

由来

音楽で使われる言葉で、音がきれいに調和していなくて、不安定《ふあんてい》な感じをあたえる和音のことから。

反対語

・**協和音《きょうわおん》**／二つ以上《いじょう》の音がよく調和している和音のこと。

12月
7日

西郷隆盛誕生《さいごうたかもりたんじょう》…一八二七年、西郷隆盛《さいごうたかもり》が生まれた日。隆盛《たかもり》は明治維《めいじい》新《しん》で活躍《かつやく》したが、新政府《しんせいふ》と対立し、西南戦争《せいなんせんそう》（↓30ページ）で戦死《せんし》した。

★★ 質実剛健《しつじつごうけん》

質実＋剛健

使い方

まじめで誠実《せいじつ》なとき

大学生の姉がつきあっている彼《かれ》は**質実剛健《しつじつごうけん》**で、気難《きむずか》しい父にも気に入られている。

ほめるときに使われるよ。

意味

素直《すなお》でまじめであり、健康《けんこう》で強くたくましいこと。「質実《しつじつ》」とは誠実《せいじつ》で飾《かざ》り気《け》がないこと、「剛健《ごうけん》」は強くたくましいという意味。

反対語

・**巧言令色《こうげんれいしょく》**
↓147ページを見てね！

12月
8日

太平洋戦争開戦《たいへいようせんそうかいせん》…一九四一年、日本軍《ぐん》がハワイの真珠湾《しんじゅわん》のアメリカ軍基地《ぐんきち》を攻撃《こうげき》して、太平洋戦争《たいへいようせんそう》が始まった日。

★奇襲攻撃《きしゅうこうげき》

奇襲＋攻撃

使い方

不意《ふい》をついて攻《せ》めるとき

サッカーの試合《しあい》で、開始の合図と同時に一気にかけ上がるという**奇襲攻撃《きしゅうこうげき》**をしかけて、ゴールをうばった。

戦争《せんそう》で使われる言葉だが、スポーツやゲームなどでも使われるよ。

意味

敵《てき》の予想しないような時間や場所、方法《ほうほう》で、攻撃《こうげき》をすること。不意《ふい》打ちをすること。

類義語

・**先制攻撃《せんせいこうげき》**➡189ページを見てね!

12月
9日

漱石忌《そうせきき》…一九一六年のこの日、作家の夏目漱石《なつめそうせき》が亡《な》くなった。漱石《そうせき》のペンネームは左の四字熟語《よじじゅくご》にもとづくもの。

★漱石枕流《そうせきちんりゅう》

漱石＋枕流

使い方

ごまかすとき

教室でボール投げをして窓《まど》ガラスを割《わ》った原《はら》くんは、窓《まど》にハエがいたからたたいたと言ったけれど、それは**漱石枕流《そうせきちんりゅう》**だよ。

意味

自分のまちがいを認《みと》めないで、無理《むり》なこじつけで言いのがれをすること。負《ま》け惜《お》しみが強いこと。

由来

昔の中国の話で、ある人が「石に枕《まくら》し流れに漱《くちすす》ぐ（石を枕《まくら》にして水の流れで口をすすぐように自由に生活したい）」と言うべきところを、まちがえて「石に漱《くちすす》ぎ流れに枕《まくら》す」と言ってしまい、まちがいを指摘《してき》されると、「歯をみがいて耳を洗《あら》うためだ」とごまかしたという話から。

12月
10日

三億円事件《さんおくえんじけん》…一九六八年のこの日、東京で、現金輸送車《げんきんゆそうしゃ》から三億円《さんおくえん》がぬすまれる事件《じけん》が起こった。白バイ警官《けいかん》をよそおった犯人《はんにん》はつかまらず、時効《じこう》となった。

★★
大胆不敵《だいたんふてき》

大胆＋不敵

使い方

恐《おそ》れを知らないとき

高田《たかだ》くんは、給食《きゅうしょく》のおかずが足りなくなったとき、となりのクラスにもらいに行くという**大胆不敵**《だいたんふてき》なやつだ。

意味

度胸《どきょう》があって、何事も恐《おそ》れないこと。「大胆《だいたん》」は胆《きも》（度胸《どきょう》）がすわっていること、「不敵《ふてき》」は敵《てき》を敵《てき》と思わないという意味。

反対語

・**小心翼翼**《しょうしんよくよく》
↓158ページを見てね！

12月
11日

姫路城世界遺産登録《ひめじじょうせかいいさんとうろく》…一九九三年、兵庫県《ひょうごけん》の姫路城《ひめじじょう》が、奈良県《ならけん》の法隆寺《ほうりゅうじ》とともに、ユネスコの世界文化遺産《せかいぶんかいさん》に登録《とうろく》され、日本で初《はじ》めての世界遺産《せかいいさん》となった日。

★★
喜色満面《きしょくまんめん》

喜色＋満面

使い方

うれしくてたまらないとき

ぼくに弟ができた。病院で生まれたばかりの赤ちゃんを見て、ぼくも父も**喜色満面**《きしょくまんめん》だった。

意味

喜《よろこ》びやうれしさが顔中に表れていること。「喜色《きしょく》」は喜《よろこ》びの表情《ひょうじょう》、「満面《まんめん》」は顔いっぱいという意味。

類義語

・**歓天喜地**《かんてんきち》／天と地、両方に向かって喜《よろこ》ぶという意味。

関連語

・**得意満面**《とくいまんめん》
↓14ページを見てね！

漢字の日…一二・一二（いい字・一字）のごろ合わせ。毎年、京都の清水寺《きよみずでら》で、その年の世相を反映《はんえい》した、「今年の漢字」が発表される。

★

一字千金《いちじせんきん》

一字＋千金

使い方

すばらしい文章のとき

転校するときに親友がくれた手紙は、ぼくにとっては**一字千金《いちじせんきん》**だ。

意味

文章や文字などが、とてもすぐれていること。または、何にもたとえられないほどの深い恩《おん》のこと。

「千金《せんきん》」とは大金のことで、一文字が千金《せんきん》にもなるほどすばらしいという意味。「一言千金《いちごんせんきん》」ともいう。

由来

昔の中国の呂不韋《りょふい》という政治家《せいじか》が『呂氏春秋《りょしじゅんじゅう》』という書物を作ったとき、これを町の門の前に置《お》いて、「この書の中の一字《いちじ》でも直すことができた人には千金《せんきん》をあたえる」と言ったという話から。呂不韋《りょふい》は、この書物のできばえに、とても自信《じしん》をもっていたということだ。

「千金」のつく四字熟語

「千金《せんきん》」がつく四字熟語《よじじゅくご》はほかにもあるよ。

- **一諾千金《いちだくせんきん》**／一度した約束《やくそく》は大切にしなければならない。
- **一攫千金《いっかくせんきん》**⬇144ページを見てね!
- **一刻千金《いっこくせんきん》**⬇96ページを見てね!

言葉ノート

一口メモ **漢字の成り立ち**

漢字は、その成《な》り立《た》ちによって、いろいろなタイプに分類《ぶんるい》されるよ。

- **象形文字《しょうけいもじ》**…物の形から作られた絵文字が変化《へんか》した。一番古いタイプ。（例《れい》）山・川・田など。
- **指事文字《しじもじ》**…点や線の組み合わせで作られた文字。（例《れい》）一、二、三、上、下など。
- **会意文字《かいいもじ》**…象形文字《しょうけいもじ》や指事文字《しじもじ》を組み合わせて意味を作った文字。（例《れい》）森、男、国など。
- **形声文字《けいせいもじ》**…意味を表すものと、音を表す部分を組み合わせた文字。漢字の大部分は、このタイプ。（例《れい》）草、海、館など。

12月
13日

双子《ふたご》の日…一八七四年、双子《ふたご》や三つ子が生まれたとき、先に生まれたほうを兄・姉とするという、法令《ほうれい》が出された日。それまでは、先に生まれたほうが弟・妹とされていた。

★★★

大同小異《だいどうしょうい》

大同＋小異

使い方

似《に》たり寄《よ》ったりのとき

すてきな手袋《てぶくろ》がほしいと思ったけれど、そのお店のものは**大《だい》同小異《どうしょうい》**で、気に入ったものがなかった。

意味

細かい部分のちがいはあるが、だいたいは同じということ。「大同《だいどう》」はほとんど同じ、「小異《しょうい》」は少しだけちがうという意味。

類義語

・**同工異曲《どうこういきょく》**➡124ページを見てね!

12月
14日

赤穂浪士《あこうろうし》討《う》ち入《い》りの日…一七〇二年、元赤穂藩《あこうはん》の浪人《ろうにん》四十七人が、主君浅野内匠頭《あさのたくみのかみ》の敵《かたき》である吉良上野介《きらこうずけのすけ》の屋敷《やしき》に攻《せ》め入《い》り、殺害《さつがい》した日。「忠臣蔵《ちゅうしんぐら》」の物語として有名になった。

★★

大義名分《たいぎめいぶん》

大義＋名分

使い方

理由があるとき

明日《あす》はテストがあるのでいやだなと思っていたら、夜、熱《ねつ》を出してしまい、学校を休む**大義名分《たいぎめいぶん》**ができた。

意味

物事を行うときに、その行動が正しいという理由、根拠《こんきょ》のこと。

由来

もとは儒教《じゅきょう》（礼節《れいせつ》を重んじる学問）の言葉で、家来《けらい》として国や主人に対して守るべき道義《どうぎ》のことだった。

12月15日

観光《かんこう》バス記念日《きねんび》…一九二五年、日本最初《さいしょ》の定期観光《ていきかんこう》バス「ユーランバス」の運行が始まった日。

★物見遊山《ものみゆさん》

物見＋遊山

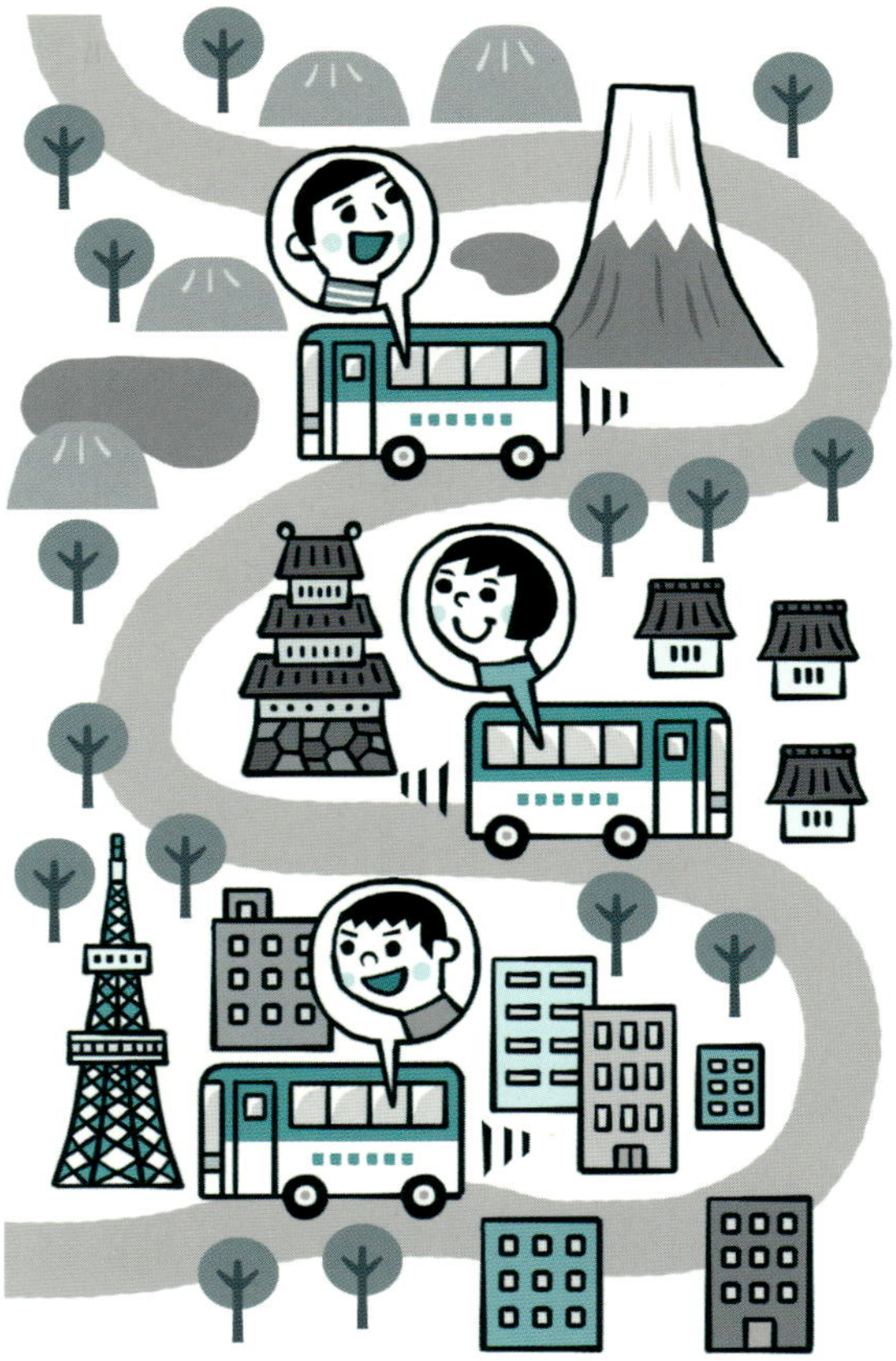

使い方

ゆっくり見物するとき

この前の土曜日、父ととなりの町に**物見遊山《ものみゆさん》**に出かけて、商店街《しょうてんがい》をぶらぶらした。

のんびりした気分のときに使われるよ。

意味

とくに目的《もくてき》をもたないまま、いろいろなところを見たりして遊びに行くこと。「遊山《ゆさん》」は気晴らしに出かけること。「ゆうざん」ではないので注意。

類義語・**観光旅行《かんこうりょこう》**

12月16日

紙の記念日《きねんび》…一八七五年、東京の「抄紙会社《しょうしがいしゃ》」（紙を作る会社）の工場の開業式が行われた日。

★紙一重《かみひとえ》

紙＋一重

使い方

ほとんど差《さ》がないとき

失敗《しっぱい》と成功《せいこう》は**紙一重《かみひとえ》**だから、失敗《しっぱい》してもあきらめないで、また挑戦《ちょうせん》しよう。

ぎりぎりで危険《きけん》を回避《かいひ》したことを「紙一重《かみひとえ》で助かった」などという場合もあるよ。

意味

とてもわずかな差《さ》ということ。「一重《ひとえ》」とは重ならないという意味で、一枚《まい》のこと。「紙一枚《まい》」のちがいということだ。

12月
17日

ライト兄弟の日…一九〇三年、アメリカのライト兄弟が、世界で初《はじ》めて動力《どうりょく》飛行機《ひこうき》での飛行《ひこう》に成功《せいこう》した日。

★★★

試行錯誤《しこうさくご》

試行＋錯誤

使い方

何度も試《ため》すとき

図工の時間に、動くおもちゃを作った。最初《さいしょ》はうまく動かなかったけれど、**試行錯誤《しこうさくご》**を重ねたら動くようになった。

意味

新しいことを行うときに、試《ため》してみて失敗《しっぱい》して、また試《ため》してみて、ということをくり返して、成功《せいこう》に近づいていくこと。

「試行《しこう》」はためすこと、「錯誤《さくご》」はまちがえること。

「試行《しこう》」を「思考《しこう》」と書きまちがえないようにしよう。

12月
18日

東京駅の日…一九一四年、東京駅の完成式《かんせいしき》が行われた日。

★

四通八達《しつうはったつ》

四通＋八達

使い方

交通が便利《べんり》なとき

私《わたし》の家は**四通八達《しつうはったつ》**の場所にあり、いろいろな電車やバスが利用《りよう》できて、とても便利《べんり》だ。

インターネットなど通信網《つうしんもう》が発達《はったつ》しているときにも使われるよ。

意味

道路が四方八方に通じていて、交通網《こうつうもう》が発達《はったつ》していること。また、車や人の行き来が多くてにぎやかな場所のこと。「四通《しつう》」は四方に、「八達《はったつ》」は八方に通じていること。「四通五達《しつうごたつ》」ともいう。

12月
19日

日本初飛行《はつひこう》の日…一九一〇年のこの日、徳川好敏大尉《とくがわよしとしたいい》が、日本で初《はじ》めての有人飛行《ゆうじんひこう》に成功《せいこう》した日。

★★
言行一致《げんこういっち》

言行＋一致

使い方

言うことと行動が一致《いっち》しているとき

家族の信頼《しんらい》を得《え》るために、父は日ごろから**言行一致《げんこういっち》**を心がけているようだ。

意味

口で言うことと行動することが合っていること。自分がふだんから言っている通りに行動すること。「言行《げんこう》」は発言と行動のこと。

反対語

・**言行齟齬《げんこうそご》**／言ったこととすることがちがっていること。
・**言行不一致《げんこうふいっち》**／言うこととすることが合わないこと。

12月
20日

デパート開業の日…一九〇四年、東京の日本橋で、三越呉服店《みつこしごふくてん》（今の三越《みつこし》）が、西洋のデパート形式での営業《えいぎょう》を開始した日。

★★
二者択一《にしゃたくいつ》

二者＋択一

使い方

二つから選《えら》ぶとき

外食をするとき、ラーメン屋さんかおそば屋さんのどっちがいいかと聞かれたけれど、その**二者択一《にしゃたくいつ》**はいやだな。

意味

二つのうちのどちらか一つを選《えら》ぶこと。「択一《たくいつ》」はいくつかの中からどれかを選《えら》ぶこと。ちぢめて、「二択《にたく》」ともいうよ。

類義語

・**二者選一《にしゃせんいつ》**

12月
21日

★
刻一刻《こくいっこく》

回文の日…一二・二一と回文のようになっていることから。回文とは、上から読んでも下から読んでも同じ読みになる言葉のこと。

刻＋一刻

使い方

時間が過《す》ぎるとき

父へのクリスマスプレゼントにマフラーを編《あ》んでいるけれど、なかなかできない。クリスマスは**刻一刻**《こくいっこく》とせまっている。

「刻一刻《こくいっこく》と過《す》ぎる」「刻一刻《こくいっこく》と変《か》わる」などとも使うよ。

意味

だんだんと時間が経過《けいか》していく様子。しだいしだいに。

「刻《こく》」は時間を表す。

一口メモ

日一日《ひいちにち》、劇中劇《げきちゅうげき》、東北東《とうほくとう》など、回文になっている三字熟語《さんじじゅくご》はほかにもあるよ。さがしてみよう。

12月
22日

★★
小春日和《こはるびより》

冬至《とうじ》…一年のうちでもっとも昼の長さが短いといわれる日で、十二月二十二日ごろ。かぼちゃを食べ、ゆず湯に入る風習がある。

小春＋日和

使い方

冬の暖《あたた》かい日

今日《きょう》は**小春日和**《こはるびより》で、みんな上着をぬぎすてて遊んでいた。

春に使う言葉ではないので注意しよう。

意味

冬の初《はじ》めの、暖《あたた》かくておだやかな晴れの日のこと。だいたい、十一〜十二月ごろのことをいうことが多い。

由来

「小春《こはる》」とは、旧暦《きゅうれき》十月（今の十月終わりから十二月初《はじ》めごろ）の別名《べつめい》。このころ、春のように暖《あたた》かい日が続《つづ》くので、こうよばれる。

12月
23日

東京タワー完工《かんこう》の日…一九五八年、東京タワーが完成《かんせい》した日。高さ三百三十三メートルで、当時は世界一の高さだった。

★★★

一朝一夕《いっちょういっせき》

一朝＋一夕

使い方

すぐできないとき

一流のスポーツ選手《せんしゅ》も、**一朝一夕《いっちょういっせき》**で一流になったわけではない。長年、練習を積《つ》み重《かさ》ねた結果《けっか》なのだ。

「一朝一夕《いっちょういっせき》にはできない」というように、かんたんにはいかないという意味で使われることが多いよ。

意味

わずかな短い期間のこと。一日か一晩《ひとばん》かという意味。「いっちょういちゆう」ではないので注意。

12月
24日

クリスマスイブ…クリスマスの前夜のこと。キリスト教会でミサが行われる。日本では、ごちそうやケーキを食べることが多い。

★★

無理難題《むりなんだい》

無理＋難題

使い方

むずかしい注文のとき

いっしょに図書係をしている藤本《ふじもと》くんは、いつもぼくに**無理《むり》難題《なんだい》**をおしつけてくるので、とても困《こま》る。

できないことを言われて困《こま》るようなときに使うよ。

意味

実現《じつげん》できないような注文のこと。かんたんに解決《かいけつ》できないような問題のこと。「難題《なんだい》」とはむずかしい問題、言いがかりという意味。

類義語

・**無理無体《むりむたい》**／相手の考えを無視《むし》して、強引《ごういん》に物事を行うこと。

12月
25日

クリスマス…イエス・キリストの誕生日《たんじょうび》を祝《いわ》うお祭り。クリスマスツリーをかざり、プレゼントを交換《こうかん》する。キリスト教の国では、家族で過《す》ごす日とされている。

★ 全《ぜん》知《ち》全《ぜん》能《のう》

全知＋全能

使い方

神様のことをいうとき

先生は**全知全能**《ぜんちぜんのう》の神ではないので、何でも知っていると思ってはいけないよ。

意味

あらゆることを知っていて、なんでもできる能力《のうりょく》ということ。神様の力についていうことが多い。

類義語

・**完全無欠**《かんぜんむけつ》➡95ページを見てね！

反対語

・**無知無能**《むちむのう》／何も知らず、役に立たないこと。

12月
26日

プロ野球誕生《たんじょう》の日…一九三四年、日本で初《はじ》めてのプロ野球チーム、大日本東京野球倶楽部《だいにっぽんとうきょうやきゅうくらぶ》（今の読売巨人軍《よみうりきょじんぐん》）ができた日。

★★ 呉《ご》越《えつ》同《どう》舟《しゅう》

呉越＋同舟

使い方

敵《てき》どうしが協力《きょうりょく》するとき

キャンプのとき、いつもは仲《なか》が悪い船越《ふなこし》くんと堂本《どうもと》くんが同じ班《はん》で協力《きょうりょく》してカレーを作った。**呉越同舟**《ごえつどうしゅう》だね。

ただいっしょにいるだけのときも使われるよ。

意味

敵《てき》どうしや仲《なか》の悪い者どうしが、同じ場所にいたり、共通《きょうつう》の目的《もくてき》のために協力《きょうりょく》したりすること。

由来

昔の中国の故事《こじ》で、呉《ご》と越《えつ》という敵《てき》どうしの国の人が同じ船に乗っているとき、船が大風《おおかぜ》でしずみそうになったら、おたがいに助け合ったということから。

12月 27日

ピーターパンの日…一九〇四年、『ピーターパン』のお芝居《しばい》が、初《はじ》めてロンドンで上演《じょうえん》された日。

★★

不老不死《ふろうふし》

不老＋不死

使い方

ずっと若《わか》いとき

ぼくのおばあちゃんは、**不老不死《ふろうふし》**の薬を飲んでいるかのように、アルバムの写真がずっと変《か》わらないので、ふしぎだ。

意味

ずっと若《わか》いままで年を取らず、生《い》き続《つづ》けること。老《お》いず死なずということ。

「不老《ふろう》」は老《お》いないこと、「不死《ふし》」は死なないという意味。

類義語

・**不老長寿《ふろうちょうじゅ》**／いつまでも年を取らず、長生きすること。

12月 28日

仕事納《しごとおさ》め…十二月の、仕事をする最後《さいご》の日。会社などによってちがうが、十二月二十八日のところが多い。

★

十年一日《じゅうねんいちじつ》

十年＋一日

使い方

ずっと同じとき

ぼくのうちでは、**十年一日《じゅうねんいちじつ》**のごとく、お正月には近所の神社に初詣《はつもうで》に行って、うちでおせちを食べている。

「十年一日《じゅうねんいちじつ》のごとく」「十年一日《じゅうねんいちじつ》のように」などという使い方をするよ。あまりよい意味では使わない。

意味

長い年月の間、まったく変《か》わらずにずっと同じであること。また、長い時間がたっても、進歩しないこと。

十年間、同じ一日を過《す》ごすという意味。

12月 29日

大掃除《おおそうじ》…年末《ねんまつ》には、一年のよごれを落とすために家の大掃除《おおそうじ》をする。これは、お正月にやってくる歳神様《としがみさま》を気持ちよくむかえるためだ。

★★★

取捨選択《しゅしゃせんたく》

取捨＋選択

使い方

選《えら》ぶとき

冬休みにやろうと思うことを書き出したら、とてもたくさんになったので、**取捨選択《しゅしゃせんたく》**して五つにしぼろうと思う。

意味

たくさんのものの中から、必要《ひつよう》なものを選《えら》び取《と》って、いらないものを捨《す》てること。えりぬくこと。

「取捨《しゅしゃ》」は取り上げることと捨《す》てること、「選択《せんたく》」は選《えら》ぶという意味。

類義語

・**断捨離《だんしゃり》** ➡157ページを見てね！

12月 30日

日本レコード大賞《たいしょう》…スポーツ紙をふくむ新聞社の人たちが中心となって、その年にもっとも流行した大賞曲《たいしょうきょく》などを選《えら》ぶ。

★

拍手喝采《はくしゅかっさい》

拍手＋喝采

使い方

ほめたたえるとき

ピアノの発表会で演奏《えんそう》して、**拍手喝采《はくしゅかっさい》**をあびた。

すばらしいという気持ちを表すときに使うよ。

意味

その人がやったことに対して、手をたたいて、声を上げてほめたたえること。

「喝采《かっさい》」は声に出してほめること。

反対語

・**非難囂囂《ひなんごうごう》**／よくないところや失敗《しっぱい》を責《せ》める声がとても多いこと。

今年もいろいろあったけど
こうやってみんなで年を越せて…
よかったね～
よかったニャ～

大晦日《おおみそか》…一年の最後《さいご》の日。除夜《じょや》の鐘《かね》をつき、年越《としこ》しそばを食べるなど、年越《としこ》しのためのいろいろな行事が行われる。

★有終之美《ゆうしゅうのび》

有終＋之＋美

使い方

最後《さいご》までやりとげるとき

小学校ももうすぐ卒業《そつぎょう》だけれど、三学期は勉強も運動もがんばって、**有終之美《ゆうしゅうのび》**をかざろう。

「有終之美《ゆうしゅうのび》をかざる」という使い方をすることが多いよ。

意味

物事を最後《さいご》までやりとげて、最後《さいご》に立派《りっぱ》な結《けっ》果《か》を残《のこ》すこと。最後《さいご》をきれいに終えること。

「有終《ゆうしゅう》の美《び》」と書くことも多いよ。

「優秀《ゆうしゅう》之《の》美《び》」ではないので注意しよう。

由来

「有終《ゆうしゅう》」とは、昔の中国の書物の中にある「初《はじ》め有《あ》らざるなし、よく終わり有《あ》るはすくなし（初《はじ》めはみんなできるが、最後《さいご》までやりとげるのはむずかしい）」という言葉から、終わりまで全《まっと》うするという意味。この「有終《ゆうしゅう》」に「美《び》」をつけた言葉。

やってみよう

自分の有終之美《ゆうしゅうのび》を考えてみよう。

〈例《れい》〉・小学校最後《さいご》の大会で有終之美《ゆうしゅうのび》をかざるぞ。

・二学期最後《さいご》のテストで百点取って、有終之美《ゆうしゅうのび》をかざるぞ。

・部屋の大掃除《おおそうじ》をして有終之美《ゆうしゅうのび》をかざるぞ。

言葉ノート

一口メモ **大晦日の行事**

新年をむかえるために、さまざまな行事が行われるよ。

- **年越《としこ》しそば**…江戸《えど》時代に始まった行事。その由来は、そばのように細く長く生きるという長寿《ちょうじゅ》の願《ねが》いや、そばは切れやすいので１年の苦労《くろう》や借金《しゃっきん》などを切りすてるという意味、そばは内臓《ないぞう》をきれいにしてくれるなど、ほかにもいろいろあるよ。
- **除夜《じょや》の鐘《かね》**…お寺でつかれる除夜《じょや》の鐘《かね》は、108回と決まっている。108は、人間の煩悩《ぼんのう》の数といわれている。煩悩《ぼんのう》とは人の欲望《よくぼう》や怒《いか》りなど、人を悩《なや》ませる心のことで、煩悩《ぼんのう》を払《はら》うために除夜《じょや》の鐘《かね》をついて心を浄《きよ》めるといわれる。

四字熟語ものしり館

パロディ四字熟語を作ろう

四字熟語《よじじゅくご》のパロディを作ってみよう。意味も説明《せつめい》できるものにしよう。もとの四字熟語《よじじゅくご》と音が似《に》ている漢字を選《えら》ぶのがポイントだよ。楽しいのができたら、友達《ともだち》と見せあおう！

●一文字か二文字だけ変《か》えてみよう

一日一膳《いちにちいちぜん》
▶一日一善《いちにちいちぜん》（➡98ページ）

一日のご飯《はん》が一膳《いちぜん》だけという意味から、質素《しっそ》な食事のこと。

一方美人《いっぽうびじん》
▶八方美人《はっぽうびじん》（➡29ページ）

一方向にだけ美人という意味から、相手によって態度《たいど》が変《か》わる人のこと。

海線山線《うみせんやません》
▶海千山千《うみせんやません》（➡117ページ）

海の線と山の線という意味から、地図のこと。

焼肉給食《やきにくきゅうしょく》
▶弱肉強食《じゃくにくきょうしょく》（➡85ページ）

給食《きゅうしょく》が焼肉《やきにく》だったらうれしいことから、とてもうれしいという意味。

衣装大事《いしょうだいじ》
▶後生大事《ごしょうだいじ》（➡154ページ）

ファッションが大切という意味から、おしゃれな人のこと。

友情不断《ゆうじょうふだん》
▶優柔不断《ゆうじゅうふだん》（➡93ページ）

「不断《ふだん》」は続《つづ》くという意味。友情《ゆうじょう》が続《つづ》くことから、一生の友達《ともだち》のこと。

●三文字か四文字変《か》えてみよう

本心普通《ほんしんふつう》
▶音信不通《おんしんふつう》（➡173ページ）

本心は普通《ふつう》という意味から、とくに好《す》きでもきらいでもないこと。

一気当選《いっきとうせん》
▶一騎当千《いっきとうせん》（➡82ページ）

選挙《せんきょ》などで一気に当選《とうせん》することから、大勝ちすること。

朝礼五回《ちょうれいごかい》
▶朝令暮改《ちょうれいぼかい》（➡122ページ）

朝礼を五回やるという意味から、めんどうでむだなこと。

今後相談《こんごそうだん》
▶言語道断《ごんごどうだん》（➡149ページ）

今後のことを相談する意味から、大切な話し合いのこと。

高原米食《こうげんべいしょく》
▶巧言令色《こうげんれいしょく》（➡147ページ）

高原でお米を食べるという意味から、ピクニックをすること。

月火人参《げっかにんじん》
▶月下氷人《げっかひょうじん》（➡183ページ）

「人参《にんじん》」は野菜《やさい》のニンジン。週の最初《さいしょ》の月曜日と火曜日のおかずはニンジンという意味から、最初《さいしょ》にいやなことがあること。

五十音さくいん

この本で取り上げている熟《じゅく》語《ご》を、五十音順《ごじゅうおんじゅん》にならべています。

さくいん

熟語の下にある数字はページ数です。

あ

合縁奇縁《あいえんきえん》 182
愛別離苦《あいべつりく》 21
曖昧模糊《あいまいもこ》 166
青息吐息《あおいきといき》 190
悪事千里《あくじせんり》 53
悪戦苦闘《あくせんくとう》 21・100・142
阿鼻叫喚《あびきょうかん》 103
数多度《あまたたび》 66
暗黒時代《あんこくじだい》 31・125
安心立命《あんしんりつめい》 20
安全第一《あんぜんだいいち》 189
暗中模索《あんちゅうもさく》 51
衣冠束帯《いかんそくたい》 40
意気軒昂《いきけんこう》 15・18・84
意気消沈《いきしょうちん》 15・18・84
意気投合《いきとうごう》 15
意気揚揚《いきようよう》 15・18・84
異口同音《いくどうおん》 21・191
異口同声《いくどうせい》 191
意志薄弱《いしはくじゃく》 12・93・185
医食同源《いしょくどうげん》 59
衣食礼節《いしょくれいせつ》 40
以心伝心《いしんでんしん》 35・150・185
異体同心《いたいどうしん》 79・197
一意専心《いちいせんしん》 5・75
一衣帯水《いちいたいすい》 25・40
一往一来《いちおういちらい》 95
一芸一能《いちげいいちのう》 181
一言一行《いちげんいっこう》 54
一言居士《いちげんこじ》 150
一期一会《いちごいちえ》 25
一伍一什《いちごいちじゅう》 176
一言一句《いちごんいっく》 81
一言半句《いちごんはんく》 81
一字千金《いちじせんきん》 204
一日三秋《いちじつさんしゅう》 111
一日千秋《いちじつせんしゅう》 111
一日之長《いちじつのちょう》 96
一汁一菜《いちじゅういっさい》 123
一汁五菜《いちじゅうごさい》 123
一汁三菜《いちじゅうさんさい》 123
一諾千金《いちだくせんきん》 204
一日一善《いちにちいちぜん》 98・215
一念発起《いちねんほっき》 141
一姫二太郎《いちひめにたろう》 155
一分一厘《いちぶいちりん》 181
一部始終《いちぶしじゅう》 38・176
一望千里《いちぼうせんり》 84
一木一草《いちぼくいっそう》 107
一網打尽《いちもうだじん》 83
一目瞭然《いちもくりょうぜん》 166
一問一答《いちもんいっとう》 181・195
一陽来復《いちようらいふく》 23
一利一害《いちりいちがい》 170・181
一蓮托生《いちれんたくしょう》 81
一六勝負《いちろくしょうぶ》 177
一攫千金《いっかくせんきん》 37・96・144・204
一家相伝《いっかそうでん》 99
一家団欒《いっかだんらん》 104
一喜一憂《いっきいちゆう》 13・85
一気呵成《いっきかせい》 83・96
一騎当千《いっきとうせん》 82・215
一球入魂《いっきゅうにゅうこん》 101
一挙一動《いっきょいちどう》 54
一挙手一投足《いっきょしゅいっとうそく》 54
一挙両失《いっきょりょうしつ》 77
一挙両得《いっきょりょうとく》 61・77
一件落着《いっけんらくちゃく》 55
一国一城《いっこくいちじょう》 59・70・109
一刻千金《いっこくせんきん》 96・204
一刻千秋《いっこくせんしゅう》 96・111
一子相伝《いっしそうでん》 74・99
一視同仁《いっしどうじん》 197
一瀉千里《いっしゃせんり》 83
一宿一飯《いっしゅくいっぱん》 80
一生懸命《いっしょうけんめい》 42・114
一触即発《いっしょくそくはつ》 105
一所懸命《いっしょけんめい》 114
一進一退《いっしんいったい》 13
一心同体《いっしんどうたい》 79・197
一心不乱《いっしんふらん》 5・75・150
一世一代《いっせいちだい》 32
一世一度《いっせいちど》 32
一石二鳥《いっせきにちょう》 37・61・77
一致協力《いっちきょうりょく》 13
一致団結《いっちだんけつ》 13
一知半解《いっちはんかい》 90
一朝一夕《いっちょういっせき》 210
一長一短《いっちょういったん》 181
一張羅《いっちょうら》 40・128
一刀両断《いっとうりょうだん》 127・151
一得一失《いっとくいっしつ》 170・181
一発逆転《いっぱつぎゃくてん》 145
一方通行《いっぽうつうこう》 86
一本調子《いっぽんぢょうし》 34
井戸端会議《いどばたかいぎ》 155
威風堂堂《いふうどうどう》 38
意味深長《いみしんちょう》 167
因果応報《いんがおうほう》 51・175
有為転変《ういてんぺん》 150
右往左往《うおうさおう》 34・195
烏合之衆《うごうのしゅう》 89
有象無象《うぞうむぞう》 46
宇宙遊泳《うちゅうゆうえい》 199
海千山千《うみせんやません》 37・49・116・117・215
有耶無耶《うやむや》 166
雲合霧集《うんごうむしゅう》 116
雲散霧消《うんさんむしょう》 116
雲集霧散《うんしゅうむさん》 101
栄枯盛衰《えいこせいすい》 169
栄耀栄華《えいようえいが》 19
益者三友《えきしゃさんゆう》 197
依怙贔屓《えこひいき》 170
絵空事《えそらごと》 8
得手勝手《えてかって》 178
江戸前《えどまえ》 157
遠水近火《えんすいきんか》 126
桜花爛漫《おうからんまん》 74・143
往古来今《おうこらいこん》 190
黄金時代《おうごんじだい》 31・125
黄金週間《おうごんしゅうかん》 71
鷹揚自若《おうようじじゃく》 77
傍目八目《おかめはちもく》 6
億万長者《おくまんちょうじゃ》 55
十八番《おはこ》 14
温故知新《おんこちしん》 19・94・167・185
音信不通《おんしんふつう》 173・215
乳母日傘《おんばひがさ》 74

か

開口一番《かいこういちばん》 161
解語之花《かいごのはな》 39
外柔内剛《がいじゅうないごう》 135
快刀乱麻《かいとうらんま》 127・151・185
偕老同穴《かいろうどうけつ》 192
夏雲奇峰《かうんきほう》 143
呵呵大笑《かかたいしょう》 24・47
蝸牛角上《かぎゅうかくじょう》 107
加減乗除《かげんじょうじょ》 130
臥薪嘗胆《がしんしょうたん》 22・89
佳人薄命《かじんはくめい》 29・132
家族団欒《かぞくだんらん》 104
花鳥風月《かちょうふうげつ》 21・136
我田引水《がでんいんすい》 21・41・178・196
紙一重《かみひとえ》 206
画竜点睛《がりょうてんせい》 89・180
夏炉冬扇《かろとうせん》 90・186
為替相場《かわせそうば》 110
観光旅行《かんこうりょこう》 206
閑古鳥《かんこどり》 157
冠婚葬祭《かんこんそうさい》 147
感謝感激《かんしゃかんげき》 43
勧善懲悪《かんぜんちょうあく》 108
完全燃焼《かんぜんねんしょう》 12・42

完全無欠《かんぜんむけつ》……95・211
歓天喜地《かんてんきち》……203
旱天慈雨《かんてんじう》……179
艱難辛苦《かんなんしんく》……16
感無量《かんむりょう》……11
冠履転倒《かんりてんとう》……90
危機一髪《ききいっぱつ》……63・185
奇奇怪怪《ききかいかい》……21・65
危急存亡《ききゅうそんぼう》……42
起死回生《きしかいせい》……135・145
奇襲攻撃《きしゅうこうげき》……202
起承転結《きしょうてんけつ》……21・194
喜色満面《きしょくまんめん》……14・203
疑心暗鬼《ぎしんあんき》……115
奇想天外《きそうてんがい》……65
奇怪千万《きっかいせんばん》……65
喜怒哀楽《きどあいらく》……198
気分転換《きぶんてんかん》……44
脚下照顧《きゃっかしょうこ》……138
牛飲馬食《ぎゅういんばしょく》……76・141
九牛一毛《きゅうぎゅういちもう》……55
九死一生《きゅうしいっしょう》……148
旧態依然《きゅうたいいぜん》……87・137
急転直下《きゅうてんちょっか》……112
恭賀新年《きょうがしんねん》……4
鏡花水月《きょうかすいげつ》……126
共存共栄《きょうぞんきょうえい》……164
器用貧乏《きようびんぼう》……133
興味津津《きょうみしんしん》……91
協和音《きょうわおん》……201
玉石混交《ぎょくせきこんこう》……186
虚心坦懐《きょしんたんかい》……126
義理人情《ぎりにんじょう》……47
綺麗事《きれいごと》……50
金科玉条《きんかぎょくじょう》……73
謹賀新年《きんがしんねん》……4
欣喜雀躍《きんきじゃくやく》……77
金銀財宝《きんぎんざいほう》……108
謹厳実直《きんげんじっちょく》……162
緊褌一番《きんこんいちばん》……138・141
金石之交《きんせきのまじわり》……125
金襴緞子《きんらんどんす》……40
勤労奉仕《きんろうほうし》……200
空前絶後《くうぜんぜつご》……36・102
空理空論《くうりくうろん》……8
苦心惨憺《くしんさんたん》……100
君子豹変《くんしひょうへん》……107
鯨飲馬食《げいいんばしょく》……76・141
鶏口牛後《けいこうぎゅうご》……146
軽佻浮薄《けいちょうふはく》……90
軽薄短小《けいはくたんしょう》……21
月下氷人《げっかひょうじん》……183・215
喧嘩両成敗《けんかりょうせいばい》……155
元気溌剌《げんきはつらつ》……187
言行一致《げんこういっち》……21・208
言行齟齬《げんこうそご》……208
言行不一致《げんこうふいっち》……208
乾坤一擲《けんこんいってき》……89
捲土重来《けんどちょうらい》……22・135
紅一点《こういってん》……118
好学尚武《こうがくしょうぶ》……188
豪華絢爛《ごうかけんらん》……64
厚顔無恥《こうがんむち》……136
好奇心《こうきしん》……68
好機到来《こうきとうらい》……37・121
恒久平和《こうきゅうへいわ》……129
高空飛行《こうくうひこう》……63
巧言令色《こうげんれいしょく》……29・94・147・167・201・215
降水確率《こうすいかくりつ》……97
広大無辺《こうだいむへん》……62
荒唐無稽《こうとうむけい》……199
公平無私《こうへいむし》……140・170
豪放磊落《ごうほうらいらく》……158
公明正大《こうめいせいだい》……140・170
呉越同舟《ごえつどうしゅう》……89・211
刻一刻《こくいっこく》……209
国際平和《こくさいへいわ》……69・134
国士無双《こくしむそう》……139
極楽浄土《ごくらくじょうど》……106
孤軍奮闘《こぐんふんとう》……30・57・133
五穀豊穣《ごこくほうじょう》……179
古今東西《ここんとうざい》……190
古今独歩《ここんどっぽ》……27
古今無双《ここんむそう》……27
虎視眈眈《こしたんたん》……123
五十歩百歩《ごじっぽひゃっぽ》……155
後生大事《ごしょうだいじ》……154・215
古色蒼然《こしょくそうぜん》……18
五臓六腑《ごぞうろっぷ》……55
胡蝶之夢《こちょうのゆめ》……89
虎頭蛇尾《ことうだび》……139
小春日和《こはるびより》……209
枯木寒巌《こぼくかんがん》……143
孤立無援《こりつむえん》……30・57・133
五里霧中《ごりむちゅう》……21・51・89・165・185
言語道断《ごんごどうだん》……149・150・215
渾然一体《こんぜんいったい》……16
蒟蒻問答《こんにゃくもんどう》……87

さ

再三再四《さいさんさいし》……66
才色兼備《さいしょくけんび》……29・41・196
西方浄土《さいほうじょうど》……106
桜吹雪《さくらふぶき》……52
三寒四温《さんかんしおん》……24
三三九度《さんさんくど》……177
三三五五《さんさんごご》……57
山紫水明《さんしすいめい》……119・132
三者三様《さんしゃさんよう》……31・49・86
三十六計《さんじゅうろっけい》……55・177
三千世界《さんぜんせかい》……55
三拝九拝《さんぱいきゅうはい》……60
三位一体《さんみいったい》……109・185
四海兄弟《しかいけいてい》……197
四角四面《しかくしめん》……162
自画自賛《じがじさん》……54・196
時期尚早《じきしょうそう》……96
自給自足《じきゅうじそく》……168
四苦八苦《しくはっく》……100・142・200
試行錯誤《しこうさくご》……207
自業自得《じごうじとく》……37・175
自己満足《じこまんぞく》……26
自作自演《じさくじえん》……196
時時刻刻《じじこっこく》……96
子子孫孫《ししそんそん》……67・74
事実無根《じじつむこん》……37・56
獅子奮迅《ししふんじん》……131
四捨五入《ししゃごにゅう》……55
自主独立《じしゅどくりつ》……109・115
史上空前《しじょうくうぜん》……118
自縄自縛《じじょうじばく》……175
四神相応《しじんそうおう》……173
時節到来《じせつとうらい》……37
自然淘汰《しぜんとうた》……64
四則演算《しそくえんざん》……130
時代錯誤《じだいさくご》……163
舌先三寸《したさきさんずん》……161
七転八起《しちてんはっき》……164・200
七転八倒《しちてんばっとう》……55・164・200
七難八苦《しちなんはっく》……16・142
四通八達《しつうはったつ》……207
質疑応答《しつぎおうとう》……21・195
質実剛健《しつじつごうけん》……201
十中八九《じっちゅうはっく》……55
疾風迅雷《しっぷうじんらい》……176・179
四百四病《しひゃくしびょう》……55
自分勝手《じぶんかって》……41
自暴自棄《じぼうじき》……119・196
四面楚歌《しめんそか》……22・30・57・89・133
自問自答《じもんじとう》……151・196
杓子定規《しゃくしじょうぎ》……9・90・162
弱肉強食《じゃくにくきょうしょく》……85・164・215
灼熱地獄《しゃくねつじごく》……143
社交辞令《しゃこうじれい》……50
縦横無尽《じゅうおうむじん》……10・160
衆口一致《しゅうこういっち》……191
終始一貫《しゅうしいっかん》……38・45・88・194
自由自在《じゆうじざい》……10・21・160・196
周章狼狽《しゅうしょうろうばい》……34・107・195
十全十美《じゅうぜんじゅうび》……95
秋霜烈日《しゅうそうれつじつ》……48・129
十人十色《じゅうにんといろ》……23・31・49・86
十年一日《じゅうねんいちじつ》……212
秋風落莫《しゅうふうらくばく》……143
十万億土《じゅうまんおくど》……106
主客転倒《しゅかくてんとう》……33・90
主権回復《しゅけんかいふく》……148
取捨選択《しゅしゃせんたく》……21・213
首尾一貫《しゅびいっかん》……45・88・122・194
春夏秋冬《しゅんかしゅうとう》……21
春宵一刻《しゅんしょういっこく》……143
純情可憐《じゅんじょうかれん》……74・188
純真無垢《じゅんしんむく》……40・74・188
春風駘蕩《しゅんぷうたいとう》……48
順風満帆《じゅんぷうまんぱん》……11
情意投合《じょういとうごう》……15
笑止千万《しょうしせんばん》……49
盛者必衰《じょうしゃひっすい》……169
常住坐臥《じょうじゅうざが》……177
正真正銘《しょうしんしょうめい》……56・169
小心翼翼《しょうしんよくよく》……158・203
常套手段《じょうとうしゅだん》……193
商売繁盛《しょうばいはんじょう》……160
枝葉末節《しようまっせつ》……68
初志貫徹《しょしかんてつ》……88

白河夜船《しらかわよふね》 …… 145
支離滅裂《しりめつれつ》 …… 105・122
思慮分別《しりょふんべつ》 …… 172
四六時中《しろくじちゅう》 …… 177
心機一転《しんきいってん》 …… 6・185
真剣勝負《しんけんしょうぶ》 …… 62
深山幽谷《しんざんゆうこく》 …… 73
伸縮自在《しんしゅくじざい》 …… 75
針小棒大《しんしょうぼうだい》 …… 26
新進気鋭《しんしんきえい》 …… 48
人跡未踏《じんせきみとう》 …… 118
迅速果敢《じんそくかかん》 …… 184
新天地《しんてんち》 …… 168
心頭滅却《しんとうめっきゃく》 …… 126
人面桃花《じんめんとうか》 …… 39
森羅万象《しんらばんしょう》 …… 46
親類縁者《しんるいえんじゃ》 …… 197
水清無魚《すいせいむぎょ》 …… 126
頭寒足熱《ずかんそくねつ》 …… 193
晴耕雨読《せいこううどく》 …… 71
西高東低《せいこうとうてい》 …… 30
聖人君子《せいじんくんし》 …… 196
誠心誠意《せいしんせいい》 …… 76
正心誠意《せいしんせいい》 …… 76
正正堂堂《せいせいどうどう》 …… 21・32
青天白日《せいてんはくじつ》 …… 154
青天霹靂《せいてんへきれき》 …… 125
整理整頓《せいりせいとん》 …… 88・157
清廉潔白《せいれんけっぱく》 …… 154
世界平和《せかいへいわ》 …… 69
責任転嫁《せきにんてんか》 …… 90
雪月風花《せつげつふうか》 …… 136・179
切磋琢磨《せっさたくま》 …… 10
絶体絶命《ぜったいぜつめい》 …… 63・185
雪中松柏《せっちゅうしょうはく》 …… 143
船外活動《せんがいかつどう》 …… 199
浅学非才《せんがくひさい》 …… 152
千客万来《せんきゃくばんらい》 …… 49・160
千軍万馬《せんぐんばんば》 …… 49
千言万語《せんげんばんご》 …… 81
前後左右《ぜんごさゆう》 …… 66
千載一遇《せんざいいちぐう》 …… 55・121
千差万別《せんさばんべつ》 …… 23・31・49
千紫万紅《せんしばんこう》 …… 124・125
千秋楽《せんしゅうらく》 …… 157
前人未到《ぜんじんみとう》 …… 118
先制攻撃《せんせいこうげき》 …… 189・202
戦戦恐恐《せんせんきょうきょう》 …… 158
戦争放棄《せんそうほうき》 …… 134
先祖供養《せんぞくよう》 …… 156
前代未聞《ぜんだいみもん》 …… 36・102
栴檀双葉《せんだんのふたば》 …… 113
全知全能《ぜんちぜんのう》 …… 95・211
先手必勝《せんてひっしょう》 …… 189
前途多難《ぜんとたなん》 …… 8
前途有望《ぜんとゆうぼう》 …… 8
前途洋洋《ぜんとようよう》 …… 8
善男善女《ぜんなんぜんにょ》 …… 150
千篇一律《せんぺんいちりつ》 …… 34
千変万化《せんぺんばんか》 …… 34・49
千里眼《せんりがん》 …… 20
全力投球《ぜんりょくとうきゅう》 …… 42・101
創意工夫《そういくふう》 …… 193
相互扶助《そうごふじょ》 …… 137
荘厳華麗《そうごんかれい》 …… 64
相思相愛《そうしそうあい》 …… 45
漱石枕流《そうせきちんりゅう》 …… 202
相即不離《そうそくふり》 …… 163
走馬灯《そうまとう》 …… 134
即断即決《そくだんそっけつ》 …… 93・96・184
祖先崇拝《そせんすうはい》 …… 156
損者三友《そんしゃさんゆう》 …… 197

た

大願成就《たいがんじょうじゅ》 …… 80
大気汚染《たいきおせん》 …… 117
大器晩成《たいきばんせい》 …… 113
大義名分《たいぎめいぶん》 …… 205
大言壮語《たいげんそうご》 …… 26
大黒柱《だいこくばしら》 …… 100
大山鳴動《たいざんめいどう》 …… 139
泰然自若《たいぜんじじゃく》 …… 34・195
大胆不敵《だいたんふてき》 …… 158・203
大同小異《だいどうしょうい》 …… 124・155・205
台風一過《たいふういっか》 …… 179
多芸多才《たげいたさい》 …… 153
多事多患《たじたかん》 …… 27
多事多端《たじたたん》 …… 153
多事多難《たじたなん》 …… 27
多種多様《たしゅたよう》 …… 23・31・49
他力本願《たりきほんがん》 …… 37・58
断崖絶壁《だんがいぜっぺき》 …… 179
探究心《たんきゅうしん》 …… 68
断捨離《だんしゃり》 …… 157・213
胆大心小《たんだいしんしょう》 …… 138
単刀直入《たんとうちょくにゅう》 …… 184
治外法権《ちがいほうけん》 …… 33
遅疑逡巡《ちぎしゅんじゅん》 …… 184
池魚籠鳥《ちぎょろうちょう》 …… 77
竹馬之友《ちくばのとも》 …… 74
知的欲求《ちてきよっきゅう》 …… 68
智勇兼備《ちゆうけんび》 …… 196
中秋名月《ちゅうしゅうめいげつ》 …… 143
中途半端《ちゅうとはんぱ》 …… 106
中肉中背《ちゅうにくちゅうぜい》 …… 161
昼夜兼行《ちゅうやけんこう》 …… 102・192
兆載永劫《ちょうさいようごう》 …… 55
朝三暮四《ちょうさんぼし》 …… 89・90・93
朝令暮改《ちょうれいぼかい》 …… 122・215
猪突猛進《ちょとつもうしん》 …… 7・35
津津浦浦《つつうらうら》 …… 17
九十九折《つづらおり》 …… 55
低空飛行《ていくうひこう》 …… 63
手枷足枷《てかせあしかせ》 …… 46
適材適所《てきざいてきしょ》 …… 61
適者生存《てきしゃせいぞん》 …… 64
徹頭徹尾《てっとうてつび》 …… 38・45・194
鉄面皮《てつめんぴ》 …… 136
手前味噌《てまえみそ》 …… 54・196
手持無沙汰《てもちぶさた》 …… 158
手練手管《てれんてくだ》 …… 161
天衣無縫《てんいむほう》 …… 40・74
天下一品《てんかいっぴん》 …… 139
天下泰平《てんかたいへい》 …… 28
天下無双《てんかむそう》 …… 27
天下無敵《てんかむてき》 …… 139
電光石火《でんこうせっか》 …… 176
天真爛漫《てんしんらんまん》 …… 40・74
天地万物《てんちばんぶつ》 …… 46
伝統工芸《でんとうこうげい》 …… 187
天然記念物《てんねんきねんぶつ》 …… 53
天王山《てんのうざん》 …… 152
天罰覿面《てんばつてきめん》 …… 175
天変地異《てんぺんちい》 …… 44
当意即妙《とういそくみょう》 …… 9・67
同工異曲《どうこういきょく》 …… 124・205
東高西低《とうこうせいてい》 …… 30
東西南北《とうざいなんぼく》 …… 21・66
東奔西走《とうほんせいそう》 …… 128・159
得意満面《とくいまんめん》 …… 14・203
独立自尊《どくりつじそん》 …… 59・70・115
独立独歩《どくりつどっぽ》 …… 59・70・109・115
土下座《どげざ》 …… 17
都道府県《とどうふけん》 …… 21

な

内柔外剛《ないじゅうがいごう》 …… 135
夏日《なつび》 …… 99
七不思議《ななふしぎ》 …… 21
南船北馬《なんせんほくば》 …… 128・159
二者選一《にしゃせんいつ》 …… 208
二者択一《にしゃたくいつ》 …… 208
二束三文《にそくさんもん》 …… 112
日常茶飯事《にちじょうさはんじ》 …… 72
日進月歩《にっしんげっぽ》 …… 87・137
二度手間《にどでま》 …… 55
二人三脚《ににんさんきゃく》 …… 166
日本全国《にほんぜんこく》 …… 17
二枚舌《にまいじた》 …… 157
寝正月《ねしょうがつ》 …… 5
熱帯夜《ねったいや》 …… 99
年百年中《ねんびゃくねんじゅう》 …… 177

は

背水之陣《はいすいのじん》 …… 22
破顔一笑《はがんいっしょう》 …… 24・47
博学多才《はくがくたさい》 …… 152・196
白紙撤回《はくしてっかい》 …… 125
拍手喝采《はくしゅかっさい》 …… 196・213
薄利多売《はくりたばい》 …… 171
馬耳東風《ばじとうふう》 …… 50
八百八町《はっぴゃくやちょう》 …… 55・140
八百八寺《はっぴゃくやてら》 …… 140
八百八橋《はっぴゃくやばし》 …… 140
八方美人《はっぽうびじん》 …… 29・55・215
破天荒《はてんこう》 …… 142
花吹雪《はなふぶき》 …… 52
波乱万丈《はらんばんじょう》 …… 52
春爛漫《はるらんまん》 …… 74
万国旗《ばんこくき》 …… 182
万国共通《ばんこくきょうつう》 …… 182

万国博覧会《ばんこくはくらんかい》 …… 182
万死一生《ばんしいっしょう》 …… 148
半死半生《はんしはんしょう》 …… 43
半信半疑《はんしんはんぎ》 …… 103
万世一系《ばんせいいっけい》 …… 55
悲喜憂苦《ひきゆうく》 …… 198
飛耳長目《ひじちょうもく》 …… 161
美辞麗句《びじれいく》 …… 50・147
必要不可欠《ひつようふかけつ》 …… 127
非難囂囂《ひなんごうごう》 …… 213
眉目秀麗《びもくしゅうれい》 …… 29・92・110
百戦百勝《ひゃくせんひゃくしょう》 …… 22
百戦錬磨《ひゃくせんれんま》 …… 82・116
百日天下《ひゃくにちてんか》 …… 91
百人百様《ひゃくにんひゃくよう》 …… 86
百家争鳴《ひゃっかそうめい》 …… 70
百花繚乱《ひゃっかりょうらん》 …… 124・125
百鬼夜行《ひゃっきやこう》 …… 178
百発百中《ひゃっぱつひゃくちゅう》 …… 55・149
表裏一体《ひょうりいったい》 …… 163
疲労困憊《ひろうこんぱい》 …… 187
品行方正《ひんこうほうせい》 …… 36
布衣之交《ふいのまじわり》 …… 40
風光明媚《ふうこうめいび》 …… 119
風前之灯《ふうぜんのともしび》 …… 172・185
風物詩《ふうぶつし》 …… 78
風林火山《ふうりんかざん》 …… 179
不可思議《ふかしぎ》 …… 65
不完全燃焼《ふかんぜんねんしょう》 …… 12
不協和音《ふきょうわおん》 …… 201
不倶戴天《ふぐたいてん》 …… 97
不言実行《ふげんじっこう》 …… 156
不惜身命《ふしゃくしんみょう》 …… 78
夫唱婦随《ふしょうふずい》 …… 192
武装解除《ぶそうかいじょ》 …… 134
不即不離《ふそくふり》 …… 165
不必要《ふひつよう》 …… 127
不眠不休《ふみんふきゅう》 …… 102・192
冬将軍《ふゆしょうぐん》 …… 183
不老長寿《ふろうちょうじゅ》 …… 212
不老不死《ふろうふし》 …… 113・212
付和雷同《ふわらいどう》 …… 104
粉骨砕身《ふんこつさいしん》 …… 37・72
奮闘努力《ふんとうどりょく》 …… 131
文武両道《ぶんぶりょうどう》 …… 188
文明開化《ぶんめいかいか》 …… 82
平穏無事《へいおんぶじ》 …… 27・28
平身低頭《へいしんていとう》 …… 17・60
平和共存《へいわきょうそん》 …… 174
変幻自在《へんげんじざい》 …… 34
片言隻句《へんげんせきく》 …… 81
暴飲暴食《ぼういんぼうしょく》 …… 76
傍若無人《ぼうじゃくぶじん》 …… 136・178
茫然自失《ぼうぜんじしつ》 …… 130
忙中有閑《ぼうちゅうゆうかん》 …… 162
捧腹絶倒《ほうふくぜっとう》 …… 37・47
暮色蒼然《ぼしょくそうぜん》 …… 125
本末転倒《ほんまつてんとう》 …… 33・90

ま

真一文字《まいちもんじ》 …… 21
摩訶不思議《まかふしぎ》 …… 155
摩天楼《まてんろう》 …… 157
真夏日《まなつび》 …… 99
満員御礼《まんいんおんれい》 …… 160
万劫末代《まんごうまつだい》 …… 67
満身創痍《まんしんそうい》 …… 43
水菓子《みずがし》 …… 157
未曾有《みぞう》 …… 36
三日天下《みっかてんか》 …… 91
三日坊主《みっかぼうず》 …… 55
未来永劫《みらいえいごう》 …… 67
無為自然《むいしぜん》 …… 113
無我夢中《むがむちゅう》 …… 150
無芸大食《むげいたいしょく》 …… 153
無知無能《むちむのう》 …… 211
無念無想《むねんむそう》 …… 126
無病息災《むびょうそくさい》 …… 7
無理難題《むりなんだい》 …… 210
無理無体《むりむたい》 …… 210
明鏡止水《めいきょうしすい》 …… 126
名実一体《めいじついったい》 …… 98
明眸皓歯《めいぼうこうし》 …… 92
明明白白《めいめいはくはく》 …… 166
面従腹背《めんじゅうふくはい》 …… 174
面目一新《めんもくいっしん》 …… 137
面目躍如《めんもくやくじょ》 …… 161
盲亀浮木《もうきふぼく》 …… 107
猛暑日《もうしょび》 …… 99
孟母三遷《もうぼさんせん》 …… 89・94
物見遊山《ものみゆさん》 …… 206

や

大和撫子《やまとなでしこ》 …… 39
唯我独尊《ゆいがどくそん》 …… 37・60
有言実行《ゆうげんじっこう》 …… 156
有口無行《ゆうこうむこう》 …… 156
有終之美《ゆうしゅうのび》 …… 214
優柔不断《ゆうじゅうふだん》 …… 12・93・184・215
有名無実《ゆうめいむじつ》 …… 28・98
勇猛果敢《ゆうもうかかん》 …… 7
悠悠自適《ゆうゆうじてき》 …… 71・153
油断強敵《ゆだんきょうてき》 …… 138
油断禁物《ゆだんきんもつ》 …… 138
油断大敵《ゆだんたいてき》 …… 21・138
夢見心地《ゆめみごこち》 …… 69
用意周到《よういしゅうとう》 …… 144
用意万端《よういばんたん》 …… 144
容姿端麗《ようしたんれい》 …… 29・92・110
羊質虎皮《ようしつこひ》 …… 180
羊頭狗肉《ようとうくにく》 …… 28・180
予防接種《よぼうせっしゅ》 …… 159
予防注射《よぼうちゅうしゃ》 …… 159

ら

落花啼鳥《らっかていちょう》 …… 77
利害得失《りがいとくしつ》 …… 170・181
離合集散《りごうしゅうさん》 …… 101
立身栄達《りっしんえいたつ》 …… 114
立身出世《りっしんしゅっせ》 …… 114
流言飛語《りゅうげんひご》 …… 90
竜頭蛇尾《りゅうとうだび》 …… 139
粒粒辛苦《りゅうりゅうしんく》 …… 72
柳緑花紅《りゅうりょくかこう》 …… 125
良妻賢母《りょうさいけんぼ》 …… 79
領事裁判権《りょうじさいばんけん》 …… 33
理路整然《りろせいぜん》 …… 105・122
臨機応変《りんきおうへん》 …… 9・67
輪廻転生《りんねてんしょう》 …… 171
連鎖反応《れんさはんのう》 …… 120
連帯責任《れんたいせきにん》 …… 81
老若男女《ろうにゃくなんにょ》 …… 120
六菖十菊《ろくしょうじっきく》 …… 55・107

わ

和洋折衷《わようせっちゅう》 …… 58

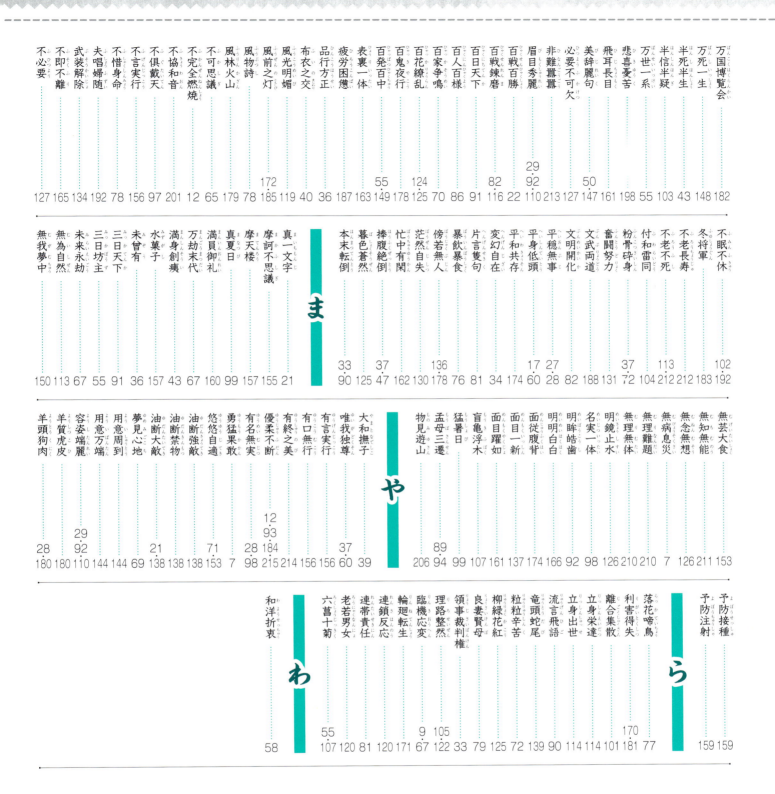

仲間分《なかまわ》けさくいん

ここでは、熟語《じゅくご》を、数字・体の部分・人間関係《にんげんかんけい》などの仲間《なかま》ごとにまとめています。テーマを決めた言葉集めに役立ちます。

数字《すうじ》

一《いち》

安全第一《あんぜんだいいち》……189
一意専心《いちいせんしん》……5・75
一衣帯水《いちいたいすい》……25・40
一往一来《いちおういちらい》……95
一芸一能《いちげいいちのう》……181
一言一行《いちげんいっこう》……54
一言居士《いちげんこじ》……150
一期一会《いちごいちえ》……25
一伍一什《いちごいちじゅう》……176
一言一句《いちごんいっく》……81
一言半句《いちごんはんく》……81
一字千金《いちじせんきん》……204
一日三秋《いちじつさんしゅう》……111
一日千秋《いちじつせんしゅう》……111
一日之長《いちじつのちょう》……96
一汁一菜《いちじゅういっさい》……123
一汁五菜《いちじゅうごさい》……123
一汁三菜《いちじゅうさんさい》……123
一諾千金《いちだくせんきん》……204
一日一善《いちにちいちぜん》……98・215
一念発起《いちねんほっき》……141
一姫二太郎《いちひめにたろう》……155
一分一厘《いちぶいちりん》……181
一部始終《いちぶしじゅう》……38・176
一望千里《いちぼうせんり》……84
一木一草《いちぼくいっそう》……107
一網打尽《いちもうだじん》……83
一目瞭然《いちもくりょうぜん》……166
一問一答《いちもんいっとう》……181・195
一陽来復《いちようらいふく》……23
一利一害《いちりいちがい》……170・181
一蓮托生《いちれんたくしょう》……81
一六勝負《いちろくしょうぶ》……177
一攫千金《いっかくせんきん》……37・96・144・204
一家相伝《いっかそうでん》……99
一家団欒《いっかだんらん》……104
一喜一憂《いっきいちゆう》……13・85
一気呵成《いっきかせい》……83・96
一騎当千《いっきとうせん》……82・215
一球入魂《いっきゅうにゅうこん》……101
一挙一動《いっきょいちどう》……54
一挙手一投足《いっきょしゅいっとうそく》……54
一挙両失《いっきょりょうしつ》……77
一挙両得《いっきょりょうとく》……61・77
一件落着《いっけんらくちゃく》……55
一国一城《いっこくいちじょう》……59・70・109
一刻千金《いっこくせんきん》……96・204
一刻千秋《いっこくせんしゅう》……96・111
一子相伝《いっしそうでん》……74・99
一視同仁《いっしどうじん》……197
一瀉千里《いっしゃせんり》……83
一宿一飯《いっしゅくいっぱん》……80
一生懸命《いっしょうけんめい》……42・114
一触即発《いっしょくそくはつ》……105
一所懸命《いっしょけんめい》……114
一進一退《いっしんいったい》……13
一心同体《いっしんどうたい》……79・197
一心不乱《いっしんふらん》……5・75・150
一世一代《いっせいちだい》……32
一世一度《いっせいちど》……32
一石二鳥《いっせきにちょう》……37・61・77
一致協力《いっちきょうりょく》……13
一致団結《いっちだんけつ》……13
一知半解《いっちはんかい》……90
一朝一夕《いっちょういっせき》……210
一長一短《いっちょういったん》……181
一張羅《いっちょうら》……40・128
一刀両断《いっとうりょうだん》……127・151
一得一失《いっとくいっしつ》……170・181
一発逆転《いっぱつぎゃくてん》……145
一方通行《いっぽうつうこう》……86
一本調子《いっぽんぢょうし》……34
開口一番《かいこういちばん》……161
紙一重《かみひとえ》……206
危機一髪《ききいっぱつ》……63・185
緊褌一番《きんこんいちばん》……138・141
言行一致《げんこういっち》……21・208
言行不一致《げんこうふいっち》……208
乾坤一擲《けんこんいってき》……89
紅一点《こういってん》……118
刻一刻《こくいっこく》……209
渾然一体《こんぜんいったい》……16
衆口一致《しゅうこういっち》……191
終始一貫《しゅうしいっかん》……38・45・88・194
首尾一貫《しゅびいっかん》……45・88・122・194
春宵一刻《しゅんしょういっこく》……143
心機一転《しんきいってん》……6・185
台風一過《たいふういっか》……179
天下一品《てんかいっぴん》……139
破顔一笑《はがんいっしょう》……24・47
表裏一体《ひょうりいったい》……163
真一文字《まいちもんじ》……21
名実一体《めいじついったい》……98
面目一新《めんもくいっしん》……137

二《に》

二者選一《にしゃせんいつ》……208
二者択一《にしゃたくいつ》……208
二束三文《にそくさんもん》……112
二度手間《にどでま》……55
二人三脚《ににんさんきゃく》……166
二枚舌《にまいじた》……157

三《さん》

益者三友《えきしゃさんゆう》……197
再三再四《さいさんさいし》……66
三寒四温《さんかんしおん》……24
三三九度《さんさんくど》……177
三三五五《さんさんごご》……57
三者三様《さんしゃさんよう》……31・49・86
三拝九拝《さんぱいきゅうはい》……60
三位一体《さんみいったい》……109・185
舌先三寸《したさきさんずん》……161
損者三友《そんしゃさんゆう》……197
朝三暮四《ちょうさんぼし》……89・90・93
三日天下《みっかてんか》……91
三日坊主《みっかぼうず》……55
孟母三遷《もうぼさんせん》……89・94

四《よん》

四海兄弟《しかいけいてい》……197
四角四面《しかくしめん》……162
四苦八苦《しくはっく》……100・142・200
四捨五入《ししゃごにゅう》……55
四神相応《しじんそうおう》……173
四則演算《しそくえんざん》……130
四通八達《しつうはったつ》……207
四面楚歌《しめんそか》……22・30・57・89・133
四六時中《しろくじちゅう》……177

五《ご》

五穀豊穣《ごこくほうじょう》……179
五臓六腑《ごぞうろっぷ》……55
五里霧中《ごりむちゅう》……21・51・89・165・185

六《ろく》

六菖十菊《ろくしょうじっきく》……55・107

七《なな》

七転八起《しちてんはっき》……164・200
七転八倒《しちてんばっとう》……55・164・200
七難八苦《しちなんはっく》……16・142
七不思議《ななふしぎ》……21

八《はち》

傍目八目《おかめはちもく》……6
八方美人《はっぽうびじん》……29・55・215

九《きゅう》

九牛一毛《きゅうぎゅういちもう》……55
九死一生《きゅうしいっしょう》……148

十《じゅう》

十八番《おはこ》……14
五十歩百歩《ごじっぽひゃっぽ》……155
三十六計《さんじゅうろっけい》……55・177
十中八九《じっちゅうはっく》……55
十全十美《じゅうぜんじゅうび》……95
十人十色《じゅうにんといろ》……23・31・49・86
十年一日《じゅうねんいちじつ》……212
九十九折《つづらおり》……55

百《ひゃく》

四百四病《しひゃくしびょう》……55
年百年中《ねんびゃくねんじゅう》……177
八百八町《はっぴゃくやちょう》……55・140
八百八寺《はっぴゃくやでら》……140
八百八橋《はっぴゃくやばし》……140
百戦百勝《ひゃくせんひゃくしょう》……22
百戦錬磨《ひゃくせんれんま》……82・116
百日天下《ひゃくにちてんか》……91
百人百様《ひゃくにんひゃくよう》……86
百家争鳴《ひゃっかそうめい》……70

百花繚乱《ひゃっかりょうらん》 124・125
百鬼夜行《ひゃっきやこう》 178
百発百中《ひゃっぱつひゃくちゅう》 55・149

千《せん》・万《まん》

悪事千里《あくじせんり》 53
海千山千《うみせんやません》 37・49・116・117・215
奇怪千万《きっかいせんばん》 65
三千世界《さんぜんせかい》 55
笑止千万《しょうしせんばん》 49
森羅万象《しんらばんしょう》 46
千客万来《せんきゃくばんらい》 49・160
千軍万馬《せんぐんばんば》 49
千言万語《せんげんばんご》 81
千載一遇《せんざいいちぐう》 55・121
千差万別《せんさばんべつ》 23・31・49
千紫万紅《せんしばんこう》 124・125
千秋楽《せんしゅうらく》 157
千篇一律《せんぺんいちりつ》 34
千変万化《せんぺんばんか》 34・49
千里眼《せんりがん》 20
天地万物《てんちばんぶつ》 46
波乱万丈《はらんばんじょう》 52
万国旗《ばんこくき》 182
万国共通《ばんこくきょうつう》 182
万国博覧会《ばんこくはくらんかい》 182
万死一生《ばんしいっしょう》 148
万世一系《ばんせいいっけい》 55
万劫末代《まんごうまつだい》 67
用意万端《よういばんたん》 144

億《おく》以上《いじょう》

億万長者《おくまんちょうじゃ》 55
十万億土《じゅうまんおくど》 106
兆載永劫《ちょうさいようごう》 55

体《からだ》

頭《あたま》・髪《かみ》

危機一髪《ききいっぱつ》 63・185
心頭滅却《しんとうめっきゃく》 126
頭寒足熱《ずかんそくねつ》 193
徹頭徹尾《てっとうてつび》 38・45・194

顔《かお》・面《めん》

喜色満面《きしょくまんめん》 14・203
厚顔無恥《こうがんむち》 136
四角四面《しかくしめん》 162
四面楚歌《しめんそか》 22・30・57・89・133
人面桃花《じんめんとうか》 39
鉄面皮《てつめんぴ》 136
天罰覿面《てんばつてきめん》 175
得意満面《とくいまんめん》 14・203
破顔一笑《はがんいっしょう》 24・47
面従腹背《めんじゅうふくはい》 174
面目一新《めんもくいっしん》 137
面目躍如《めんもくやくじょ》 161

目《め》・眼《め》・眸《ひとみ》・鼻《はな》・眉《まゆ》・耳《みみ》

阿鼻叫喚《あびきょうかん》 103
一目瞭然《いちもくりょうぜん》 166
傍目八目《おかめはちもく》 6
千里眼《せんりがん》 20
飛耳長目《ひじちょうもく》 161
眉目秀麗《びもくしゅうれい》 29・92・110
明眸皓歯《めいぼうこうし》 92

口《くち》・息《いき》・舌《した》

青息吐息《あおいきといき》 190
異口同音《いくどうおん》 21・191
異口同声《いくどうせい》 191
開口一番《かいこういちばん》 161
舌先三寸《したさきさんずん》 161
衆口一致《しゅうこういっち》 191
二枚舌《にまいじた》 157
有口無行《ゆうこうむこう》 156

手《て》

一挙手一投足《いっきょしゅいっとうそく》 54
得手勝手《えてかって》 178
自分勝手《じぶんかって》 41
常套手段《じょうとうしゅだん》 193
先手必勝《せんてひっしょう》 189
手枷足枷《てかせあしかせ》 46
手前味噌《てまえみそ》 54・196
手持無沙汰《てもちぶさた》 158
手練手管《てれんてくだ》 161
二度手間《にどでま》 55
拍手喝采《はくしゅかっさい》 196・213

足《あし》・脚《あし》

脚下照顧《きゃっかしょうこ》 138
自給自足《じきゅうじそく》 168
自己満足《じこまんぞく》 26
二人三脚《ににんさんきゃく》 166

身《み》・体《からだ》・姿《すがた》

異体同心《いたいどうしん》 79・197
一心同体《いっしんどうたい》 79・197
渾然一体《こんぜんいったい》 16
三位一体《さんみいったい》 109・185
絶体絶命《ぜったいぜつめい》 63・185
表裏一体《ひょうりいったい》 163
不惜身命《ふしゃくしんみょう》 78
粉骨砕身《ふんこつさいしん》 37・72
平身低頭《へいしんていとう》 17・60
満身創痍《まんしんそうい》 43
無理無体《むりむたい》 210
名実一体《めいじついったい》 98
容姿端麗《ようしたんれい》 29・92・110
立身栄達《りっしんえいたつ》 114
立身出世《りっしんしゅっせ》 114

その他《た》

臥薪嘗胆《がしんしょうたん》 22・89
五臓六腑《ごぞうろっぷ》 55
弱肉強食《じゃくにくきょうしょく》 85・164・215

首尾一貫《しゅびいっかん》 45・88・122・194
大胆不敵《だいたんふてき》 158・203
胆大心小《たんだいしんしょう》 138
中肉中背《ちゅうにくちゅうぜい》 161
背水之陣《はいすいのじん》 22
捧腹絶倒《ほうふくぜっとう》 37・47

色《いろ》

合縁奇縁《あいえんきえん》 182
青息吐息《あおいきといき》 190
暗黒時代《あんこくじだい》 31・125
一字千金《いちじせんきん》 204
一諾千金《いちだくせんきん》 204
一攫千金《いっかくせんきん》 37・96・144・204
一刻千金《いっこくせんきん》 96・204
黄金時代《おうごんじだい》 31・125
黄金週間《おうごんしゅうかん》 71
喜色満面《きしょくまんめん》 14・203
金科玉条《きんかぎょくじょう》 73
金銀財宝《きんぎんざいほう》 108
金石之交《きんせきのまじわり》 125
金襴緞子《きんらんどんす》 40
紅一点《こういってん》 118
巧言令色《こうげんれいしょく》 29・94・147・167・201・215
古色蒼然《こしょくそうぜん》 18
才色兼備《さいしょくけんび》 29・41・196
山紫水明《さんしすいめい》 119・132
十人十色《じゅうにんといろ》 23・31・49・86
白河夜船《しらかわよふね》 145
青天白日《せいてんはくじつ》 154
青天霹靂《せいてんへきれき》 125
清廉潔白《せいれんけっぱく》 154
千紫万紅《せんしばんこう》 124・125
大黒柱《だいこくばしら》 100
日常茶飯事《にちじょうさはんじ》 72
白紙撤回《はくしてっかい》 125
暮色蒼然《ぼしょくそうぜん》 125

明眸皓歯《めいぼうこうし》 92
明明白白《めいめいはくはく》 166
柳緑花紅《りゅうりょくかこう》 125

動物《どうぶつ》・植物《しょくぶつ》

動物《どうぶつ》

一石二鳥《いっせきにちょう》 37・61・77
烏合之衆《うごうのしゅう》 89
鷹揚自若《おうようじじゃく》 77
蝸牛角上《かぎゅうかくじょう》 107
画竜点睛《がりょうてんせい》 89・180
閑古鳥《かんこどり》 157
疑心暗鬼《ぎしんあんき》 115
牛飲馬食《ぎゅういんばしょく》 76・141
九牛一毛《きゅうぎゅういちもう》 55
欣喜雀躍《きんきじゃくやく》 77
君子豹変《くんしひょうへん》 107
鯨飲馬食《げいいんばしょく》 76・141
鶏口牛後《けいこうぎゅうご》 146
虎視眈眈《こしたんたん》 123
胡蝶之夢《こちょうのゆめ》 89
虎頭蛇尾《ことうだび》 139
獅子奮迅《ししふんじん》 131
周章狼狽《しゅうしょうろうばい》 34・107・195
水清無魚《すいせいむぎょ》 126
千軍万馬《せんぐんばんば》 49
走馬灯《そうまとう》 134
池魚籠鳥《ちぎょろうちょう》 77
竹馬之友《ちくばのとも》 74
猪突猛進《ちょとつもうしん》 7・35
南船北馬《なんせんほくば》 128・159
馬耳東風《ばじとうふう》 50
百鬼夜行《ひゃっきやこう》 178
盲亀浮木《もうきふぼく》 107
羊質虎皮《ようしつこひ》 180
羊頭狗肉《ようとうくにく》 28・180
竜頭蛇尾《りゅうとうだび》 139

植物《しょくぶつ》

一汁一菜《いちじゅういっさい》……123
一汁五菜《いちじゅうごさい》……123
一汁三菜《いちじゅうさんさい》……123
一木一草《いちぼくいっそう》……107
一蓮托生《いちれんたくしょう》……81
桜花爛漫《おうからんまん》……74・143
解語之花《かいごのはな》……39
快刀乱麻《かいとうらんま》……127・151・185
臥薪嘗胆《がしんしょうたん》……22・89
花鳥風月《かちょうふうげつ》……21・136
鏡花水月《きょうかすいげつ》……126
五穀豊穣《ごこくほうじょう》……179
枯木寒巌《こぼくかんがん》……143
蒟蒻問答《こんにゃくもんどう》……87
桜吹雪《さくらふぶき》……52
事実無根《じじつむこん》……37・56
枝葉末節《しようまっせつ》……68
人面桃花《じんめんとうか》……39
森羅万象《しんらばんしょう》……46
雪月風花《せつげつふうか》……136・179
雪中松柏《せっちゅうしょうはく》……143
栴檀双葉《せんだんのふたば》……113
花吹雪《はなふぶき》……52
百花繚乱《ひゃっかりょうらん》……124・125
大和撫子《やまとなでしこ》……39
落花啼鳥《らっかていちょう》……77
柳緑花紅《りゅうりょくかこう》……125
六菖十菊《ろくしょうじっきく》……55・107

自然《しぜん》・風景《ふうけい》

気象《きしょう》

旱天慈雨《かんてんじう》……179
降水確率《こうすいかくりつ》……97
五里霧中《ごりむちゅう》……21・51・89・165・185
疾風迅雷《しっぷうじんらい》……176・179
灼熱地獄《しゃくねつじごく》……143
順風満帆《じゅんぷうまんぱん》……11
晴耕雨読《せいこううどく》……71
西高東低《せいこうとうてい》……30
大気汚染《たいきおせん》……117
台風一過《たいふういっか》……179
天変地異《てんぺんちい》……44
東高西低《とうこうせいてい》……30

季節《きせつ》

一日三秋《いちじつさんしゅう》……111
一日千秋《いちじつせんしゅう》……111
一陽来復《いちようらいふく》……23
一刻千秋《いっこくせんしゅう》……96・111
桜花爛漫《おうからんまん》……74・143
夏雲奇峰《かうんきほう》……143
花鳥風月《かちょうふうげつ》……21・136
夏炉冬扇《かろとうせん》……90・186
五穀豊穣《ごこくほうじょう》……179
小春日和《こはるびより》……209
枯木寒巌《こぼくかんがん》……143
桜吹雪《さくらふぶき》……52
三寒四温《さんかんしおん》……24
秋霜烈日《しゅうそうれつじつ》……48・129
秋風落莫《しゅうふうらくばく》……143
春夏秋冬《しゅんかしゅうとう》……21
春宵一刻《しゅんしょういっこく》……143
春風駘蕩《しゅんぷうたいとう》……48
雪月風花《せつげつふうか》……136・179
雪中松柏《せっちゅうしょうはく》……143
中秋名月《ちゅうしゅうめいげつ》……143
夏日《なつび》……99
寝正月《ねしょうがつ》……5
熱帯夜《ねったいや》……99
花吹雪《はなふぶき》……52
春爛漫《はるらんまん》……74
風物詩《ふうぶつし》……78
冬将軍《ふゆしょうぐん》……183
真夏日《まなつび》……99
猛暑日《もうしょび》……99
落花啼鳥《らっかていちょう》……77

風景《ふうけい》など

山紫水明《さんしすいめい》……119・132
自然淘汰《しぜんとうた》……64
弱肉強食《じゃくにくきょうしょく》……85・164・215
深山幽谷《しんざんゆうこく》……73
断崖絶壁《だんがいぜっぺき》……179
津津浦浦《つつうらうら》……17
適者生存《てきしゃせいぞん》……64
天地万物《てんちばんぶつ》……46
天然記念物《てんねんきねんぶつ》……53
風光明媚《ふうこうめいび》……119

性格《せいかく》・心《こころ》の動《うご》き

人柄《ひとがら》・性格《せいかく》

意志薄弱《いしはくじゃく》……12・93・185
一言居士《いちげんこじ》……150
海千山千《うみせんやません》……37・49・116・117・215
謹厳実直《きんげんじっちょく》……162
軽佻浮薄《けいちょうふはく》……90
元気溌剌《げんきはつらつ》……187
言行一致《げんこういっち》……21・208
厚顔無恥《こうがんむち》……136
巧言令色《こうげんれいしょく》……29・94・147・167・201・215
枯木寒巌《こぼくかんがん》……143
四角四面《しかくしめん》……162
時代錯誤《じだいさくご》……163
舌先三寸《したさきさんずん》……161
質実剛健《しつじつごうけん》……201
杓子定規《しゃくしじょうぎ》……9・90・162
十人十色《じゅうにんといろ》……23・31・49・86
純情可憐《じゅんじょうかれん》……74・188
純真無垢《じゅんしんむく》……40・74・188
春風駘蕩《しゅんぷうたいとう》……48
小心翼翼《しょうしんよくよく》……158・203
聖人君子《せいじんくんし》……196
雪中松柏《せっちゅうしょうはく》……143
千差万別《せんさばんべつ》……23・31・49
大胆不敵《だいたんふてき》……158・203
多種多様《たしゅたよう》……23・31・49
胆大心小《たんだいしんしょう》……138
智勇兼備《ちゆうけんび》……196
天衣無縫《てんいむほう》……40・74
天真爛漫《てんしんらんまん》……40・74
内柔外剛《ないじゅうがいごう》……135
二枚舌《にまいじた》……157
八方美人《はっぽうびじん》……29・55・215
破天荒《はてんこう》……142
百人百様《ひゃくにんひゃくよう》……86
品行方正《ひんこうほうせい》……36
不言実行《ふげんじっこう》……156
文武両道《ぶんぶりょうどう》……188
傍若無人《ぼうじゃくぶじん》……136・178
三日坊主《みっかぼうず》……55
無芸大食《むげいたいしょく》……153
大和撫子《やまとなでしこ》……39
唯我独尊《ゆいがどくそん》……37・60
有言実行《ゆうげんじっこう》……156
優柔不断《ゆうじゅうふだん》……12・93・184・215
羊頭狗肉《ようとうくにく》……28・180

能力《のうりょく》

一騎当千《いっきとうせん》……82・215
一知半解《いっちはんかい》……90
完全無欠《かんぜんむけつ》……95・211
器用貧乏《きようびんぼう》……133
国士無双《こくしむそう》……139
古今無双《ここんむそう》……27
才色兼備《さいしょくけんび》……29・41・196
十全十美《じゅうぜんじゅうび》……95
浅学非才《せんがくひさい》……152
千軍万馬《せんぐんばんば》……49
栴檀双葉《せんだんのふたば》……113
千里眼《せんりがん》……20
大器晩成《たいきばんせい》……113
多芸多才《たげいたさい》……153
天下無双《てんかむそう》……27
天下無敵《てんかむてき》……139
博学多才《はくがくたさい》……152・196
飛耳長目《ひじちょうもく》……161
百戦錬磨《ひゃくせんれんま》……82・116
無知無能《むちむのう》……211
名実一体《めいじついったい》……98
面目躍如《めんもくやくじょ》……161
立身出世《りっしんしゅっせ》……114

感情《かんじょう》

青息吐息《あおいきといき》……190
意気軒昂《いきけんこう》……15・18・84
意気消沈《いきしょうちん》……15・18・84
意気揚揚《いきようよう》……15・18・84
一日千秋《いちじつせんしゅう》……111
一喜一憂《いっきいちゆう》……13・85
一刻千秋《いっこくせんしゅう》……96・111
感謝感激《かんしゃかんげき》……43
歓天喜地《かんてんきち》……203
艱難辛苦《かんなんしんく》……16
感無量《かんむりょう》……11
喜色満面《きしょくまんめん》……14・203
疑心暗鬼《ぎしんあんき》……115
喜怒哀楽《きどあいらく》……198
興味津津《きょうみしんしん》……91
欣喜雀躍《きんきじゃくやく》……77
自己満足《じこまんぞく》……26
七転八倒《しちてんばっとう》……55・164・200
自暴自棄《じぼうじき》……119・196
周章狼狽《しゅうしょうろうばい》……34・107・195
笑止千万《しょうしせんばん》……49
得意満面《とくいまんめん》……14・203
破顔一笑《はがんいっしょう》……24・47
半信半疑《はんしんはんぎ》……103
捧腹絶倒《ほうふくぜっとう》……37・47

夢見心地《ゆめみごこち》 …… 69

行動《こうどう》・態度《たいど》

安心立命《あんしんりつめい》 …… 20
一意専心《いちいせんしん》 …… 5・75
一念発起《いちねんほっき》 …… 141
一気呵成《いっきかせい》 …… 83・96
一球入魂《いっきゅうにゅうこん》 …… 101
一生懸命《いっしょうけんめい》 …… 42・114
一所懸命《いっしょけんめい》 …… 114
一心不乱《いっしんふらん》 …… 5・75・150
威風堂堂《いふうどうどう》 …… 38
右往左往《うおうさおう》 …… 34・195
得手勝手《えてかって》 …… 178
傍目八目《おかめはちもく》 …… 6
臥薪嘗胆《がしんしょうたん》 …… 22・89
我田引水《がでんいんすい》 …… 21・41・178・196
好奇心《こうきしん》 …… 68
虎視眈眈《こしたんたん》 …… 123
自画自賛《じがじさん》 …… 54・196
獅子奮迅《ししふんじん》 …… 131
自主独立《じしゅどくりつ》 …… 109・115
七転八起《しちてんはっき》 …… 164・200
自分勝手《じぶんかって》 …… 41
自問自答《じもんじとう》 …… 151・196
秋霜烈日《しゅうそうれつじつ》 …… 48・129
初志貫徹《しょしかんてつ》 …… 88
思慮分別《しりょふんべつ》 …… 172
心機一転《しんきいってん》 …… 6・185
迅速果敢《じんそくかかん》 …… 184
心頭滅却《しんとうめっきゃく》 …… 126
正正堂堂《せいせいどうどう》 …… 21・32
全力投球《ぜんりょくとうきゅう》 …… 42・101
創意工夫《そういくふう》 …… 193
泰然自若《たいぜんじじゃく》 …… 34・195
猪突猛進《ちょとつもうしん》 …… 7・35
手前味噌《てまえみそ》 …… 54・196
当意即妙《とういそくみょう》 …… 9・67

独立独歩《どくりつどっぽ》 …… 59・70・109・115
拍手喝采《はくしゅかっさい》 …… 196・213
風林火山《ふうりんかざん》 …… 179
付和雷同《ふわらいどう》 …… 104
粉骨砕身《ふんこつさいしん》 …… 37・72
無我夢中《むがむちゅう》 …… 150
無念無想《むねんむそう》 …… 126
勇猛果敢《ゆうもうかかん》 …… 7
油断大敵《ゆだんたいてき》 …… 21・138
臨機応変《りんきおうへん》 …… 9・67

状況《じょうきょう》・状態《じょうたい》

阿鼻叫喚《あびきょうかん》 …… 103
暗中模索《あんちゅうもさく》 …… 51
一目瞭然《いちもくりょうぜん》 …… 166
一国一城《いっこくいちじょう》 …… 59・70・109
一進一退《いっしんいったい》 …… 13
一長一短《いっちょういったん》 …… 181
一本調子《いっぽんぢょうし》 …… 34
意味深長《いみしんちょう》 …… 167
有耶無耶《うやむや》 …… 166
雲散霧消《うんさんむしょう》 …… 116
紙一重《かみひとえ》 …… 206
完全燃焼《かんぜんねんしょう》 …… 12・42
危機一髪《ききいっぱつ》 …… 63・185
奇奇怪怪《ききかいかい》 …… 21・65
危急存亡《ききゅうそんぼう》 …… 42
起死回生《きしかいせい》 …… 135・145
奇想天外《きそうてんがい》 …… 65
奇怪千万《きっかいせんばん》 …… 65
九死一生《きゅうしいっしょう》 …… 148
急転直下《きゅうてんちょっか》 …… 112
鶏口牛後《けいこうぎゅうご》 …… 146
紅一点《こういってん》 …… 118
孤軍奮闘《こぐんふんとう》 …… 30・57・133
五十歩百歩《ごじっぽひゃっぽ》 …… 155
五里霧中《ごりむちゅう》 …… 21・51・89・165・185
渾然一体《こんぜんいったい》 …… 16

三三五五《さんさんごご》 …… 57
時期尚早《じきしょうそう》 …… 96
四苦八苦《しくはっく》 …… 100・142・200
試行錯誤《しこうさくご》 …… 207
自縄自縛《じじょうじばく》 …… 175
主客転倒《しゅかくてんとう》 …… 33・90
順風満帆《じゅんぷうまんぱん》 …… 11
白河夜船《しらかわよふね》 …… 145
支離滅裂《しりめつれつ》 …… 105・122
青天白日《せいてんはくじつ》 …… 154
青天霹靂《せいてんへきれき》 …… 125
絶体絶命《ぜったいぜつめい》 …… 63・185
千載一遇《せんざいいちぐう》 …… 55・121
前途多難《ぜんとたなん》 …… 8
前途洋洋《ぜんとようよう》 …… 8
大同小異《だいどうしょうい》 …… 124・155・205
多事多難《たじたなん》 …… 27
中途半端《ちゅうとはんぱ》 …… 106
手持無沙汰《てもちぶさた》 …… 158
背水之陣《はいすいのじん》 …… 22
波乱万丈《はらんばんじょう》 …… 52
万死一生《ばんしいっしょう》 …… 148
半死半生《はんしはんしょう》 …… 43
非難囂囂《ひなんごうごう》 …… 213
疲労困憊《ひろうこんぱい》 …… 187
風前之灯《ふうぜんのともしび》 …… 172・185
不完全燃焼《ふかんぜんねんしょう》 …… 12
平穏無事《へいおんぶじ》 …… 27・28
茫然自失《ぼうぜんじしつ》 …… 130
摩訶不思議《まかふしぎ》 …… 155
満身創痍《まんしんそうい》 …… 43
明鏡止水《めいきょうしすい》 …… 126
明明白白《めいめいはくはく》 …… 166
用意周到《よういしゅうとう》 …… 144
理路整然《りろせいぜん》 …… 105・122

人間関係《にんげんかんけい》

家族《かぞく》

愛別離苦《あいべつりく》 …… 21
異体同心《いたいどうしん》 …… 79・197
一姫二太郎《いちひめにたろう》 …… 155
一家相伝《いっかそうでん》 …… 99
一家団欒《いっかだんらん》 …… 104
一子相伝《いっしそうでん》 …… 74・99
一心同体《いっしんどうたい》 …… 79・197
乳母日傘《おんばひがさ》 …… 74
冠婚葬祭《かんこんそうさい》 …… 147
三三九度《さんさんくど》 …… 177
子子孫孫《ししそんそん》 …… 67・74
親類縁者《しんるいえんじゃ》 …… 197
祖先崇拝《そせんすうはい》 …… 156
大黒柱《だいこくばしら》 …… 100
夫唱婦随《ふしょうふずい》 …… 192
孟母三遷《もうぼさんせん》 …… 89・94
良妻賢母《りょうさいけんぼ》 …… 79

友達《ともだち》

意気投合《いきとうごう》 …… 15
益者三友《えきしゃさんゆう》 …… 197
金石之交《きんせきのまじわり》 …… 125
喧嘩両成敗《けんかりょうせいばい》 …… 155
情意投合《じょういとうごう》 …… 15
切磋琢磨《せっさたくま》 …… 10
損者三友《そんしゃさんゆう》 …… 197
竹馬之友《ちくばのとも》 …… 74
布衣之交《ふいのまじわり》 …… 40

対人関係《たいじんかんけい》

合縁奇縁《あいえんきえん》 …… 182
以心伝心《いしんでんしん》 …… 35・150・185
一期一会《いちごいちえ》 …… 25
一視同仁《いっしどうじん》 …… 197
一触即発《いっしょくそくはつ》 …… 105
依怙贔屓《えこひいき》 …… 170

音信不通《おんしんふつう》 …… 173・215
義理人情《ぎりにんじょう》 …… 47
公平無私《こうへいむし》 …… 140・170
公明正大《こうめいせいだい》 …… 140・170
呉越同舟《ごえつどうしゅう》 …… 89・211
孤立無援《こりつむえん》 …… 30・57・133
四海兄弟《しかいけいてい》 …… 197
四面楚歌《しめんそか》 …… 22・30・57・89・133
社交辞令《しゃこうじれい》 …… 50
誠心誠意《せいしんせいい》 …… 76
相互扶助《そうごふじょ》 …… 137
相思相愛《そうしそうあい》 …… 45
相即不離《そうそくふり》 …… 163
他力本願《たりきほんがん》 …… 37・58
二人三脚《ににんさんきゃく》 …… 166
美辞麗句《びじれいく》 …… 50・147
表裏一体《ひょうりいったい》 …… 163
不協和音《ふきょうわおん》 …… 201
不倶戴天《ふぐたいてん》 …… 97
不即不離《ふそくふり》 …… 165
面従腹背《めんじゅうふくはい》 …… 174

その他《た》

一蓮托生《いちれんたくしょう》 …… 81
一致協力《いっちきょうりょく》 …… 13
一致団結《いっちだんけつ》 …… 13
烏合之衆《うごうのしゅう》 …… 89
共存共栄《きょうそんきょうえい》 …… 164
国際平和《こくさいへいわ》 …… 69・134
三位一体《さんみいったい》 …… 109・185
世界平和《せかいへいわ》 …… 69
善男善女《ぜんなんぜんにょ》 …… 150
百家争鳴《ひゃっかそうめい》 …… 70
平和共存《へいわきょうそん》 …… 174
連帯責任《れんたいせきにん》 …… 81
老若男女《ろうにゃくなんにょ》 …… 120

監修 青木 伸生

（あおき　のぶお）

1965年、千葉県生まれ。東京都の教員を経て、現在、筑波大学附属小学校教諭。全国国語授業研究会会長。教育出版国語教科書編著者。日本国語教育学会常任理事。ことわざ能力検定協会理事。

著書『ゼロから学べる小学校国語科授業づくり』（明治図書）、『「フレームリーディング」でつくる国語の授業』（東洋館出版社）ほか。

イラスト　なかさこかずひこ！

ふわこういちろう

装丁・デザイン　倉科明敏（T.デザイン室）

DTP　吉川優則（明昌堂）

企画・編集　渡部のり子、小嶋英俊、野口光伸、山崎理恵（小峰書店）

今村恵子（フォルスタッフ）

小林伸子

［おもな参考文献］　『大修館 四字熟語辞典』（大修館書店）、『広辞苑』（岩波書店）、『新明解 四字熟語辞典』（三省堂）、『三省堂 例解小学四字熟語辞典』（三省堂）

ことばの事典365日
つかってみよう！ 四字熟語365日

2017年4月5日　第1刷発行　　2020年6月5日　第2刷発行

監修者　青木伸生

発行者　小峰広一郎

発行所　株式会社小峰書店

〒162-0066　東京都新宿区市谷台町4-15

TEL 03-3357-3521　FAX 03-3357-1027

https://www.komineshoten.co.jp/

組版　株式会社明昌堂

印刷・製本　図書印刷株式会社

NDC814　223p　29×22cm

ISBN978-4-338-30602-7

四字熟語穴《あな》埋《う》めクイズ

反対の意味の四字熟語

□に漢字を入れると反対の意味になる四字熟語《よじじゅくご》だよ。
（答えは表紙の裏《うら》を見てね！）

1

弱肉□食
□存□栄

ヒント 同じ読みの漢字が入るよ。

2

□心翼翼
□胆不敵

ヒント 反対の意味の漢字が入るよ。

3

□気消沈
□気揚揚

ヒント 同じ漢字が入るよ。

4

日□月歩
旧態依□

ヒント 新しいのが好《す》き？ 古いのが好《す》き？

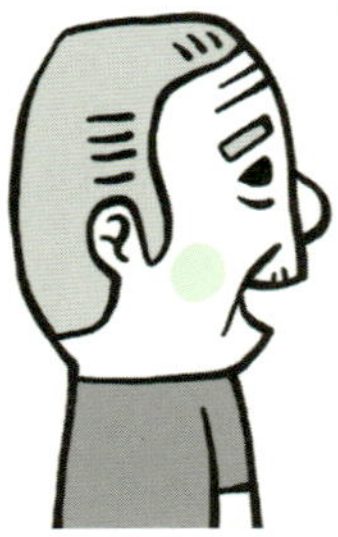

5

優柔□断
迅□果敢

ヒント すぐにできないこと、すぐにやること。

❻天衣無縫《てんいむほう》（➡40ページ）、天真爛漫《てんしんらんまん》（➡74ページ） ❼起死回生《きしかいせい》（➡135ページ）、一発逆転《いっぱつぎゃくてん》（➡145ページ） ❽暗中模索《あんちゅうもさく》（➡51ページ）、五里霧中《ごりむちゅう》（➡165ページ） ❾前代未聞《ぜんだいみもん》（➡36ページ）、空前絶後《くうぜんぜつご》（➡102ページ） ❿因果応報《いんがおうほう》（➡51ページ）、自業自得《じごうじとく》（➡175ページ）

（ページにはその四字熟語の説明があるよ。）

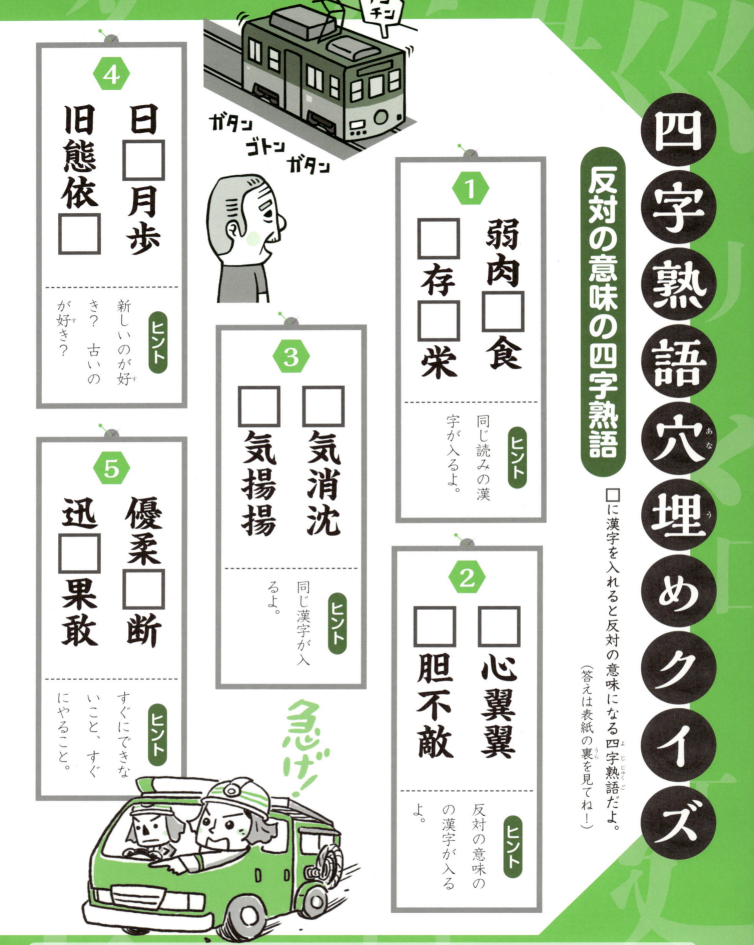